中國學術思想 研究輯刊

二七編

林 慶 彰 主編

第 4 冊

論《儀禮》禮例研究法——
以鄭玄、賈公彥、凌廷堪爲討論中心（下）

鄭 雯 馨 著

花木蘭文化事業有限公司

國家圖書館出版品預行編目資料

論《儀禮》禮例研究法——以鄭玄、賈公彥、凌廷堪為討論中
心（下）／鄭雯馨 著 — 初版 — 新北市：花木蘭文化事業有
限公司，2018〔民107〕
目 4+192 面：19×26 公分
（中國學術思想研究輯刊 二七編：第 4 冊）
ISBN 978-986-485-374-8（精裝）
1. 儀禮 2. 研究考訂
030.8   107001861

中國學術思想研究輯刊
二七編 第 四 冊   ISBN：978-986-485-374-8

論《儀禮》禮例研究法——
以鄭玄、賈公彥、凌廷堪爲討論中心（下）

作　　者　鄭雯馨
主　　編　林慶彰
總 編 輯　杜潔祥
副總編輯　楊嘉樂
編　　輯　許郁翎、王筑　美術編輯　陳逸婷
出　　版　花木蘭文化事業有限公司
發 行 人　高小娟
聯絡地址　235 新北市中和區中安街七二號十三樓
　　　　　電話：02-2923-1455／傳眞：02-2923-1452
網　　址　http://www.huamulan.tw 信箱 hml810518@gmail.com
印　　刷　普羅文化出版廣告事業
封面設計　劉開工作室
初　　版　2018 年 3 月
全書字數　477578 字
定　　價　二七編 25 冊（精裝）新台幣 48,000 元

論《儀禮》禮例研究法——
以鄭玄、賈公彥、凌廷堪爲討論中心（下）

鄭雯馨　著

目

次

第陸章　從禮儀規則的必然性論禮例分類

　　禮例的分類可以有很多種。第壹章曾指出目前所見的分類大致有四種：一，從應用範圍廣狹區別。二，從禮儀情境區別。三，綜合前二者的分法。四，從禮意、禮文的結構區別。〔註1〕就應用範圍廣狹的分類而言，第伍章討論《禮經釋例》在未辨別行禮者階級身分、禮儀種類的情形下，以《儀禮》一經爲範圍進行比例、分類，以致過度同化禮儀，部分條例與解釋得出如同模型般的結果。細繹箇中緣故，除了淩廷堪認爲《儀禮》爲周公之作而侷限於《儀禮》外，亦因遠離禮儀實踐的生活環境，只根據文獻比較、排列禮文，易忽略禮意的重要性。若欲從應用範圍廣狹的角度爲禮例分類，本文以爲宋代朱子編《儀禮經傳通解》的作法可以參考。朱子採用雙重標準的方式爲禮儀分類：首先，區別禮儀種類。其次，在特定禮儀中，辨別行禮者的階級或身分，以判定不同階級各有其例，或是上下通例。基本的概念可表述如下：

冠禮→各階級通用的儀節
　　＼各階級相異的儀節

昏禮→各階級通用的儀節
　　＼各階級相異的儀節

喪禮→各階級通用的儀節
　　＼各階級相異的儀節

〔註1〕從禮意、禮文區別的分類法，其不足處已於第壹章說明，此不重複。

以冠禮來說，有上下皆同的「通例」，與各階級相異的「別例」。於是，依禮儀的不同，可有冠禮通例、昏禮通例、喪禮通例。再進一步比較三種不同的通例，可知有的條例僅限於喪禮，有的條例見於冠、昏等吉禮，甚至有的條例遍見於吉凶。如此，當可得到層次較爲嚴明的條例分類。

筆者原欲遵循朱子之法爲禮例進行分類，然而卻需面對以下的考量：

第一，資料不足的問題，如主人因尊、卑而迎賓於大門內、外之例，〈鄉射禮〉載主人「息司正」：

> 使人速。迎于門外，不拜，入，升，不拜至，不拜洗。（《儀禮》，卷 13，頁 145）

息司正之禮，主於慰勞、感謝家臣，類似慶功宴，故各項禮儀均較爲簡省。然司正爲家臣，主人卻「迎于門外」，與禮例不符。欲究此禮何以「迎于門外」至少需從兩方面思考：其一，舉行地點。行禮地點有二種可能性：一，若行禮於〈鄉飲酒禮〉、〈鄉射禮〉的庠或序，庠、序只有「一門」〔註2〕。此時，主人若在門內迎，則無「先入以導之」的禮意，故在門外迎司正？二，若行禮於主人之家，則此「門外」，當指「內門之外」。然而，經文未載行禮地點，無法進一步討論。其二，該禮之性質，可與《儀禮》二篇相比：一，類似於〈燕禮〉之「若卿大夫有勤勞之功，與群臣燕飲以樂之」。〔註3〕然〈燕禮〉之賓，爲國君「命賓」始確認何人爲賓，因此〈燕禮〉各就位時，君不迎臣，異於〈鄉射禮〉主人慰勞司正「迎于門外」。二，類似〈公食大夫禮〉，國君禮遇特定的大臣，使大夫召請賓客，國君迎於大門內。而〈鄉射禮〉之司正爲家臣，因居正賓之位，是以主人迎之。後者雖然可能性較高，但目前未見學者申說此迎於門外之禮，且經文記載不足，因此即使以《儀禮》爲範圍，亦無法判斷「主人尊，迎賓於門內」的適用範圍。

第二，禮說的爭議。同一條禮例，歷代可能有相當多的解釋，僅僅判斷一條可能費時甚久，甚至因文獻不足而無解。如九拜之說，段玉裁、凌廷堪皆根據經典加以分梳，所得卻不盡相同，李慈銘因而說：「段氏、凌氏皆各分經緯，言人人殊。」〔註4〕又如經文爲「省文」、「文不具」的筆法，還是事實上的「無」，亦爭議紛歧。如第伍章第一節「男女不相襲爵」條，〈特牲饋食

〔註2〕 《儀禮》，〈鄉飲酒禮〉，賈疏，卷8，頁82；〈鄉射禮〉，賈疏，卷11，頁109。
〔註3〕 《儀禮·燕禮》，賈疏引鄭玄《三禮目錄》，卷14，頁158。
〔註4〕 清·李慈銘：《越縵堂讀書記》（臺北：世界書局，1975年7月再版，中國學術名著三輯第二集2～4冊），中冊，頁815。

禮〉尸酢士妻時，經文未載易爵，鄭玄即以爲事實上的「無」，並認爲此出於士妻卑。而清人吳廷華則以爲是「省文」的筆法，事實上仍有易爵之禮。

第三，時間因素。鄭玄、賈公彥、孔穎達、淩廷堪等學者認爲《儀禮》爲周公所著，成書於一時一人之手，故可用歸納法。然而，據近代研究成果，《儀禮》不僅不是周公所作，而且成書時間長，又經眾人編輯而成。除了文獻本身是長時期形成，禮儀內容亦因時而變。葉國良師指出《儀禮》所記爲宗周以來曾經實行的禮典，但「禮大都爲長期演化而來」、「古代是否眞有一個禮制嚴明不二、各方都嚴格遵守的時期，大可質疑」、「實則凡是禮儀，多是遠古習俗經過長久演化而來，自有其義，只因社會演變的因素，各種禮儀的存廢或變形種種不一」。〔註5〕再加上禮書的內容，或包含托古改制的理想，不完全是既有的事實。〔註6〕那麼，在辨別有效範圍前，需考察其眞僞或禮制實踐的時代，故以應用範圍廣狹著眼，進行分類，誠有其困難度。

第四，空間因素，即禮制實施的普遍性。《國語》載隨武子問周王饗禮用牲之事、《左傳》載魯遵循晉國之禮「始尙羔」，可知先秦的禮儀實踐可能具有一定的規範，但因王室衰微等政治因素而呈現靈活變化的現象。那麼，所謂的規則當以「何地」的規則爲準？

綜上所述，現今欲從應用範圍廣狹的角度，根據古籍進行比經推例、分類，實有其困難度。〔註7〕於是轉而思考「禮儀情境」分類法的可能性。

以禮儀情境爲禮例分類，即「在某種禮儀情境中，行禮者應當如此作」，呈現出規則的必然性。就例／規則而言，只有遵循與否的問題（應當如此作爲、不如此作爲）。觀察條例的表述方式，凡、必、恒、皆、「禮，……」、行禮之法、禮之常、禮之通例、大判而言、「凡……，皆……」等敘述方式，均反映出遵守規則的必然性。相對地，卻也出現「凡……，唯……」、「變」、「古者」、「非常」、「禮異」等，不符合既有規則，改採另一種作法，卻仍被視爲禮的情形。因此禮儀規則的層次，可表述如下：

〔註5〕葉國良師：《禮學研究的諸面向》，頁49、85、94。
〔註6〕孔德成師指出《禮記》內容「多爲拼湊，本不出於一時或一手」，其中有的是眞史料，有的是托古改制。高明指出〈王制〉、《周禮》「各著其理想之制度，而非必錄彼已有之事實」。見孔德成師：〈禮記成書時代及其在經典中之性質〉，《孔孟月刊》18卷11期（1980年7月），頁25、26。高明：〈王制及其注疏摘謬〉，《高明文輯》，上冊，頁350。
〔註7〕雖然困難，但並非無法操作，如本文第肆章第一節討論的「凡獻，皆薦」、「一獻之禮，有薦、有俎」，實爲貫通《儀禮》全書之例。

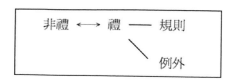

那麼，該如何界定規則與「例外」的關係，或者說，在何種條件下，可以改變規則、致使規則之外還有規則？規則之所以產生，即是爲了提供一適用準則，遇到突發事件時，可供參考。換言之，如何運用規則處理不規則之事，乃至在某種程度將之秩序化、涵攝於規則之中，或者排斥爲不合法度，似爲禮儀實踐較爲關切的議題。〔註8〕

以禮儀情境分類至少具有三種意義：其一，以溯源的態度，探討實踐規則的情形，可作爲比經推例的參考。禮儀之所以產生或存在，應是對行爲者「有意義」。理解禮儀在實踐上的必然性及其內在思維，乃至「社會面在他（古人）的習性裡構造出來的圖式」〔註9〕，是討論禮儀不可或缺的基礎。釐清禮儀規則的情境後，可進一步根據文獻探討應用範圍廣狹。其二，在規則體系內，觀察變與不變的因素，不僅能使人明白事物表面上的異同，並深入瞭解事物內部的性質與關係。此有助於降低比較禮文的異同而忽略禮意的問題。其三，這類作法毋需將所有的現象蒐集無遺，才能進行討論。參考先秦相關文獻的敘述，確認兩種事物之間甲變而乙與之俱變時，即能研求箇中的關係，有益於減輕經說異詮的問題。

基於分類和詮釋禮儀需根植於古人生活環境的想法，本章以規則應當遵循的必然性著眼，以《儀禮》、《禮記》的禮例爲主，參考先秦的文獻及經說，探討在「合禮的範圍內」，禮例遵循與否的情形。

值得補充說明的是，根據禮書明確記載的內容，以必然性爲禮例分類，可以暫時不論眞僞和時代的問題，但同樣具有侷限性。針對中國祭祖禮的儀式，李亦園曾指出：

> 儀式行爲或日常生活上並不一定把所有存在於理念層次的各種原則都表達出來，只有在特殊的情況下，不同的原則才視環境的

〔註8〕 這類作法見於歷代編纂的禮書，如宋代朱子《儀禮經傳通解》、清代江永《禮書綱目》、秦蕙田《五禮通考》，乃至於近代學者周何《春秋吉禮考辨》、林素英師《古代祭禮中之政教觀：以《禮記》成書前爲論》、《喪服制度的文化意義：以《儀禮‧喪服》爲討論中心》等，本文承繼學者的研究觀點與成果，以禮儀規則的角度，嘗試探討此議題。

〔註9〕 （法）皮耶‧布赫迪厄著：《實作理論綱要》，頁236～237。

需要而被強調以作爲調適的方法。〔註10〕

此說亦可適用於其他禮儀。易言之，此分類法不足以周納所有儀式活動。幸而本文只是想說明「在部分特定情形下」可以不遵守既有規定，並有另一套規定可供遵從，即規則的層次與種類，可能不是單一平面，而是隨當下處境靈活應用。

　　本章將先說明禮儀爲何具有必然性，並討論改變必然性的因素有哪些。然後，按照這些因素爲禮例分類，並著眼於實踐的生活型態，解釋出現這些因素的意義。

第一節　從必然性分類的條件

　　欲從必然性探討禮例分類，首先須討論不成於一時、一人的禮書，爲何能夠作爲資料來源？禮儀的本質爲何？其次，《禮記》記載的禮例具有相當程度的實踐性質，其中有「禮也」（依禮而行）、「非禮也」（不依禮而行）之別，還有所謂的「權」。釐清禮、非禮、權三者之間的關係，方能從必然性探討禮例分類。最後，在「禮」的範圍內，討論禮儀轉變的條件有哪些。

一、以規則爲本質的禮儀

　　古人的禮儀活動見諸文獻記錄，然而，禮儀活動與禮書內容卻是不完全重合的。沈文倬曾指出：

> 　　禮典的實踐先於文字記錄而存在，……禮書出於後人的追記，可能對禮典在發展中出現的分歧作過某些整齊劃一的修訂，但主要的內容是不會有大差異的。但是，必須指出，禮書與禮物、禮儀不能等同，不是一個東西，……。由禮物、禮儀構成的各種禮典早已存在於殷和西周時代，而「禮書」則撰作於春秋之後，……。〔註11〕

沈氏精闢地說明「禮典先於禮書」、禮書的著作時代不能等同於禮儀和禮物等重要概念，有助於後人探討禮儀活動與禮書關係。依沈說，下文分別討論禮儀與禮書的性質。

〔註10〕李亦園：〈中國家族與其儀式〉，《中央研究院民族學研究所集刊》第 59 期（1985年春季），頁 60。

〔註11〕沈文倬：〈略論禮典的實行和《儀禮》書本的撰作〉，《菿闇文存──宗周禮樂文明與中國文化考論》，上冊，頁 7～8。

　　第一，長期實踐的禮儀具有規範的性質。沈氏指出禮儀活動在殷周時業已存在，禮書則於春秋之後陸續撰作。那麼，從殷周到春秋，長期實踐禮儀的結果，將使禮儀具有規則的性質。禮儀規範人們互動應有的行爲分際，形成社交時的默契，以便直接交流達到有效溝通〔註 12〕，並減少誤會或敵意。經由重複的實踐，社會成員將期待與身分階層、結構相應的行爲。〔註 13〕易言之，當禮儀成爲套式時，實踐者解讀行爲的涵義及預設後續行爲，是彼此心照不宣的。如〈特牲饋食禮〉主人自酢于賓，主人「受爵，酌，酢，奠爵拜。」鄭注：

　　　　主人酌自酢者，賓不敢敵主人。主人達其意。（《儀禮》，鄭注，卷 45，頁 535）

賓、主之間不須言說，身爲屬吏的賓，不敢與主人相敵，主人知其意，故酌而自酢。又〈聘禮〉主國之君禮賓，賓受幣後，「退，東面俟。」鄭注：

　　　　俟君拜也。不北面者，謙若不敢當階然。（《儀禮》，鄭注，卷 21，頁 251）

賓預設國君將行拜受禮，因此事先以「東面」待之。藉由這種共知的行爲語言，人我之間得以相互聯繫，構築社會體系。〔註 14〕

　　更深一層說，當禮儀行爲具備共同的認知時，不同身分在各種場合中，也應有相對應的行爲，即部分儀節將被視爲該身分者的象徵。如「君行一，臣行二」，君臣升堂時，君先升二階，臣登一階，爲合禮之事。《左傳》襄公七年，衛國孫文子到魯國聘問，「公登亦登」，升階時不後於魯襄公，經叔孫

〔註12〕 禮可展現主體，並與人溝通，可參祝平次：〈從禮的觀點論先秦儒道身體/主體觀念的差異〉，楊儒賓主編：《中國古代思想中的氣論及身體觀》（臺北：巨流圖書公司，1993 年初版），頁 275～287。

〔註13〕 羅納爾德・格萊姆斯：〈儀式的分類〉，收入王霄冰主編：《儀式與信仰——當代文化人類學新視野》，頁 19～21。

〔註14〕 羅納爾德・格萊姆斯：〈儀式的分類〉，收入王霄冰主編：《儀式與信仰——當代文化人類學新視野》，頁 20。按：人類學者考察原始部落時，也發現每個人在特定場合下，都知道該遵循哪些禮儀行事，知道哪些禮儀雖在流程上不可或缺，但有時卻也成爲形式的一部分，如努爾族長以詛咒調停世仇，「酋長的詛咒本身並不是調解的眞正律令，而是在世仇調解中的一種習俗性的、儀式性的運作步驟，這是人們事先就知道並在他們的算度中已有考慮的。」見（英）埃文斯・普理查德著，褚建芳・閻書昌、趙旭東譯：《努爾人——對尼羅河畔一個人群的生活方式和政治制度的描述》（北京：華夏出版社，2002年 1 月初版），頁 200～201。

豹規勸，孫文子竟「無辭」、「亦無悛容」，叔孫豹因而說：

> 孫子必亡，爲臣而君，過而不悛，亡之本也。(《左傳》，卷30，
> 頁 519)

孫文子違反爲人臣者應有的行爲，經勸導後，又無悔悟之色，因而招致叔孫豹的批評。行爲合禮與否，表示人們心中蘊涵「應有行爲」〔註15〕的意識，顯現禮儀反映社會結構、秩序的功能。擴大到整套的禮儀活動來看，有些禮儀限定某種身分者舉行，如覲禮只有天子能當之；有的禮儀則上下各級貴族都能使用，如射禮。〔註16〕預設某類身分應有的行爲，也意味著在適合的場合重複應有行爲，及符合規則地的互動。這類符合步驟的結構期待、合理互動模式的預設，反映出禮儀活動的流程、行爲、器服本身就具有規範的意義。如《左傳》昭公五年，晉平公認爲魯昭公從郊勞到贈賄，皆合於禮，是知禮者。其臣女叔齊則說：「是儀也，不可謂禮。」昭公二十五年，鄭國游吉問趙簡子（趙鞅）揖讓、周旋之儀，簡子對曰：「是儀也，非禮也。」女叔齊、趙簡子之言指出禮的精髓在於穩定社會秩序，但相對地，晉平公、游吉之言卻也顯示禮文本身即具規則之意。

　　第二，禮書記載的內容講究普遍性的常態，「蓋先王所著之爲《禮》者，其常也」〔註17〕。沈文倬說：

> 　　古代的名物制度，往往因地域的南北、時代的先後而產生很多不同現象。群書記載，多出於後人追述，傳聞又未免有異。子史古籍是記敘史事或闡發學說而述及物制的，都採用個別特殊的事物；而《周禮》是專記制度之書，多取通常一般的情狀；二者的撰述目的不同，其不能完全吻合，乃屬情理中事。後人考證，求其何者最可信據，進行各種記載的異同比勘，完全有必要；但對這些不同情狀的疏解，則不應拘守膠執，處處必求纖毫盡符，見一異而疑其有真有僞，會妨礙自己的深入研究，恐難以探得其真相的。〔註18〕

禮書雖是禮儀活動的載體，但因地域、時代，乃至後人追述或傳聞等因素，

〔註15〕 羅納爾德・格萊姆斯：〈儀式的分類〉，收入王霄冰主編：《儀式與信仰——當代文化人類學新視野》，頁 21。

〔註16〕 沈文倬：〈略論禮典的實行和《儀禮》書本的撰作〉，《菿闇文存——宗周禮樂文明與中國文化考論》，上冊，頁 5。

〔註17〕 清・孫希旦：《禮記集解・曾子問》，卷 18，頁 506。

〔註18〕 沈文倬：〈孫詒讓《周禮》學管窺〉，《宗周禮樂文明考論》，頁 447～448。

形成不同記載。值得注意的是，沈氏指出子史古籍與《周禮》因寫作目的不同，致使內容偏重各有不同：子史古籍因記敘史事或闡發學說，而述及名物制度，故「採用個別特殊的事物」；《周禮》等禮書是專記制度之書，「多取通常一般的情狀」，由於寫作目的不同，因此物制不盡相同。在沈說的啓發下，對照《儀禮》的內容，彭林指出：

> 禮必須有嚴格的操作的程序，包括行禮的時間、場所、人選、人物的服飾、站立的位置、使用的辭令、行進的路線、使用的禮器，以及行禮的順序等等，這就是禮法。《儀禮》一書，就是先秦各種禮儀的禮法的匯編。〔註19〕

禮法，係指行禮的章法、程式。《儀禮》的內容，記載禮儀活動的細節及步驟，亦「多取通常、一般的情狀」，而不偏重於特殊事件。「《禮》是記事之典，須委曲備言」〔註20〕，以記載各類禮儀活動的標準程序爲主。茲以二例說明禮書和子史古籍的不同：

其一，《韓非子・內儲說下》說：

> 齊中大夫有夷射者御飲於王，醉甚而出，倚於郎門，門者刖跪請曰：「足下無意賜之餘瀝乎？」夷射叱曰：「去！刑餘之人，何事乃敢乞飲長者？」刖跪走退。及夷射去，刖跪因捐水郎門霤下，類溺者之狀。明日，王出而訶之，曰：「誰溺於是？」刖跪對曰：「臣不見也。雖然，昨日中大夫夷射立於此。」王因誅夷射而殺之。〔註21〕

初讀之際，僅見刖跪心胸狹隘，因中大夫夷射未賜餘食、以言語叱喝，故構陷夷射入罪被殺。然而，參照《儀禮》〈燕禮〉，國君飲酒禮畢，賓出，贈鍾人脯於門內，〈大射〉亦同。〔註22〕二者皆國君飲酒禮畢，受禮者在近門處，贈人以宴席之餘食，可知此爲古人行禮的習慣。《韓非子》載門者刖跪請「餘瀝」之事，因故事情節及韓非所欲陳述「似類之事，人主之所以失誅，而大臣之所以成私也」〔註23〕的學說，易受忽略。

其二，《左傳》襄公十七年記載：

〔註19〕彭林：《中國古代禮儀文明》，頁34。
〔註20〕《禮記・明堂位》，孔穎達正義，卷31，頁584。
〔註21〕陳啓天：《增訂韓非子校釋・內儲說下》（臺北：臺灣商務印書館股份有限公司，1994年11月初版），卷5，頁444。
〔註22〕《儀禮》，〈燕禮〉，卷15，頁178；〈大射〉，卷18，頁221。
〔註23〕陳啓天：《增訂韓非子校釋・內儲說下》，卷5，頁429。

　　　　齊人獲臧堅，齊侯使夙沙衛唁之，且曰：「無死。」堅稽首曰：

「拜命之辱。抑君賜不終，姑又使其刑臣禮於士。」以杙抉其傷而

死。（《左傳》，卷33，頁574）

齊靈公派宦官夙沙衛慰問受俘的臧堅（魯人），並希望臧堅不要自殺。臧堅以人臣的再拜稽首禮答謝君命後，因靈公派宦官為使，感到受辱，終自殺身亡。因宦官為使而感到羞辱，實因古代為階級社會，宦官為刑餘之人，與臧堅的貴族身分不對等。更進一步來說，「禮，使人必以其爵」〔註24〕，使者的身分應與受禮者相同或相近，此為古代行禮規則之一，見於〈聘禮〉、〈公食大夫禮〉、〈士喪禮〉等篇。齊靈公雖命「無死」，卻以刑餘之人前往慰問，明顯違背當時禮俗，「無死」之言與「遣刑餘者」之行並不一致，故臧堅說：「君賜不終」，而自殺。此為史書偏重記事，未指明其禮，但對照禮書，可得其旨。

　　總之，禮儀因長期實踐，本身即具有規則的性質，喪禮服制尤為鮮明代表。而禮書與其他子史古籍因撰作目的不同，故內容不完全相應。但詳細觀察子史古籍的記載，亦能相當程度地說明禮書內容以具有固定性的禮儀為主。因此，禮儀本身相當於規則，不同作者的禮書可作為資料來源。

二、禮例、權、非禮之辨

　　在禮儀等於規則的概念下，進一步比較「禮／例」、「權」、「非禮」等相關名詞的區別，方能突顯「禮／例」之意。

（一）權與禮例的區別

　　權，指稱錘，稱來物時，移動稱錘，知來物之輕重；一稱之中，唯獨權可移動，移至恰當處，則與物輕重相當，形成平衡。〔註25〕權以達到平衡的方式，得物之輕重，比喻於日用行為，即人如何應接外物或因應不同境況。〔註26〕如《禮記・禮器》指出「禮，時為大」，並說：

〔註24〕　《儀禮・士喪禮》，鄭注，卷35，頁410。

〔註25〕　何澤恆師：〈《論語》《孟子》中所說的權〉，《先秦儒道舊義新知錄》（臺北：大安出版社，2004年8月初版），頁207。

〔註26〕　《漢書・律曆志》：「權者，銖、兩、斤、鈞、石也，所以稱物平施，知輕重也。」卷21上，頁969。何澤恆師：〈《論語》《孟子》中所說的權〉，《先秦儒道舊義新知錄》，頁207。

> 堯授舜，舜授禹，湯放桀，武王伐紂，時也。（《禮記》，卷 23，
> 頁 450）

堯、舜、禹禪讓，而商湯、武王違背君臣之義、討伐天子，乃因時制宜。若新事件可比照舊經驗處理，直接遵循即可。當事件不同於已往，遂有「反常」[註27]之舉，因此權有改變的意思，如《荀子・臣道》：「權險之平」，注：「權，謂變也。」《孟子・離婁上》：「嫂溺援之以手者，權也。」注：「權，變也。」

同樣地，權在禮與非禮二端，因應不同事件衡量輕重，形成價值取捨，乃至以結果的優劣論斷。《荀子・臣道》說：

> 奪然後義，殺然後仁，上下易位然後貞，功參天地，澤被生民，
> 夫是之謂權險之平，湯、武是也。[註28]

湯、武征伐，爲君臣之義與天下百姓的福祉的取捨。湯、武雖一時違背君臣之義，但「奪然後義，殺然後仁」，最終回歸到義、仁的價值範圍內。最後，「功參天地，澤被先民」，則根據結果，論斷應變之道（權）的是非得失。因此《公羊傳》說：

> 權者，反於經，然後有善者也。（《公羊傳》桓公十一年，卷 5，
> 頁 63）

從過程的「反於經」、結果的「善者」，來評論「權」。又，嫂溺而叔援以手[註29]，是「男女有別」與「生命價值」的衝突；面對生死存亡之際，生命的價值更勝於男女禮儀規範。又，《周禮・地官・媒氏》掌萬民之婚姻判合，「中春之月，令會男女，於是時也，奔者不禁。」鄭注：

> 重天時，權許之也。（《周禮》，鄭注，卷 14，頁 217）

面對「娶妻必經父母之命」與「不孝有三，無後爲大」的選擇，後者繼承祖統更爲重要。因此《孟子》載舜不稟告父母而娶妻，乃是權宜之計。[註30]這一類情形，違於日常所習、悖其常行，心性將有所不安，但「於道，無以易之」[註31]，爲了更高的道德價值或契合禮意，異於日常的規範行爲，稱爲「權」。[註32]換言之，「權」以當下所處的環境、時機作爲衡量根據，並

〔註27〕漢・許慎：《說文解字》，6 篇上，頁 248。

〔註28〕周・荀卿：《荀子・臣道》，上冊，卷 9，頁 257。

〔註29〕《孟子・離婁》，卷 7 下，頁 134。

〔註30〕《孟子・離婁》，卷 7 下，頁 137。

〔註31〕舊題漢・董仲舒撰：《春秋繁露・玉英》，頁 74。

〔註32〕盧瑞容：《中國古代「相對關係」思維探討——「勢」「和」「權」「屈曲」概

未固守既有的法則，但最終仍以禮意爲歸趨。〔註33〕

　　權，指異於已往的禮文而合於禮意的作爲。當其評價來自於結果，將涉及個人的判斷、預測能力。《春秋繁露・竹林》比較丑父與祭仲皆「枉正以存其君」，但二人的所受的評價卻有所不同，箇中原因在於：

　　　　是非難別者在此。此其嫌疑相似而不同理者，不可不察。夫去
　　　　位而避兄弟者，君子之所甚貴；獲虜逃遁者，君子之所甚賤。祭仲
　　　　措其君於人所甚貴以生其君，故《春秋》以爲知權而賢之。丑父措
　　　　其君於人所甚賤以生其君，《春秋》以爲不知權而簡之。其俱枉正以
　　　　存君，相似也；其使君榮之與使君辱，不同理。故凡人之有爲也，
　　　　前枉而後義者，謂之中權，雖不能成，《春秋》善之，魯隱公、鄭祭
　　　　仲是也。前正而後有枉者，謂之邪道，雖能成之，《春秋》不愛，齊
　　　　頃公、逢丑父是也。〔註34〕

丑父與祭仲同樣作出存君命的行爲，但丑父使國君雖得活命卻受辱，「獲虜而逃遁」，不得臨其臣，也就失去身爲國君的意義，故謂之「邪道」；祭仲存君之性命，「去位而避兄弟」，並保留國君尊嚴，因而謂之「知權」。這反映出面對「生存」與「尊嚴」的衝突，丑父顧及的是眼下的生存，而祭仲則能兼顧生存與尊嚴，就結果而言，祭仲賢於丑父。申言之，知權最重要的能力之一，是預測結果。這種能力一方面來自於個人智慧與反應，如《禮記・喪服四制》：「權者，知也。」〈服問〉：「爲其母之黨服，則不爲繼母之黨服」，鄭玄弟子趙商問：

　　　　「禮，母亡，則服其黨，不服繼母黨，以外氏不可貳也。若母
　　　　黨先滅亡無親，己所未服，服繼母黨不？」

　　　　答：「此所問，權也，非禮之正。假令母在，本自都無親黨，
　　　　何所服邪？權者由心。」〔註35〕

　　　　念溯源分析》（臺北：商鼎出版社，2004 年初版），頁 239～240。
〔註33〕這類說法，又見於《春秋繁露・竹林》：「前枉而後義，謂之中權。」（卷 2，
　　　　頁 60）《春秋繁露・玉英》：「夫權雖反經，亦必在可以然之域。」蘇輿注：「在
　　　　可以然之域，即爲合道。」（卷 3，頁 79）《後漢書・馮衍傳》注：「於正道雖
　　　　違逆而事有成功者，謂之權，所謂反經合義者也。」（第 4 冊，卷 28 上，頁
　　　　962）《淮南子・氾論》亦云：「權者，聖人之所獨見也。故忤而後合者，謂之
　　　　知權；合而後舛者，謂之不知權。不知權者，善反醜也。」（卷 13，頁 956～
　　　　957）
〔註34〕舊題漢・董仲舒撰：《春秋繁露・竹林》，卷 2，頁 59～61。
〔註35〕清・皮錫瑞：《鄭志疏證》（世界書局本），卷 6，頁 25 上～25 下。

趙商指出理論上，爲母方親戚服喪，則不爲繼母之黨服；但若遇母方親戚先滅亡，是否可爲繼母之黨服？鄭玄答說此非常規的禮儀，而是特殊情形的「權」，當由個人判斷。另一方面，預測結果的能力，來自平日守禮的訓練。藉由實踐，習知常禮的價值貴賤、輕重所在，「去位而避兄弟者，君子之所甚貴；獲虜而逃遁者，君子之所甚賤」，方能判斷、預測相同的「存君」行爲，將產生「使君榮之與使君辱」的不同結果。所謂「不知貫，不知應變」〔註36〕，以道之條貫的禮，應變；修養圓熟者，將「應當時之變，若數一二」，乃至於「坐於室而見四海，處於今而論久遠」〔註37〕。

當判斷標準來自於「結果」，時間因素也將影響「權」的認定。《禮記·檀弓》論及文王捨長子伯邑考而立武王，鄭玄指出「權也」，孔穎達申述其意說：

> 今伯邑考見在而立武王，故云「權也」。故《中候》云：「發行誅紂，且弘道也」，是七百年之基驗也。（《禮記》，孔穎達正義，卷6，頁109）

此乃從建立周朝、國祚達七百年的結果，認爲文王立武王之「權」爲是。相對地，《公羊傳》隱公三年，載宋宣公病危時，面對親情之「愛」與「社稷宗廟主」的考量，捨棄其子與夷，選擇立其弟和爲穆公，其後穆公欲傳位給宣公之子與夷，穆公死，其子馮弒與夷。《公羊傳》的評論是：

> 故君子大居正，宋之禍，宣公爲之也。（《公羊傳》，隱公三年，卷2，頁29）

《公羊傳》認爲宋宣公違背立子以嫡的規則，因此導致宋國十世之亂。〔註38〕從今之視昔的角度來看，宋宣公未依長子繼承制而讓位於弟，以致紛爭不斷，乃不當行爲。

除了影響「權」的評價外，時間因素也可能使一時之「權」成爲固定的「例」。《禮記·喪服四制》載：

> 杖者何也？爵也。三日授子杖，五日授大夫杖，七日授士杖，或曰擔主，或曰輔病。婦人、童子不杖，不能病也。百官備、百物

〔註36〕 周·荀卿：《荀子·天論》，下冊，卷11，頁318。

〔註37〕 周·荀卿：《荀子》，〈儒效〉，上冊，卷4，頁130；〈解蔽〉，下冊，卷15，頁397。

〔註38〕 詳參林義正：〈《春秋公羊傳》思想中的經權問題〉，《文史哲學報》第38期（1990年12月），頁325。

具，不言而事行者，扶而起。言而后事行者，杖而起。身自執事而
后行者，面垢而已。禿者不髽、傴者不袒、跛者不踊、老病不止酒
肉，凡此八者，以權制者也。（《禮記》，卷 63，頁 1033）

服喪時，未成人的婦人、童子不杖，王侯待人扶而後起，大夫、士杖扶而起，
庶人自行事而無杖，禿者、跛者、老病者等視身體狀況而得異其禮數，乃「以
權制者」。既是「權」，而得細數其目，可知其初本因時制宜（權），相沿既
久而爲例。尤其是「老、病不止酒、肉」，對照居喪期間「不食肉、不飲酒」
〔註 39〕的常則，《禮記》說：

居喪之禮，……六十不毀，七十唯衰麻在身，飲酒、食肉，處
於內。（《禮記・曲禮》，卷 3，頁 54）

曾子曰：「喪有疾，食肉、飲酒，必有草木之滋焉。」（《禮記・
檀弓》，卷 7，頁 128）

可知對老、病者的一時權宜之法，成爲居喪的規則。〔註 40〕又，《禮記・喪大
記》：「既葬，與人立，君言王事，不言國事；大夫、士言公事，不言家事。」
鄭注：

此常禮也。（《禮記》，鄭注，卷 45，頁 782）

孔穎達說明此爲「居喪常禮」〔註 41〕。〈喪大記〉又說：「君，既葬，王政入
於國，既卒哭而服王事。大夫、士，既葬，公政入於家，既卒哭，弁絰、帶，
金革之事無辟也。」鄭注：

此權禮也。（《禮記》，鄭注，卷 45，頁 782）

孔穎達說：

若值國家有事，孝子不得遵恒禮，故從權事。（《禮記》，孔穎
達正義，卷 45，頁 782）

居喪本有固定禮數，若遇變故、國家有金革之事，則改變居喪的流程。相傳
魯公伯禽因徐戎作亂而改變居喪之禮，〔註 42〕就〈喪大記〉的敘述看來，此

〔註 39〕《禮記・喪大記》，卷 44，頁 772。
〔註 40〕張煥君曾從時間的觀點，指出〈曾子問〉「這種補充性質的討論，在後世都成
　　　　爲禮學家的重要參考依據，也是變禮轉爲常禮的例證。」見氏著：《制禮作樂
　　　　——先秦儒家禮學的形成與特徵》（北京：中國社會科學出版社，2010 年 1
　　　　月初版），頁 263。
〔註 41〕《禮記・喪大記》，孔穎達正義，卷 45，頁 782。
〔註 42〕《禮記・曾子問》，孔穎達正義，卷 19，頁 386。

已成爲規則之一。究其成爲常法的原因，乃在於禮「可以義起」，包含變化的可能性。合宜的權變可能爲後人所因襲，而進入秩序（禮儀）的體系內、成爲例。〔註43〕

以例與權的關係來說，二者皆在「禮意」的範圍內，前者遵從既有的禮儀規則，後者則因應新事件而作出違背日常禮法的行爲〔註44〕。何澤恆師曾以《孟子》嫂溺爲例，說明常禮與權變的關係：

> 居家處常，叔嫂不通問，謹守常禮，乃根於仁義之道；今則嫂溺，處此變局，斷然援手，是之謂權，亦非如此不能符合仁義之道。故此一所謂權，或竟可稱之爲變禮。〔註45〕

權乃是因應變局，爲了符合仁義而違背常禮，可視爲外在情勢不同的另一種禮。〔註46〕孫希旦說：

> 蓋先王所著之爲《禮》者，其常也。然事變不一，多有出于意度之外，而爲禮制所未及備者。曾子預揣以爲問，夫子隨事而爲之處，蓋本義以起夫禮，由經以達之權，皆精義窮理之實也。〔註47〕

「本義以起夫禮」，根據常禮的禮意處理特殊事件而得宜者，謂之「由經以達之權」，因此權可救禮之不足。職是，例、權皆在禮意的統攝下。「本來一切事物，常者爲多，變者爲少，經以處常，權以處變；並且權變是一種不得已」，若無難以抉擇的事件，或者事件本身並無爭議，亦無權可言。〔註48〕因此權

〔註43〕《韓詩外傳》：「夫道二：常謂之經，變謂之權。懷其常道而挾其變權，乃得爲賢。」按：此分成常、變兩類，而本文依論述的需要細分爲常、變、權三類，相沿已久的「權」可屬於「變」，因此從廣義來看，「變」本身也包含權。見漢・韓嬰著，許維遹校釋：《韓詩外傳集釋》，卷2，頁34。

〔註44〕《後漢書・梁商傳》李賢等注：「權時，謂不依禮也。」（第5冊，卷34，頁1177）

〔註45〕何澤恆師：〈《論語》《孟子》中所說的權〉，《先秦儒道舊義新知錄》，頁229。

〔註46〕「另外，亞里士多德也反對柏拉圖認爲道德知識有數學的確定性。如果道德知識是處境知識，而處境是可變的，則道德知識也必須是可變的。基本上，道德知識只是一個大綱。人在大綱的限制內，針對當時的處境而作出道德抉擇。道德是一種抉擇，不是推理。人只能在不斷的抉擇中，逐漸累積對道德知識的瞭解，但即使他對道德有非常深刻的瞭解，它依舊是一個大綱。人依然要針對他的處境，作出相應的抉擇，以指導他的行爲。」陳榮華：《葛達瑪詮釋學與中國哲學的詮釋》，頁137。

〔註47〕清・孫希旦：《禮記集解・曾子問》，卷18，頁506。

〔註48〕何澤恆師：〈《論語》《孟子》中所說的權〉，《先秦儒道舊義新知錄》，頁208、222。

之於例，是爲少數。《淮南子·說林》：「道德可常，權不可常，故遁關不可復，亡狂不可再」〔註49〕，權只是暫時的、不得已的，若以權爲常，將突破秩序的框架，造成社會結構的瓦解。茲整理上述禮與權的關係，如下：

（二）「非禮」的界定

例與權，以其符合禮意，仍在秩序的體系內。與之相對者，爲「非禮」，指悖其應行的禮儀，亦不符禮意者，如《禮記·郊特牲》：

> 覲禮，天子不下堂而見諸侯。下堂而見諸侯，天子之失禮也，
> 由夷王以下。（《禮記》，卷 25，頁 486）

「覲禮，天子不下堂而見諸侯」是常例，當天子「下堂見諸侯」，不僅違背禮意，也違反覲禮講究尊卑之意，故視爲「失禮」。又，〈曲禮上〉載「齊者不樂」，而季桓子將舉行祭祀，「齊三日，而二日鐘鼓之音不絕」，孔子評論此事說：

> 孝子之祭也，散齋七日，慎思其事，三日致齊，而一用之，猶
> 恐其不敬也，而二日伐鼓，何居焉！〔註50〕

三日致齊，不用樂，猶恐恭敬之心不足，二日伐鼓殆爲愿禮。

綜上所述，禮本身即具規則性質，從禮文與禮意的結構來分，「例／禮」符合禮文與禮意，「權」不符合禮文，而合於禮意；「非禮」，違背禮文與禮意，茲表述如下：

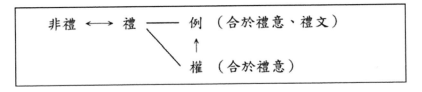

〔註49〕　漢·劉安：《淮南子·說林》，下冊，卷 17，頁 1201。

〔註50〕　漢·王肅編著：《孔子家語·公西赤問》，《中國子學名著集成　珍本初編》（臺北：中國子學名著集成編印基金會，1978 年，據明覆宋本印，缺從汲古閣本補入），第 21 冊，卷 10，頁 452。

三、禮之常變的區別標準

前言曾提及條例的敘述形式中，有「凡……唯……」的形式，在禮儀的區分中亦時見「變」、「古者」、「非常」、「禮異」等，究竟古人以哪些觀點辨別禮儀規則的常與非常？若禮儀等於規則，那麼根據《儀禮》的內容，尋繹禮儀的變化因素，並從中探討分類標準，或許不失爲可行的方法。

（一）《儀禮》諸篇禮儀進程的變化因素

《儀禮》記載禮儀的書寫模式，爲先敘述某一身分所行的禮儀，再以「若」字爲首，描述特定情形下的禮儀。「若」爲「不定之辭」〔註51〕，「如果」、「或者」的意思。經文出現冠以「若」字的敘述，顯示前述禮儀由於某種因素而改變。〔註52〕故以《儀禮》冠以「若」字的禮儀爲觀察對象，並說明對整套禮儀「進程」影響較鉅者：

1、士冠禮

〈士冠禮〉經文敘述的冠禮可分成四大類：

　　甲、醴冠者法。

　　乙、醮冠者法，以「若不醴，則醮用酒」爲首句，其中又包含「若
　　　　殺」一類。

　　丙、孤子冠法，以「若孤子，則父兄戒、宿」爲首句，其中又包含
　　　　「若殺」一類。

　　丁、庶子冠法，以「若庶子，則冠于房外」爲首句。

甲、乙二類的區別，主要在於酒類和行禮細節，鄭玄、賈公彥視甲類的醴冠者爲「禮」，乙類醮冠者爲「俗」或夏殷之禮。〔註53〕甲、乙爲有父之冠禮，丙爲孤子冠禮，三者不可能混淆。至於丁類庶子冠法，因受禮者身分地位不

〔註51〕《儀禮·喪服》，賈疏，卷34，頁401。

〔註52〕這類情形，亦可參第貳章第一節討論《周禮》的凡例內容。《禮記》亦記載不
　　　　少禮儀規則和變化的條件，唯有時不以「若」字呈現，如《禮記·喪大記》：
　　　　「（1）婦人迎客、送客，不下堂；下堂不哭。男子出寢門見人，不哭。（2）
　　　　其無女主，則男主拜女賓于寢門內。其無男主，則女主拜男賓于阼階下。子
　　　　幼，則以衰抱之，人爲之拜。爲後者不在，則有爵者辭；無爵者，人爲之拜。
　　　　在竟內則俟之，在竟外則殯葬可也。喪有無後，無無主。」（卷44，頁767）
　　　　（1）爲男、女服喪時，普遍的禮儀規則。（2）以下，則爲喪禮無主使人攝的
　　　　各類特殊情形，而未冠以「若」字。然孔穎達解釋時，皆冠以「若」字表示
　　　　禮儀改變的條件。既有「若」字，可知孔氏預設有一普遍、正常的儀則在。

〔註53〕《儀禮·士冠禮》，鄭注、賈疏，卷3，頁28。

同，從而與前三種禮儀有所不同。綜言之，這四類禮無法兼行，〈士冠禮〉的編寫者刻意以「若」字區別不同身分所行的禮儀。

2、士昏禮

〈士昏禮〉記載禮儀變化有二種：

其一，「若舅姑既沒，則婦入三月乃奠菜」。〔註54〕賈公彥進而區別說：

> 若舅沒姑存，則當時見姑，三月亦廟見舅。若舅存姑沒，婦人
> 無廟可見，或更有繼姑，自然如常禮也。（《儀禮》，賈疏，卷6，頁
> 59）

是以，在舅姑皆存、皆歿、舅歿姑存、舅存姑歿四種不同的情形下，新婦所行之禮異。若更有繼姑，則如同舅姑皆存之禮。賈公彥指出舅存姑歿，「或更有繼姑，自然如常禮也」，可知其以「舅姑皆存」爲常禮。總之，舅姑的存歿，將影響新婦的身分爲主婦或子婦的界定，及禮儀的進行步驟。

其二，「若不親迎，則婦入三月，然後壻見」〔註55〕，成昏可分爲親迎與否的儀節。親迎爲士人一般禮儀，壻親迎而見岳父、岳母。若因故不親迎，三個月後，壻當前往拜見岳父、岳母。

3、鄉飲酒禮、鄉射禮

對〈鄉飲酒禮〉進程影響較鉅者，爲「賓『若』有遵者，諸公大夫則既一人舉觶，乃入」，尊者在此時機進入，以避免影響主人與賓行獻、酢、酬之「正禮」〔註56〕。賈公彥則意識到這段儀節的敘述，置於整套禮儀結束之後：

> 若然，即是作樂前入，而於此篇末乃言之者，以其無常，或來
> 或不來，故於後言之也。（《儀禮》，賈疏，卷10，頁101）

諸公大夫不必然參與禮儀，故將此「無常」之事，置於文末。清人張爾岐則強調禮儀與「若」字的關係：

> 遵不必至，故曰「若有」。〔註57〕

冠以「若」字，表示不確定。相較於〈鄉飲酒禮〉的文末敘述，〈鄉射禮〉在「一人舉觶」章後，載：「大夫若有遵者，則入門左」〔註58〕，可知此篇出於

〔註54〕《儀禮・士昏禮》，卷6，頁59。
〔註55〕《儀禮・士昏禮・記》，卷6，頁65。
〔註56〕《儀禮・鄉飲酒禮》，卷10，頁101。
〔註57〕清・張爾岐：《儀禮鄭註句讀》，卷4，頁15下。
〔註58〕《儀禮・鄉射禮》，卷11，頁113。

禮儀流程的考量，直接在尊者「當入」的時機敘述，但同樣用「若」字標誌其「不定」〔註59〕。張爾岐從禮儀場合中的身分著眼，說：

> 言「若有」者，或有或無，不定也。案〈鄉飲酒〉於篇末略言遵者之禮，此經乃著其詳，正所云如介禮也。〔註60〕

〈鄉射禮〉無介，而尊者所受的待遇與〈鄉飲酒禮〉之介等同，以其禮儀較爲正式，因此〈鄉射禮〉敘述不必然蒞臨的尊者於「一人舉觶」後，而非如〈鄉飲酒禮〉置於文末。

4、燕禮

相較於國君以燕禮款待「本國」臣子，〈燕禮·記〉載「若與四方之賓燕」的招待外國使者之禮。可知以「若」字區隔不同身分的禮儀。

5、聘禮、公食大夫禮

〈聘禮〉描述使者遇出聘國君或夫人或世子喪，或本國君喪時，禮儀的變化。賈公彥說：

> 此以下論或遭主國君喪，或聘君薨於後，或使者與介身卒。安不忘危，故見此非常之事。從此盡練冠以受，論主國君或夫人薨，或世子死，行變禮之事。（《儀禮》，賈疏，卷23，頁276）

這類變故，屬於「非常」之事，記之以「不忘危」。此外，還有賓私喪，賈氏說：

> 使者有父母之喪，行變禮之事。（《儀禮》，賈疏，卷23，頁273）

當聘禮的過程中，遇到喪事，將改變原有儀節。編寫者或許刻意比較一般情形與遭喪之聘的異同。

據鄭玄所言，聘禮行於「久無事」、「歲相問，殷相聘、世相朝」〔註61〕。而「記」文載：

> 若有故，則卒聘。（《儀禮·聘禮·記》，卷24，頁283）

「倉猝而聘」〔註62〕，即在上述常態之外，因災患或時事而於倉促之間相告聘。〔註63〕

〔註59〕《儀禮·鄉射禮》，賈疏，卷11，頁113。
〔註60〕清·張爾岐：《儀禮鄭注句讀》，卷5，頁6下。
〔註61〕《儀禮·聘禮》，賈疏引鄭玄《三禮目錄》，卷19，頁226。
〔註62〕清·張爾岐：《儀禮鄭注句讀》，卷8，頁31下。
〔註63〕《儀禮·聘禮·記》，鄭注，卷24，頁283。按：具體例證可參第參章第四節之以禮例解《春秋》三《傳》中，無庭實之聘的討論。

聘享之禮後，主國之君將舉行食禮、饗禮，親自招待賓客。但國君「若不親食」，則使相同爵位的大夫負責此禮。鄭玄說：

> 君不親食，謂有疾及他故也。（《儀禮》，鄭注，卷22，頁267）

賈公彥進一步指出「他故之中，兼及有哀慘」、死喪之事。〔註64〕公食大夫禮、大夫相食禮，亦同。〔註65〕綜上所述，〈聘禮〉中，因喪事、災患、疾病等意外事件而改變原有的禮儀流程。

6、覲禮

〈覲禮〉記載廟見後，或行時會殷同之禮。《周禮・春官・大宗伯》載：「時見曰會」，鄭注：

> 時見者，言無常期。諸侯有不順服者，王將有征討之事，則既朝覲，王爲壇於國外，合諸侯而命事焉。《春秋傳》曰：「有事而會，不協而盟」是也。（《周禮・春官・大宗伯》，鄭注，卷18，頁275）

天子將征討不順服的諸侯時，先行朝覲，後行時見禮。〈春官・大宗伯〉載：「殷見曰同」，鄭注：

> 殷猶眾也。十二歲，王如不巡守，則六服盡朝，朝禮既畢，王亦爲壇，合諸侯以命政焉。所命之政，如王巡守殷見四方，四方四時分來，終歲則遍。（《周禮・春官・大宗伯》，鄭注，卷18，頁275）

殷見之禮，爲王不出巡守，六服諸侯來朝，先行朝禮，後行殷見。上述二者因征戰事件、王不巡狩而改變既有的朝覲禮。

7、士喪禮

〈士喪禮〉載大斂畢，「君若有賜焉，則視斂」，記國君親臨大斂的儀節。因此，就士大斂而言，可分成國君未至、國君親至二種無法並行的儀節。李如圭比較〈聘禮〉士介死，「君不弔焉」，說：

> 〈士喪禮〉：「君有賜，則視斂。」常禮，君不親弔士。〔註66〕

〔註64〕《儀禮・聘禮》，賈疏，卷22，頁267；賈疏，卷26，頁312。按：張爾岐認爲「他故謂死喪，及賓有過，或大客繼至之屬。」見氏著：《儀禮鄭注句讀》，卷9，頁10下。

〔註65〕《儀禮・公食大夫禮》，卷26，頁312、314。

〔註66〕宋・李如圭：《儀禮集釋》，《經苑（五）》，卷14，頁2109。

胡培翬進而根據〈喪大記〉指出國君不臨視士人大斂，爲常態；國君於士人之喪，「宜既殯而往弔」，若爲優賜則親視大斂，並說：

> 言「若有」，則不有者其常也。〔註67〕

可知「若」字以下，表示不固定的儀節。

又，〈既夕禮〉「賓賵、奠、賻、贈之禮」章：

> 賓賵者將命。……若奠，……。若賻，……。若無器則捂受
> 之，……若就器則坐奠于陳。（《儀禮》，卷39，頁462～463）

賓奉命前來，向喪家致意。卿、大夫、士之使者，「一人行數事可也」〔註68〕，可連續舉行數禮，即甲禮行畢，再行乙禮。此章以「若」字區隔各類助喪葬之禮。胡培翬根據《周禮·天官·宰夫》注、《春秋》譏武氏子求賻事，以爲：

> 又上直云賵者，下直云贈者，惟奠與賻言「若」，是有無不定
> 之辭也。〔註69〕

經文以「若」字標誌於奠、賻之前，表示非固定儀節。

8、少牢饋食禮

〈有司徹〉主要記錄二類禮儀，一爲上大夫儐尸之禮。二，「若不儐尸」之禮。鄭玄說：

> 不儐尸，謂下大夫也。其牲物則同，不得備其禮耳。舊說云：
> 謂大夫有疾病，攝昆弟祭。〈曾子問〉曰：「攝主不厭祭、不旅、不
> 假、不綏祭、不配，布奠于賓，賓奠而不舉」，而此備有，似失之矣。
> （《儀禮》，鄭注，卷50，頁600）

鄭玄所知舊說以爲「不儐尸禮」爲大夫有疾，使兄弟代行祭禮。然而，舊說卻與〈曾子問〉的攝主祭祀之禮相矛盾，因此鄭玄從牲物、禮儀之異同，得出此禮爲「身分不同」的下大夫。根據「名位不同，禮亦異數」的角度，詮釋儐尸與否的問題。

確認「不儐尸」爲下大夫禮後，那麼在〈少牢饋食禮〉、〈有司徹〉（〈少牢饋食禮〉的下篇）內，同時記載上、下大夫之禮的原因，似與〈士冠禮〉、〈燕禮〉以相近的禮儀施行於不同身分，附於文末的原因相同。清人王士讓

〔註67〕清·胡培翬：《儀禮正義·士喪禮》，第3冊，卷28，頁1779。
〔註68〕《儀禮·既夕禮》，賈疏，卷39，頁462。
〔註69〕清·胡培翬：《儀禮正義·既夕禮》，第3冊，卷29，頁1874。

說：

> 經通例，凡禮有異同者，皆附於篇後。〔註70〕

殆爲此類。

綜合上述，《儀禮》經文冠以「若」字的儀節，立足在先述的既有禮儀上，以極爲簡鍊的文字相互比較異同。這顯示先述禮儀的性質屬於基本、固定，也可能是主要的；而後述儀節則爲枝節、變動，也可能是次要的。〔註71〕冠以「若」字的內容，大致顯示二類變動因素：其一，不同身分、關係者，實行同一套禮儀的差異。此係出於「名位不同，禮亦異數」的觀點。其二，因死亡、疾病、征伐乃至優禮等不固定事件，而更動或增刪原有儀節。簡言之，古人行禮因倫理關係、事件性質而有所不同。

（二）常變的界定

上述〈士昏禮〉、〈鄉飲酒禮〉、〈鄉射禮〉、〈聘禮〉、〈公食大夫禮〉、〈士喪禮〉等篇，皆出現「常」與「非常／有故／變禮」的對照敘述。因此，下文將進一步界定所謂常、變。

常與變是一組相對的概念，〔註72〕變，須有一立足點或支撐點，方能決定何者是變，何者是相對的常。

首先，從同異的觀點來看，「常」爲長期相同、長久持守者，如《易・象》：「未變常也」、《詩・魯頌・閟宮》：「魯邦是常」。相較之下，變是改易、更改舊有作法，《詩・豳風・七月・序》鄭箋：「周公遭變」，孔穎達說：「變者，改常之名」。《荀子・不苟》：「變化代興」，楊倞注：「改其舊質謂之變。」

其次，從普遍與特殊的觀點來看，常由於可長久持守，而爲法式典範，從而具有普遍性，如《周禮・天官・大宰》：「太宰之職，掌建邦之六典」，鄭注：「典，常也，經也，灋也。」變則是突然的、特殊的，甚至有少數之意，如《漢書・楊敞傳》：「遭遇變故，橫被口語」、《文選・曹植・贈白馬王彪詩》：「變故在斯須，百年誰能持？」故「變」或用來指涉意外事故、災難。如《禮記・雜記下》：「國禁哭則止，朝夕之奠，即位自因也。」鄭注：

〔註70〕清・王士讓：《儀禮紃解》，卷7，頁357～358。
〔註71〕本文從「禮儀」著眼，探討《儀禮》的「若」字以下的敘述潛在的意義。葉國良師從「禮書」的角度，指出文獻具有累增的現象，十分值得參考。詳參葉師：〈論《儀禮》經文與記文的關係〉，《禮學研究的諸面向》，頁46～55。
〔註72〕錢穆：〈中國文化的變與常〉，《中國文化精神》，收入《錢賓四先生全集》，第38冊，頁37。

> 自因，自用其故事。(《禮記》，鄭注，卷43，頁748)

天子郊祭或大祭之日，百姓居喪止哭，朝夕哭奠「自因其故事而設奠。」於是就異同來看，主人居阼階下位、設奠爲「同」，禁止哭泣爲「變」、爲異。從普遍與特殊而言，「自因其故事」指居喪的普遍行爲，因郊祭而止哭則爲特殊、少數。茲整理上述常與變的關係爲：

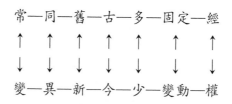

值得注意的是，以因襲爲主軸的禮，發生變化時，便潛藏失禮的危機。《禮記》載曾子問孔子：「葬下殤不用椁而以磚周附於棺、葬於近宮室之墓，若墓遠，將如何處理？」孔子回答說從前史佚葬下殤，因墓遠而「用棺衣棺」。鄭玄認爲是此「問禮之變也」。〔註73〕孔穎達便根據「用棺衣棺」的結果，指出「時世禮變」、「失禮所由」。〔註74〕可知相對於舊制，踐禮時改變禮文，可能是「禮之變」；若後人遵從，則可能成爲失禮的由來。又，《禮記·雜記下》載古代不論貴賤皆有杖，叔孫武叔見輪人以扶病之杖，穿過車轂迴轉其輪，因而改變原來「貴賤皆杖」的古制，「有爵而後杖」。〔註75〕鄭玄注：

> 記庶人失禮所由始也。(《禮記》，鄭注，卷42，頁739)

改「變」既有的禮制，是爲「失禮」。

由於「變」字兼攝改易、失序之義，本文所欲探討的層面在於「變而合禮」者，爲避免模糊焦點，因此使用常例、特例二詞。同時，根據上述《儀禮》冠以「若」字內容的討論，從倫理關係、事件性質二類變化因素切入，探討禮儀規則的遵循與合禮的改易。不過，此類分法，僅爲討論上的方便，古人或有合併論述的情形，如〈曲禮下〉：

> 凡非弔喪、非見國君，無不答拜者。(《禮記》，卷4，頁76)

根據禮尙往來的禮意，受拜者當答拜以報之，弔喪、見國君則不答拜。弔喪屬於事件性質，見國君則屬於倫理關係，二者見於同一條例中。

〔註73〕《禮記·曾子問》，鄭注，卷19，頁384。
〔註74〕《禮記·曾子問》，孔穎達正義，卷19，頁385。
〔註75〕《禮記·雜記下》，卷42，頁739。

第二節　因倫理關係而定的常例與特例

　　同一個禮儀、同一位行禮者（同一個人），因與其他人的「倫理關係」不同〔註76〕，將使禮儀有所不同，如成年男子在外相對於主人，是賓，故升自西階；在家相對於子，是父；相對於私臣，是主人，故升自阼階。因此，本節稱為「因倫理關係而定的常例與特例」。

一、因尊卑而異

　　《禮記・雜記上》說：

　　　　大夫之庶子為大夫，則為其父母服大夫服，其位與未為大夫者齒。（《禮記》，卷40，頁713）

大夫雖尊貴，卻是屬於在家門外的社會關係。若為家門內有喪，庶子雖貴為大夫，猶與士同列，以尊宗子。因此，所謂的尊卑，包含家門外社會階級的高低，與家門內血緣關係的親疏。

常例：禮尚往來。

特例：凡不答而受其摯，唯君於臣、父母於子女。

　　〈士相見禮〉：「士見於大夫，終辭其摯。」鄭注：

　　　　終辭其摯，以將不親答也。凡不答而受其摯，唯君於臣耳。（《儀禮》，鄭注，卷7，頁72）

禮尚往來，是否「親答」回報對方的禮物，決定於雙方的關係。以相見禮而言，可分為三種情形：第一，敵體之間受摯，需親自回禮，故不終辭摯，如士與士相見。第二，若尊卑有別而不具君臣關係者，因尊者不親自答禮，故終辭不受，如這條資料中的士見於大夫。第三，若是國君與外臣、大夫與嘗為臣者，不終辭摯，而使擯者於賓出時還摯。〔註77〕如〈聘禮〉聘賓私覿之禮，主國之君於聘賓出境時，饋贈禮物以報私覿之禮，即〈士相見禮〉君與外臣不終辭摯而使人於賓出時歸還。上述二、三項，為了符合禮尚往來，因此終辭不受或暫受即還。

　　然而，有些倫理關係不從「禮尚往來」的原則，看待受摯之事。「凡不答而受其摯，唯君於臣耳」，受而不還的不對等關係，既表示尊卑有別，同時具

〔註76〕詳細的倫理關係討論，可參林素英師：《從《郭店簡》探究其倫常觀念：以服喪思想為討論基點》（臺北：萬卷樓圖書股份有限公司，2003年2月）。

〔註77〕清・黃以周：《禮書通故・相見禮通故第二十一》，第3冊，頁961。

有委摯爲臣之意。〔註78〕此外,「凡不答而受其摯」還包括父母之於子女,如〈士昏禮〉夫家使者見女父所持之鴈、布帛等,新婦見舅姑之棗、栗、腶脩等,不親迎之壻見女父所持之摯,皆未見歸還。清人夏炘指出〈士昏禮〉之摯,「主人受之而不還,所以許之也。」〔註79〕之所以不還摯,除了表示應允婚事,亦在於確立親屬關係的尊卑,新婦見舅姑、不親迎之壻見女父,可作如是觀。

　　值得進一步思考的是,倘若「禮尙往來」是禮的重要原則之一,那麼國君、父母爲何能夠「不答而受其摯」,破壞此原則,似爲「來而不往非禮也」?溯其源,需從古人何以執摯相見談起。楊寬認爲摯見禮源於氏族制末期的傳統習慣,古人往來時,賓客總是帶著打獵所得野獸、野禽或自製的物品,作爲見面禮,這就是「摯」或「贄」的起源;主人也不讓賓客空手而歸,回贈財物,這就是「賓」或「儐」的起源。〔註80〕法國學者牟斯考察美拉尼西亞群島的庫拉(Kula)制度,人們先沿著固定路線進行儀式性禮物(手鐲和項圈)之交換,然後開展討價還價的貿易,牟斯認爲這類活動正說明送禮習俗與原始交換的關係。〔註81〕易言之,送禮習俗可能源自於交換關係。送禮具有維繫雙方權利與義務的功能,透過送禮與回禮又是原始交換的一種形式。〔註82〕但爲何回禮成爲一種固定的行爲?一方面來自於人們相信:同樣的東西(相同的線)會相互回報。〔註83〕更重要的原因恐怕在於物品沾染了來自先人的靈氣,或者是贈予者的部分精髓:

　　　　保有別人的東西是危險的,不僅因爲它是不合法,而且這東西在道德上、形體上與精神上都來自另一個人。無論這東西是食物也好,或是財貨、女人、小孩、儀式,它都對收受者有一種宗教性的魔力。〔註84〕

<hr>

〔註78〕 參楊寬:《西周史·贄見禮新探》(上海:上海人民出版社,1999 年 11 月初版),頁 790～819。
〔註79〕 清·夏炘:《學禮管釋·釋昏禮不還贄》,《皇清經解續編》,第 14 冊,卷 9,頁 10881。
〔註80〕 楊寬:《西周史》,頁 803。
〔註81〕 (美)牟斯著,汪珍宜、何翠萍譯:《禮物:舊社會中交換的形式與功能》(臺北:遠流出版事業股份有限公司,2004 年一版)。
〔註82〕 (美)牟斯著:《禮物:舊社會中交換的形式與功能》。汪寧生:《古俗新研》(臺北:蘭臺網路出版商務股份有限公司,2001 年 3 月初版),頁 216。
〔註83〕 (美)牟斯著:《禮物:舊社會中交換的形式與功能》,頁 33。
〔註84〕 (美)牟斯著:《禮物:舊社會中交換的形式與功能》,頁 22。

因此若是不加以回報，不僅在人格上受到嚴重的質疑，而且足以危害或改變受禮者的人際關係。

　　最初的交換模式，或出於平等的送禮與回禮，及至社會地位分層之後，開始出現「非對稱性送禮」，地位高者收禮之後可以不必答禮。〔註85〕「一個社會的進步，取決於此社會及其亞群和成員能固守信約，並付出接受及還報的程度而定。」〔註86〕社會化與社會分層，可能是君王、父母受摯而不答的淵源。而國君與外臣、大夫與嘗爲臣者的受摯而復還，可能是出於折衷敵體的「報」與君臣的收而不答。

常例：凡尊必上玄酒。

特例：唯君面尊。

　　見於《禮記・玉藻》。〔註87〕所謂「尚玄酒」，指設酒的相對位置。〈特牲饋食禮〉「祭日陳設及位次」章，「尊于戶東，玄酒在西。」鄭注：

　　　　戶東，室戶東。玄酒在西，尚之。凡尊，酌者在左。（《儀禮》，

　　鄭注，卷44，頁523）

酌者，指「酒」，相對於備而不用的玄酒〔註88〕。居堂上，南面視之，酒在左（東），玄酒在右（西）。《禮記・少儀》說：

　　　　尊者，以酌者之左爲上尊。（《禮記》，卷35，頁636）

此酌者，指「人」，北面臨尊而稱左右，酒右，玄酒左。因此《禮記・少儀》與《儀禮》設酒方位相同，只是敘述方式一從南面、一從北面而有所異。〔註89〕〈玉藻〉說：「凡尊必尚玄酒」，指玄酒、酒的相對位置，玄酒皆在酌酒者的左邊。〈士冠禮〉、〈士昏禮〉、〈鄉飲酒〉、〈鄉射禮〉、〈燕禮〉、〈大射〉、〈特牲饋食禮〉等吉禮，皆於房戶之間（或言戶東），設酒與玄酒，玄

〔註85〕汪寧生：《古俗新研》，頁216。
〔註86〕（美）牟斯著：《禮物：舊社會中交換的形式與功能》，頁107。按：李隆獻師曾指出「報」與「報仇」二觀念具有規範性，而且在不同的社會型態中有不同方向的演變。見氏著：《復仇觀的省察與詮釋　先秦兩漢魏晉南北朝隋唐編》（臺北：臺大出版中心，2012年11月初版），頁3～6。又，此書承　李隆獻師賜贈，敬致謝忱。
〔註87〕《禮記・玉藻》，卷29，頁550。按：此條常例與特例，意義層次不一、不直接相關，然因其爲《禮記・玉藻》原文，故錄之。
〔註88〕《儀禮・士冠禮》鄭注：「玄酒，新水也。雖今不用，猶設之，不忘古也。」（卷3，頁28）
〔註89〕清・張爾岐：《儀禮鄭注句讀》，卷15，頁664～665。

酒在西。〈少牢饋食禮〉設兩甒於房戶之間，「甒有玄酒」〔註90〕，亦當在西。

〈燕禮〉、〈大射〉之尊，設於東楹之西，國君席於阼階上〔註91〕。此爲〈玉藻〉所云的「唯君面尊」。就酌者的方位來看，西面酌酒，玄酒在南，即其左，〔註92〕並不違反「以酌者之左爲上尊」的前提。但相較於其他禮儀未有以尊面向人者、堂上不設房戶間「北向」之席者，「尊面有鼻，鼻向君，示君專有此惠也」〔註93〕，以示國君之尊。

對面北的酌者來說，將待用的酒尊置於右邊（東），是爲了方便以右手酌取酒。不酌的玄酒置於左（西），一方面不妨礙酌者的行動。另一方面，因其於「左」，以示尊崇〔註94〕。玄酒何以較爲尊貴的原因，鄭玄釋之爲「不忘古」，〔註95〕皇侃則進一步論證說：

> 玄酒，水也。上古未有酒，而始之祭但酌水用之，至晚世雖有酒，存古禮，尚用水代酒也。〔註96〕

以社會、時代的演進解釋玄酒何以尊的緣故，可參。申言之，國君面玄酒之尊，爲人、物皆尊的對應式表述。

常例：飲酒禮送爵，先拜受，後拜送。

特例：唯公得後拜受。

《儀禮‧燕禮》「主人獻公」章，「公拜受爵。主人降自西階，阼階下北面拜送爵。士薦脯醢，膳宰設折俎，升自西階。」賈公彥指出：

> 凡此篇內，公應先拜者，皆後拜之，尊公故也。（《儀禮》，賈疏，卷14，頁163）

賈氏認爲國君因身分尊貴，故行拜受禮的先後，異於一般飲酒者。然而，清人吳廷華駁之：

> 《儀禮》十七篇，凡獻酬禮俱先拜受，後言拜送，……蓋《禮經》之例，不是異也。《疏》謂此篇公先應拜者皆後拜云云，此不可

〔註90〕《儀禮‧少牢饋食禮》，卷47，頁561。
〔註91〕《儀禮》，〈燕禮〉，卷14，頁159、160；〈大射〉，卷16，頁190、191。
〔註92〕《禮記‧曲禮上》，孔穎達正義，卷2，頁42。
〔註93〕《禮記‧曲禮上》，孔穎達正義，卷2，頁42。
〔註94〕彭美玲師：《古代禮俗左右之辨研究──以三《禮》爲中心》，頁95～96。
〔註95〕《儀禮‧士冠禮》，鄭注，卷3，頁28。
〔註96〕唐‧張守節《史記正義》引皇侃言，見《新校史記三家注‧禮書》，第2冊，卷23，頁1169。

解。據下言公答再拜者一十有三，此《疏》所謂後拜之者也。然皆
爲答拜禮，⋯⋯是不應先拜，故序其拜于後，諸臣皆然，不獨公也。
若公應先拜而序之于後，則篇內泛無此説，則尊公之説，其謬不必
言矣。⋯⋯不知此爲十七篇之常例，非有別義也。賈乃以受獻禮重
解之，誤矣。〔註97〕

吳氏首先指出飲酒禮中獻酬「先拜受、後拜送」爲固定的順序，公受主人獻
爵，亦如此常例先拜爲是，賈公彥的後拜之説，「殊不可解」。其次，吳氏根
據經文指出《疏》所謂的「後拜」爲答拜，答拜本不應先拜，則「尊公」之
言爲非。吳氏所言「先拜受、後拜送」甚有啓發性。然而，吳氏似區別獻酬
禮爲拜受、膡爵爲答拜，以此討論公拜先後，則值得重新考量。

　　本文考察〈鄉飲酒禮〉、〈鄉射禮〉飲酒授受時，不論獻酢酬的一獻之禮，
或是徧獻眾人、旅酬等，皆先拜受，後拜送。對照之下，〈燕禮〉、〈大射〉
二篇，公只有在「主人獻公」時，行應有的「先」拜受禮；而賓、大夫等向
公敬酒時，公皆「後拜受」。按照禮儀，受酒者先拜，表示感謝；國君尊，
故敬酒者先拜送，國君復答其拜。此答拜，仍是拜受酒之意。以是，賈氏所
言固然精確不足，然其意非誤。就此例而言，公之得「後拜受」，乃因公爲
尊者。

常例：婦人受命，著命服。

特例：唯世婦復受命於奠繭，始服。

　　《禮記・玉藻》說：

> 王后褘衣，夫人揄狄，⋯⋯君命屈狄，再命褘衣，一命禮衣，
> 士褖衣。唯世婦命於奠繭，其他則皆從男子。(《禮記》，卷 30，頁
> 562)

婦人因夫而貴，男子在朝受命時，其妻得服相應的命服。〔註98〕「禮，天子
諸侯命其臣，后、夫人亦命其妻以衣服」，婦人受后之命。〔註99〕其服分爲：
褘衣、揄翟、闕翟、鞠衣、展衣、褖衣六等。「王后褘衣，夫人揄狄」，王后
著翬飾的褘衣以下六種，夫人服畫搖翟之雉的揄翟以下。「君命屈狄，再命

〔註97〕　清・吳廷華：《儀禮疑義》(中央研究院傅斯年圖書館藏詒經堂烏絲欄鈔本)，
　　　　　卷 14，頁 29 上～29 下。

〔註98〕　《禮記・雜記上》說：「凡婦人，從其夫之爵位。」鄭注：「婦人無專制，生
　　　　　禮、死事，以夫爲尊卑。」(卷 41，頁 725)

〔註99〕　《禮記・玉藻》，鄭注，卷 30，頁 562。

褘衣，一命禮衣，士褖衣」，「褘」當爲鞠字，〔註 100〕指子男之妻服刻雉形而無采畫的闕翟以下；子男之卿二命，其妻服鞠衣，「黃桑服」，色如鞠塵；子男之大夫妻一命服展衣；子男之士不命，其妻服褖衣，「黑衣裳，以赤緣之」。〔註101〕

受命者當中，由於世婦及子男之卿大夫妻地位較低，因此雖受命卻不得立即著服，需待獻繭後，因助蠶事有功，君更親命，而得著服。

常例：食餕前，祭食先。

特例：父食子餕、夫食妻餕，不祭。

《禮記・內則》載父母朝夕食，「子、婦佐餕，既食恒餕」，吃餘食稱「餕」。爲人子、婦者，服侍父母進食，父母食畢，子、婦始食其餘，如《儀禮・士昏禮》婦饋舅姑，亦舅姑食畢，新婦食其餘。夫妻之間，如〈內則〉載接子禮畢，「夫入，食如養禮」，鄭注：

> 夫入，已見子，入室也。其與妻食，如婦始饋舅姑之禮也。（《禮記》，鄭注，卷 28，頁 536）

可知夫妻禮食，夫先食，妻食其餘，如「始饋舅姑之禮」。就一般的禮儀而言，尊者先食，卑者食其餘。食「尊者」之餘食前，祭食先。

《禮記・曲禮》：

> 餕餘不祭：父不祭子，夫不祭妻。（《禮記》，卷 2，頁 42）

鄭注：「餕而不祭，唯此類也」〔註102〕。父餕子之餘食、夫餕妻之餘食，可不祭而食，乃因尊卑有別之故。

二、因身分而異

此處所言的「因身分而異」，係指同一階級的行禮者、同一套禮儀，但「行禮者本身」的身分界定有所不同，以致在禮儀上產生差異。劉師培曾指出：

> 蓋經文（筆者按：〈士冠禮〉經文）「若不醴」以下所記，別爲
> 一禮；〈既夕・記〉「其二廟」以下別記一制者，例約相同。與〈昏
> 禮・記〉「若不親迎」屬於變禮者，其例迴異。〔註103〕

〔註100〕《禮記・玉藻》，鄭注，卷 30，頁 562。
〔註101〕《禮記・玉藻》，孔穎達正義，卷 30，頁 562。
〔註102〕《禮記・曲禮》，鄭注，卷 2，頁 42。
〔註103〕劉師培：《禮經舊說》（臺北：國民出版社，1960 年初版），卷 1，頁 15 上。

細繹劉氏之意，〈士冠禮〉「若不醴」以下、〈既夕‧記〉「其二廟」以下，所載爲因時代、階級貴賤而異的固定制度，〈昏禮‧記〉「若不親迎」則是本當親迎而未親迎，同樣是「士」人的「昏禮」，行禮的壻、女父相同，然因成禮前、後，壻與女父的「關係」不同，故表現在禮儀上。

常例：士，父爲子行冠禮。

特例：士孤子自行冠禮。

朱子在〈士冠禮〉三加禮畢，「送賓歸俎」章下說：「此章以上正經已具，以下皆禮之變。」〔註104〕所謂「變」者，係從常禮與變易的觀點，相對於由父親爲子舉行的冠禮，視失父或父母之孤子〔註105〕冠禮爲特殊情形。孤子行冠禮，一方面既是受冠者，即未經正式認可的「士」及家族主人；另一方面又需代已故的父親與賓行禮，因此在儀節上略異於父在的冠禮，表現爲以下幾點：

第一，冠禮前的戒、宿賓之事，由伯叔父或堂兄代勞。孤子雖爲一家之主，但因其未行冠禮，「不可與成人爲禮於外」，因此戒宿賓客之事由長者代勞。〔註106〕

第二，父在之冠禮，由父迎賓，拜、三揖、三讓，升堂各立於東序端、西序端。孤子冠禮，由孤子自迎賓，拜、三揖、三讓、立於序端等儀節，皆同於以父爲主人者。易言之，孤子與賓的互動，是以主人與賓的身分爲之。《大戴禮記‧公冠篇》：「公冠自爲主」，父歿，其子繼爲諸侯，因此冠者自爲主人，如「孤子冠法」。〔註107〕或可與士人孤子行冠禮相參。

第三，父在之冠禮，陳鼎於廟門內。孤子冠禮，得陳鼎於廟門外，「孤子得申禮，盛之。父在，有鼎不陳於門外。」〔註108〕賈公彥說：

> 凡陳鼎在外者，賓客之禮也；在內者，家私之禮也。是在外者
> 爲盛也。今孤子則陳鼎在外，故云：「孤子得申禮，盛之也。」（《儀

〔註104〕宋‧朱熹等撰：《儀禮經傳通解》，收入《朱子全書》，第2冊，卷1，頁63。

〔註105〕《禮記‧王制》：「少而無父者謂之孤，老而無子者謂之獨，老而無妻者謂之矜，老而無夫者謂之寡。此四者，天民之窮而無告也，皆有常餼。」（卷13，頁266～267）《管子‧輕重己篇》：「民生而無父母，謂之孤子。」（《四部備要》，第347冊，卷24，頁20下）按：若孤、獨、矜、寡爲社會普遍情形，衆人皆然，習以爲常，則不須特地照顧、提供社會福利。

〔註106〕元‧敖繼公：《儀禮集說‧士冠禮》，《通志堂經解》，第33冊，卷1，頁19024。

〔註107〕清‧凌廷堪：《禮經釋例‧雜例》，卷13，頁678。

〔註108〕《儀禮‧士冠禮》，鄭注，卷3，頁30。

禮》，賈疏，卷3，頁30）

賈氏以賓客之禮、家私之禮解釋陳鼎於廟門外、內的區別。然而，舉行冠禮是爲了「冠者」，而非爲賓。以此觀點詮釋，容易導致主客易位。孤子所行之禮綜合主人、受冠者（子）二者，因此陳鼎於門外，應與孤子「當室」〔註109〕有關。換句話說，孤子以主人的身分行禮，則鼎自然陳於門外，此或爲鄭玄比較「孤子」、「父在」陳鼎的用意。

第四，冠後的儀節。父在之冠者，禮畢，「奠摯見于君。遂以摯見于鄉大夫、鄉先生。」〔註110〕目前未見「士」禮孤子冠後儀節，然《禮記・曾子問》載諸侯、大夫孤子冠禮，或可參看：

> 父沒而冠，則已冠，埽地而祭於禰。已祭，而見伯父、叔父，
>
> 而后饗冠者。（《禮記》，卷18，頁362）

此可分爲三項細節：其一，掃地清潔後，舉行祭禮，向亡父稟告。此爲繼嗣者得祭宗廟，如《國語》載晉獻公之喪，秦穆公派使者弔公子夷吾，夷吾又私下對使者說：「亡人苟入掃宗廟、定社稷，亡人何國之與有！」〔註111〕同樣以父喪後，爲人子者「掃宗廟」，表徵繼立。其二，祭亡父後，見族中長輩，如伯父、叔父。參照《國語》記載趙氏孤兒──趙文子行冠禮畢，拜見欒書、中行宣子等九位卿大夫。眾人各以其語教戒之。此雖爲大夫禮，然與上述父在之士冠者，禮儀相同。其三，「饗冠者」，即禮賓，〔註112〕猶如士冠禮父在者「醴賓」之儀。據此，士孤子之冠者，禮畢或當見尊長、醴賓。

常例：士，請期而後親迎。

特例：不親迎之士壻，見婦父母。

士昏禮以壻親迎爲常態，壻若因故不親迎，則昏後三個月，拜見岳父、岳母。比較親迎與不親迎的禮儀，大致呈現下列差異：

比較項目	親 迎	不親迎	備 注
主人迎壻處	大門外	大門內	按：不親迎時，主人使擯者謙辭於大門外，親迎則無。

〔註109〕《禮記・曲禮》，卷1，頁21。按：鄭玄以爲孤子指「年未三十者」，即年二十九以下。

〔註110〕《儀禮・士冠禮》，卷2，頁22。

〔註111〕舊題左丘明著：《國語・晉語二》，卷8，頁311。

〔註112〕鄭玄：「饗，謂禮之。」見《禮記・曾子問》，鄭注，卷18，頁362。

行禮地點	廟	寢	
壻所持摯	雁	雉	
壻見主婦	無	有	
主人醴壻	無	有	按：行一獻之禮，無幣。
主人送壻	主人不降送	主人送再拜	

從主人迎壻於大門「內」來看，即以尊者的身分迎接，不同於親迎時迎於大門「外」的敵體之禮。而主人見於寢、壻奠雉，也表示禮儀的性質異於親迎。

參照大夫禮，《左傳》宣公五年秋九月，齊國大夫高固親自到魯國迎娶叔姬，冬則反馬。〔註113〕依禮，遣使反馬，不宜親行，而高固卻藉著叔姬歸寧，親自反馬，俱至魯國。孔穎達說：

〈士昏禮〉又稱：「若不親迎，則婦入三月，然後壻見於妻之父母。」此高固親迎，則不須更見，故譏其親反馬也。(《左傳》，孔氏正義，卷22，頁376)

高固親迎，又自行反馬，既非親迎者所行之禮，又非不親迎者之禮，因此受譏。易言之，親迎與不親迎，仍有一套固定的禮數。

何以是「三個月」，不親迎的士壻方才往見岳父母？賈公彥以為「亦如三月婦廟見，一時天氣變，婦道成，故見外舅姑。」〔註114〕昏後三月，行廟見禮，認可女子為男方家族成員，即「婦道成」，故壻此時往見。參照其他記載，在種種因素下，昏後三月，除了廟見〔註115〕、壻見岳父母外，尚有：

婦人三月廟見，然後執婦功。(《詩·魏風·葛屨》，毛傳，卷5-3，頁206)

若舅姑既沒，則婦入三月，乃奠菜。(《儀禮·士昏禮》，卷6，頁59)

婦入三月，然後祭行。(《儀禮·士昏禮·記》，卷6，頁62)

〔註113〕 「反馬」，為留送女之馬於男方家，表示「謙，不敢自安」；女子若被出棄，將乘之以歸。昏後三月，廟見禮畢，夫家遣使反馬，「以示與之偕老，不復歸也」。見《左傳》宣公五年，杜預集解、孔穎達正義，卷22，頁376。

〔註114〕 《儀禮·士昏禮》，賈疏，卷6，頁65。

〔註115〕 廟見之禮的定位問題，因與本文內容相關性較小，故未作討論，可參胡新生：〈試論春秋時期貴族婚禮中的「三月廟見」儀式〉，《東岳論叢》第21卷第4期（2000年7月）。林素娟：〈古代婚禮「廟見成婦」說問題探究〉，《漢學研究》第21卷第1期（2003年6月）。

（女未廟見而死）歸葬于女氏之黨。（《禮記‧曾子問》，卷 18，頁 366）

執婦功、祭行、舅姑歿則奠菜等，皆爲昏後三月之禮。特別是《禮記‧曾子問》載女嫁未三月而死，則歸葬於女氏之黨，凡此種種，顯示新婚前三個月，屬於不穩定狀態。至三個月後，透過各類儀式，認定男女雙方及其與家族的關係。

常例：童子不緦。

特例：唯當室，緦。

見於《禮記‧問喪》。童子年少，不備禮數，若遇喪事，雖不杖、無服、不踊等，仍著深衣無麻，以「往給事」〔註 116〕，在喪家幫忙。若童子「當室」主持家事，由於與族人爲禮，「有恩相接之義」〔註 117〕，故爲族人服緦、「杖而免」〔註 118〕。

三、因長幼而異

禮儀活動或因年齡而不同，以年幼者而言，《禮記‧內則》載男女未冠笄者，雞初鳴即起，盥洗後，向父母請安，進食固定爲朝夕二餐，更年幼的「孺子」則「蚤寢晏起，唯所欲，食無時」，睡眠、飲食無時，不必拘於禮節。王夫之認爲孺子是「八歲以下未入小學者」〔註 119〕可參。《詩‧大雅‧行葦》鄭箋指出王與族人行飲酒禮：

年稚者爲設筵而已，老者加之以几。（《毛詩》，鄭箋，卷 17-2，頁 600）

爲年幼者設筵而坐。飲酒禮多不設几，特別爲老者設筵加几，增加舒適度。因年長而禮異，「五十始衰」〔註 120〕，從五十歲開始有各種不同的待遇。如服喪時，「五十不成喪」，包含：一，「五十不散送」，始死三日、啓殯到下葬後，腰絰不垂散。二，「五十不致毀」，不能過哀而極羸瘦。〔註 121〕由於童子不備

〔註 116〕《禮記‧玉藻》，鄭注，卷 30，頁 565。
〔註 117〕《禮記‧玉藻》，孔穎達正義，卷 30，頁 565。
〔註 118〕《禮記‧問喪》，鄭注，卷 56，頁 947。
〔註 119〕清‧王夫之：《禮記章句》（臺北：廣文書局有限公司，1977 年 7 月再版），上冊，卷 12，頁 608。
〔註 120〕《禮記‧王制》，卷 23，頁 264。
〔註 121〕《禮記》〈喪大記〉，卷 44，頁 772；〈玉藻〉，卷 29，頁 551；〈曲禮〉，卷 3，

禮〔註122〕，無法用成人之禮說明，因此下文以七十歲為例，說明因年長而異禮的情形。

常例：依親疏關係著喪服、飲食。

特例：居喪之禮，七十唯衰麻在身，飲酒、食肉、處於內。

凡自七十以上，唯衰麻為喪。

居喪，食疏食，不飲酒食肉，夜息於外。《禮記・曲禮》：

居喪之禮，……五十不致毀，六十不毀，七十唯衰麻在身，飲酒、食肉，處於內。（《禮記》，卷3，頁54）

五十始衰，「不得極羸瘦」、形骨露見。〔註123〕六十益衰，不許毀，《春秋》襄公三十一年，「子野卒」，即因哀毀過度以致滅性。〔註124〕七十歲服喪，「唯衰麻為喪」〔註125〕，只服重喪，且服喪期間「居處、飲食，與吉時同也」〔註126〕，得飲酒、食肉、處於內。此係考量年長者的身體情形，故採取特別措施。

常例：大夫七十而致事。

特例：若不得謝，則優禮之。

據《禮記》〈曲禮〉、〈王制〉、〈內則〉〔註127〕，大夫至七十歲，應致其所掌管之事告老於君。若國君不許致事，慰留大夫，「異其禮而已」〔註128〕：首先，七十者受賜几杖，得「杖於朝」。君若有問，則布席使之坐。若八十以上，可不待朝事畢，即退朝；君有事則使人就其家問之。〔註129〕其次，賜婦人、安車，以養其身體。相較於其他七十歲以下在朝為官者，此為優禮之。〔註130〕

頁54。

〔註122〕《禮記・雜記下》：「童子哭，不偯、不踊、不杖、不菲、不廬。」鄭注：「未成人者，不能備禮也。」（卷43，頁748）

〔註123〕《禮記・曲禮》，孔穎達正義，卷3，頁54。

〔註124〕見於《左傳》襄公三十一年，卷40，頁685。

〔註125〕《禮記・內則》，卷28，頁531。

〔註126〕《禮記・喪大記》，鄭注，卷44，頁772。

〔註127〕《禮記》〈曲禮〉，卷1，頁17；〈王制〉，卷13，頁264；〈內則〉，卷28，頁531。

〔註128〕《禮記・祭義》，鄭注，卷48，頁823。

〔註129〕《禮記》〈曲禮〉，卷1，頁17；〈祭義〉，卷48，頁823。

〔註130〕同於七十以下之禮，如：「自稱曰『老夫』，於其國則稱名。」（《禮記》，卷1，頁17）君前臣名，大夫之老者於己君前自稱名；出使四方時，自稱「老夫」，則同於平日。參清・孫希旦：《禮記集解・曲禮》，卷1，頁16。

常例：夫婦爲宮室，辨外內。

特例：夫婦之禮，唯及七十，同藏無間。

此出自《禮記・內則》。夫婦平日各有寢宮，男子居外，女子處內。〔註131〕至七十歲時，由於衰老，無所嫌疑，故可同處居藏。因年齡之故，而有別於七十歲以下者。

四、因性別而異

《禮記・內則》說：「（子）能言，男唯女俞，男鞶革女鞶絲。……七年，男女不同席，不共食」，幼童開始能以言語表達時，教之應對男女有別，其佩飾的小袋材質亦異，至七歲開始在生活作息上加以區別，往後進行一系列的性別教育，如「男拜尙左手，女拜尙右手」、「男不言外，女不言內」、「男子冠而婦人笄，男子免而婦人髽」。〔註132〕以是，男女的言行有別，猶如身分階級一般，是固定的。本文第肆章第一節，曾探討「祭禮，行爵從尊者向卑者，不洗爵；從卑者向尊者、異性行爵，則洗爵」，同一禮儀因性別而異。下文復舉數例說明：

常例：無服者，無哭位。

特例：無服而爲位者，唯嫂叔。

《禮記・奔喪》說：

> 無服而爲位者，唯嫂叔。（《禮記》，卷56，頁945）

喪服依親疏遠近，分爲五種，爲位而哭時，亦有所別。同樣是喪禮，唯獨叔、嫂，無服而有哭位，乃出於男女避嫌之故。〔註133〕

常例：事尊者，請退。

特例：凡婦，不命適私室，不敢退。

《禮記・內則》載爲人婦者事舅姑，如事父母；事父母飲食，子、婦侍食、「佐餕」，「父母、舅姑，必嘗之而後退」。然而，〈內則〉又言：

〔註131〕《禮記・內則》，鄭注，卷28，頁537；孔穎達正義，卷28，頁534。

〔註132〕詳參林素娟：《空間、身體與禮教規訓——探討秦漢之際的婦女禮儀教育》（臺北：臺灣學生書局有限公司，2007年5月初版）。

〔註133〕林素英師曾從社會文化背景，探討嫂叔無服的意義，見氏著：〈「嫂叔無服」的文化意義——以《儀禮》〈喪服〉爲討論中心〉，《禮學思想與應用》，頁149～180。

凡婦，不命適私室，不敢退。（《禮記》，卷 27，頁 522）

是則，侍父母時，男子或如事君子一般〔註134〕，可告退；婦人則待舅姑之命，而退。

常例：士廟祭，主人獻眾賓、眾兄弟等，殊其長。

特例：士廟祭獻內兄弟，不殊其長。

《儀禮・特牲饋食禮》載主人「洗獻內兄弟于房中，如獻眾兄弟之儀。」鄭注：

不殊其長，略婦人者也。（《儀禮》，鄭注，卷 45，頁 536）

賈公彥說：

決上文獻賓于西階上，獻兄弟於阼階上，皆殊其長，此不殊，

故云略之。（《儀禮》，賈疏，卷 45，頁 536）

士廟祭，主人先獻兄弟之長者一人，再獻眾兄弟。獻內兄弟時，經文說：「如獻眾兄弟」，則不別其長者與少者。鄭玄、賈公彥將此歸之爲「略婦人」，因其爲婦人而殺減禮數。於是，同樣是獻兄弟之禮，亦因性別而異。

第三節　因事件性質而定的常例與特例

除了因應倫理關係而異，禮儀流程也可能因災禍、戰爭、遭喪等事件而改變，而同類事物中也可能因價值輕重而改變禮儀，故此節稱爲「因事件性質而定的常例與特例」。

一、因災害而異

《尚書・洪範》治國大法中的第八種，爲注意各類徵兆：

庶徵：曰雨，曰暘，曰燠，曰寒，曰風。曰時五者來備，各以

其敘，庶草蕃廡。一極備，凶。一極無，凶。（《尚書》，卷 12，頁

176）

雨天、晴天、溫暖、寒冷、刮風等五種氣象形態在一年中依時序發生，草木將生長蕃盛。某種現象過多或過少，都是不吉利的。天子、百官、庶民的作爲將影響氣象變化，氣象是人間政治的反映，如「曰肅，時雨若」，天子恭敬

〔註134〕《儀禮・士相見禮》：「君子欠伸問日之早晏、以食具告、改居，則請退可也。夜侍坐，問夜、膳葷，請退可也。」（卷 7，頁 75）

嚴整，就依時而下雨。「天反時，爲災」〔註135〕，若氣象未依時序變化，不僅是自然災害，同時也具政治上的警戒作用，如董仲舒〈對策〉說：「國家將有失道之敗，而天乃先出災害以譴告之。不知自省，又出怪異以警懼之。尚不知變，而傷敗乃至。」〔註136〕故古人特別重視災害。下文舉數例，以見禮儀因災害而異的情形。

常例：周曆六月，常雩以祈穀實。

特例：因旱而雩。

1、常雩

常雩舉行時間，據《禮記·月令》「仲夏之月」、《左傳》桓公五年「龍見而雩」、《詩·周頌·噫嘻·序》：「春夏祈穀于上帝」，孔穎達以爲：

> 凡正雩，在周之六月，常事不書。（《禮記·月令》，孔穎達正義，卷16，頁317）

周曆六月，爲常雩的舉行時間。

就禮文而言，據《禮記·月令》說：

> 命樂師脩鞀、鞞、鼓、均、琴、瑟、管、簫，執干、戚、戈、羽，調竽、笙、竾、簧，飭鍾、磬、柷、敔。命有司爲民祈祀山川百源。大雩帝，用盛樂。乃命百縣雩祀，百辟卿士有益於民者，以祈穀實。（《禮記》，卷16，頁315～316）

常雩備金、石、絲、竹、匏、土、革、木等八音，並持干、戚、戈、羽，爲文武之舞，〔註137〕又加之以歌者，故常雩乃歌、樂、舞俱備。禮儀進程可分爲三階段：首先，「有司」向能興雲雨的山川百源，進行求福之「禱」。其次，「天子」以樂、歌、舞具備之禮，「大雩帝」。最後，天子命「諸侯以下」，雩祭古代上公、卿士及有益於民者。據此，常雩統於天子，依階段有不同的行禮者。雖名爲「雩」，但整個行禮過程爲先向山川百源行禱禮，後向上帝和百辟卿士有益於民者行雩禮，故謂常雩「必先禱」〔註138〕。

〔註135〕《左傳》宣公十五年，卷24，頁408。

〔註136〕漢·班固：《漢書·董仲舒列傳》，第5冊，卷56，頁2498。

〔註137〕鞀、鞞、鼓，爲革音；琴、瑟，爲絲音；管、簫、竾，竹音；竽、笙，匏音；鐘，金音；磬，石音；柷、敔，木音；塤，土音，此爲「八音」具。清·孫希旦：《禮記集解·月令》，上冊，卷16，頁450。

〔註138〕《禮記·月令》，孔穎達正義，卷16，頁317。

雩祭的目的爲「以祈穀實」，祈求風調雨順、穀物豐收。春雩祈雨，農作豐收則行「秋饗」以報功，爲一組相應的禮儀。

2、特雩

特雩，乃因旱潦而行祈雨之祭，即上述「禱」的部分。由於天爲天子專祭，因此天子兼備常雩、禱雩；諸侯不得祭天，故無常雩，當諸侯國發生旱災時，向境內山川百源行禱雩。〔註139〕《說苑》載齊國大旱，景公說：「吾使人卜之，祟在高山廣水」。《說苑・君道》載湯時大旱「使人持三足鼎祝山川」，亦向山川祈求。漢代的《春秋繁露・求雨篇》亦載春旱求雨令縣邑：「禱社稷山川」。可知欲止旱降霖，需祭山川。然而，境內山川眾多，欲知當祭何者，交由卜筮決定。除了上述《說苑》齊景公事外，《左傳》僖公十九年，衛國大旱，「卜有事於山川，不吉」〔註140〕、上博楚簡〈楚柬王泊旱〉載楚國遇旱，簡王命龜尹「速卜高山深溪」，而後得知祟在夏水。〔註141〕

按照時序流轉，風起雲布皆有定時，形成節氣。旱災乃出於鬼神作祟，因此就時間而言，特雩無常期。

就禮文而言，參考：

> 〈春官・司巫〉：「司巫掌群巫之政令。若國大旱，則帥巫而舞雩。」（《周禮》，卷26，頁399）

> 〈春官・女巫〉：「旱暵則舞雩，凡邦之大烖，歌哭而請。」（《周禮》，卷26，頁400）

歌者有哭，希望「以悲哀感神靈也」，如〈雲漢〉之詩；〔註142〕保留舞雩而不配樂，「凡它雩，用歌、舞而已」。因此特雩只有歌、舞，而不備八音之樂。〔註143〕

禱祭的目的：

> 《周禮・春官・小宗伯》：「大災，及執事禱、祠于上下神示。」
> 鄭注：「求福曰禱，得求曰祠。」（《周禮・春官・小宗伯》，卷19，頁293）

〔註139〕周何認爲魯國得天子特賜，得行祀天之禮，故大雩蓋兼山川、天帝、百辟卿士之祭，而備其全祀，與其他諸侯國不同。詳參《春秋吉禮考辨》，頁80～81。
〔註140〕《左傳》僖公十九年，卷14，頁240。
〔註141〕周鳳五師：〈楚柬王泊旱〉，《簡帛》第1輯（2006年10月），頁120。
〔註142〕《周禮・春官・女巫》，鄭注、賈疏，卷26，頁400～401。
〔註143〕鄭玄：「凡它雩，用歌、舞而已。」《禮記・月令》，鄭注，卷16，頁316。

《說文解字》:「禱,告事求福也。」〔註144〕
因災害、疾病或其他不可預料的事故,舉行「求福消災」的祭祀。特雩的主要目的,爲降甘霖止旱或祈求停止水患。

面對旱澇,除了禱雩求雨外,也有些不同的應變之策,《禮記・玉藻》:

至于八月不雨,君不舉。(《禮記》,卷29,頁546)

鄭玄注:「爲旱變也。」不舉樂、不殺牲謂之「不舉」。〔註145〕國君每日殺牲以食,食前舉肺脊而祭,聆聽樂章;若長達八個月不下雨,則改變日常生活習慣。又如《禮記》載魯穆公遇旱,行天子諸侯喪禮的徙市,以示憂戚。此皆以自苦贖罪的方式,請求上天降雨。

常例:天子春朝,朝日;秋暮,夕月。

特例:因日月食,祭日月。

據《國語・魯語》,〔註146〕春分的早上〔註147〕,天子服大采之服,與諸公卿行朝日禮,以「識地德」,並於「日中」考核百官之政;秋分的傍晚,天子服少采,與大史等行夕月禮,以「糾虔天刑」,太陽西下,監察九御清潔粢盛的情形。天子行朝日、夕月之禮的目的,主要在於「明有別」〔註148〕:其一,天子以身作則禮敬日月,「教民事君」〔註149〕。其二,〈祭義〉從「日照晝,月照夜」,論述祭日月的目的,爲區別「幽明」、「外內」,「制上下」,陰陽各職其司,使天下達致於「和」。綜言之,朝日、夕月禮的禮意,與天下秩序相應。

對古人而言,日月食並非氣象的常態,如《禮記・曾子問》載下葬途中若遇日食,「止哭以聽變。」以日食爲變事。〔註150〕因日月食之災而祭,〔註151〕如《左傳》昭公元年說:

日月星辰之神,則雪霜風雨之不時,於是乎禜之。(《左傳》,卷41,頁706)

〔註144〕漢・許愼:《說文解字》,1篇上,頁6。

〔註145〕《禮記・檀弓上》,孔穎達正義,卷8,頁153。

〔註146〕《國語・魯語下》,卷5,頁205。

〔註147〕《大戴禮記・保傅篇》:「天子春朝朝日,秋暮夕月」,可知朝日禮行於早上,夕月禮行於傍晚。見清・王聘珍:《大戴禮記解詁・保傅》,卷3,頁53。

〔註148〕清・王聘珍:《大戴禮記解詁・保傅》,卷3,頁53。

〔註149〕舊題周・左丘明著:《國語・周語》,卷1,頁37。

〔註150〕《禮記・曾子問》,鄭注,卷19,頁383。

〔註151〕《禮記・祭法》,孔穎達正義,卷46,頁798。

氣候異常，亦祭日月，以求風調雨順。日月運行有常，相應於人間秩序的尊卑。發生日食時，天子、諸侯各有其禮。《左傳》文公十五年載：

> 六月辛丑朔，日有食之。鼓、用牲于社，非禮也。日有食之，
> 天子不舉，伐鼓于社；諸侯用幣于社，伐鼓于朝，以昭事神、訓民、
> 事君，示有等威，古之道也。（《左傳》，卷19下，頁339）

相對於日常生活，日食是少數情形，故為特殊事故。發生日食時，各階層透過「威儀之等差」，祓除災變：天子減膳、伐鼓於社；諸侯則用幣于社，伐鼓於朝。〔註152〕而魯國用牲、擊鼓於社，有違諸侯之禮，故以為「非禮也」。同時，天人相應的觀點，也衍生出以日食檢覈人間各類事務的說法。如上博五〈競建內之〉載齊桓公問當時發生日食的原因，隰朋直指「公身無道。」日食來自桓公沈溺美色、田獵無度、重用小人等無道之舉，導致齊國將面臨天災、戰爭，及國君有虞等重大災難。〔註153〕職是，日食是人間失序的象徵，同時也是國君反省施政的時機。〔註154〕

常例：常日不哭。

特例：先人之室焚，則三日哭。

常日不哭，若宗廟遇火則哭。《禮記‧檀弓下》：

> 有焚其先人之室，則三日哭，故曰：「新宮火，亦三日哭。」（《禮
> 記》，卷10，頁193）

宗廟是祖先靈魂憑依之處。宗廟遇火災，哀其無所歸依，故三日哭。「新宮火，亦三日哭」，見於《春秋》成公三年，宣公之廟失火。《公羊傳》則直言：

> 廟災，三日哭，禮也。（《公羊傳》成公三年，卷17，頁217）

《左傳》昭公十八年，宋、衛、陳、鄭國發生火災，鄭國子產的應變措施之一為「三日哭」〔註155〕，以示憂戚。

〔註152〕《左傳》昭公十七年，載昭子曰：「日有食之，天子不舉，伐鼓於社。諸侯用幣於社，伐鼓於朝，禮也」，說法近似。見《左傳》，卷48，頁834。

〔註153〕馬承源主編：《上海博物館藏戰國楚竹書（五）》（上海：上海古籍出版社，2005年12月初版），頁163～177。按：此篇簡序與釋讀，從周鳳五師說。

〔註154〕陳侃理指出秦漢之際，人們對於日食的原理和發生的規律已有所瞭解，但因政治上約束人君與政權合法性的需求，及客觀的觀察技術等緣故，使救日禮儀仍持續到清代。見氏著：〈天行有常與休咎之變——中國古代關於日食災異的學術、禮儀與制度〉，《中央研究院歷史語言研究所集刊》第83本第3分（101年9月），頁389～443。

〔註155〕《左傳》昭公十八年，卷48，頁842。

二、因疾病而異

《尙書‧洪範》五福中的「壽」、「考終命」，指形體健康、得其天年，「康寧」爲心理上的安適。可知古人十分重視身心健康，並以此爲福分。「凡人死，皆因疾」〔註156〕，疾病不僅奪去人的生命，若行禮者有疾，也可能改變禮儀，甚至廢禮。〈士冠禮〉母在，受冠者脯於闈門；母有疾，則使人受於西階下。〔註157〕此爲因疾而異禮。又，〈聘禮〉聘賓問大夫，若大夫有疾則不受其問禮；此因疾而廢禮。可見疾病對禮儀的重大影響。

常例：廟祭以時。

特例：因病禱祭。

1、廟祭有常

《禮記‧禮器》說：

> 祭祀不祈，不麾蚤，不樂葆大，不善嘉事，牲不及肥大，薦不
> 美多品。（《禮記》，卷23，頁458）〔註158〕

依〈禮器〉所言，敘述常祭的特質如下：

第一，祭祀動機。「祭祀不祈」，常祭不爲求福，乃孝子有感於時節變化，思慕先人而設祭，以「追養繼孝」；同時也是爲了「報本反始」，報其生我之恩而祭。〈禮器〉說：「不善嘉事」，指行冠、昏之禮時，宜稟告祖先，係「有爲而然」。〔註159〕常祭不因應特殊事件，異於冠昏之禮具特定目的。簡言之，常祭並非因特定目的而舉行。〔註160〕

第二，祭祀時間與對象。「不麾蚤」，常祭有固定的日期，不以先之爲快，且過時不祭。《左傳》僖公三十一年：

> 禮不卜常祀，而卜其牲、日。（《左傳》，卷17，頁287）

〔註156〕《儀禮‧既夕禮》，賈疏，卷40，頁473。
〔註157〕《儀禮‧士冠禮》，賈疏，卷3，頁31。
〔註158〕關於此段文字的解析，本文著重於禮制，日本學者栗原圭介對於思想背景有更爲深入而細膩的分析，見氏著：《禮記宗教思想の研究》（東京：明德印刷出版社，1969年1月初版），頁165～168。
〔註159〕《禮記‧禮器》，孔穎達正義，卷23，頁458。
〔註160〕以常祭而言，〈少牢饋食禮〉筮日、筮尸禮，皆云：「用薦歲事」、「尚饗」，陰厭時，祝爲主人釋辭於神說：「孝孫某，敢用柔毛、剛鬣、嘉薦、普淖，用薦歲事于皇祖伯某，以某妃配某氏。尚饗！」（《儀禮》，卷48，頁569）常祭猶如生前孝養，期望受祭者享用祭品，未提出特定的需求。

由於常祀固定舉行，因此不問舉行與否，而問犧牲、日期之可否。〔註161〕

祭祀時間因階級而異，《國語・周語》說：

> 日祭、月祀、時享、歲貢、終王，先王之訓也。〔註162〕

此條旨在說明各地諸侯在天子祭祀時的應盡義務，同時也證明天子廟祭時間的固定性。〈楚語下〉載：

> 是以古者先王日祭、月享、時類、歲祀。諸侯舍日，卿、大夫
> 舍月，士、庶人舍時。〔註163〕

依照身分，禮儀有別：天子日祭於祖、考，月薦於曾祖、高祖，四時行告事的類祭於二祧，歲祭於壇。諸侯行月享以上之禮。卿大夫行四時之祭以上之禮，士及庶人歲祭其祖。〔註164〕不同階級，有不同的祭祀時間。

第三，祭品內容。「牲不及肥大，薦不美多品」，祭品依身分，有固定的內容和數量，不得因個人好惡而改變。〈禮器〉又說：

> 是故君子大牢而祭，謂之禮；匹士大牢而祭，謂之攘。（《禮記》，
> 卷23，頁457）

大夫以上，視情形用大牢；士人常祭用特牲，大遣奠、卒哭等禮加一等，得用少牢，過此則爲僭。〔註165〕因此，曹劌與魯莊公論戰時，莊公曾以「犧牲、玉帛，弗敢加也，必以信」作爲出征的條件之一，顯示祭品有常制，不得隨意改變。相對地，晏平仲身爲大夫，祭祀先人，卻用士禮的豚，豚又過小，「君子以爲隘也」，受到批評。〔註166〕各階層使用的祭品，如《大戴禮記・曾子天圓》：

> 序五牲之先後貴賤：諸侯之祭，牛，曰太牢。大夫之祭牲，羊，
> 曰少牢。士之祭牲，特豕，曰饋食。無祿者，稷饋。〔註167〕

諸侯之祭以牛爲盛，稱大牢；大夫之祭以羊爲盛，稱少牢；士人祭用特豕，稱饋食；無祿的庶民以稷致祭。

2、因病禱祭

以下對照常祭逐項敘述。首先，行禮的動機：

〔註161〕詳參周何：《春秋吉禮考辨》，頁49～65。
〔註162〕舊題周・左丘明著：《國語・周語》，卷1，頁4。
〔註163〕舊題周・左丘明著：《國語・楚語下》，卷18，頁567。
〔註164〕以上詳參《國語・楚語下》，韋昭注，卷18，頁568～569。
〔註165〕《禮記・禮器》，孔穎達正義，卷23，頁457。
〔註166〕《禮記・禮器》，卷23，頁457。
〔註167〕清・王聘珍撰：《大戴禮記解詁・曾子天圓》，卷5，頁101。

《周禮・天官・女祝》：「掌王后之內祭祀，凡內禱、祠之事。」

鄭玄注：「內祭祀，六宮之中竈、門、戶。禱，疾病求瘳也。祠，報福。」（《周禮・天官・女祝》，卷8，頁122）

趙商問：「祭祀不祈。商按《周禮》設六祈之科，禱禳而祭，無不祈，故敢問《禮記》者何義也？」答云：「祭祀常禮以序孝敬之心，當專一其志而已。禱祈有爲言之，主於求福，豈禮之常也。」〔註168〕

一般固定舉行的常祭，行禮者表現其「孝敬之心」。舉行禱祈的原因之一，是行禮者爲了「疾病求瘳」、「求福」舉行。《論語》載孔子病，子路請禱於上下鬼神，即是爲了求福。戰國出土的江陵望山楚簡，說：

……既痤，以駭心，不入食，尚母爲大慁。（簡9）〔註169〕

……以痤，尚母以其故有大咎。（簡40）〔註170〕

因身體不適，行禮者向鬼神提出具體的期望，避免發生憂虞之事。

第二，行禮的時機，《儀禮・既夕禮・記》載：

疾病，……乃行禱于五祀。（儀禮・既夕禮・記），卷40，頁473～474）

孝子不忍親死，「故當垂危之際，猶必竭誠以禱」，冀望神靈降福。〔註171〕病疾而禱，人情之常，然何時生病或病篤，則非人所能預期。故因病致「禱」是不定時的，並非固定舉行的祭祀，屬於「非常之事」〔註172〕。

第三，祭祀對象與儀節，以疾病行禱而言，上引《儀禮・既夕禮・記》重病而祭「五祀」，似爲固定的祭祀對象。《尚書・金縢》載「既克商二年」，武王病，周公爲武王告禱於大王、王季、文王。此尚不能確定病重而祭祖先，係出於固定的禮儀，或卜得祖先作祟致疾而祭之。〔註173〕不過，周公禱祭

〔註168〕清・皮錫瑞：《鄭志疏證》（世界書局本），卷6，頁14下～15上。

〔註169〕湖北省文物考古研究所、北京大學中文系編：《望山楚簡》（北京：中華書局，1995年6月初版），頁69。

〔註170〕湖北省文物考古研究所、北京大學中文系編：《望山楚簡》，頁71。

〔註171〕清・胡培翬：《儀禮正義・既夕禮》，第3冊，卷31，頁1918。

〔註172〕宋・楊復撰，林師慶彰校訂，葉純芳、橋本秀美編輯：《楊復再脩儀禮經傳通解續卷祭禮》（臺北：中央研究院中國文哲研究所，2010年9月初版），下冊，卷11，頁805。

〔註173〕古人認爲致疾之因，或出於鬼神作祟，或出於個人行爲所致。本文著重於因鬼神作祟致疾而舉行祭祀的部分，後者則如《莊子・庚桑楚》引老子的話：「衛

時說：

> 若爾三王是有丕子之責于天，以旦代某之身，……爾之許我，
> 我其以璧與珪歸俟爾命，爾不許我，我乃屏璧與珪。（《尚書》，卷
> 13，頁 186）

周公以自身年壽、璧與珪作爲交換，祈求祖先讓武王痊癒。因此禱祭部分流程爲：禱祭求福、向鬼神許諾→病瘳而賽禱報償，以示感謝。〔註174〕祭祀次數與常祭不同。

　　最後，祭品內容似因主祭者身分、作祟鬼神而異，呈現不固定的情形。〔註175〕江陵望山楚簡 109 載「聖逗王、悼王各佩玉一環，東宅公佩玉一環」，簡 110「聖王、悼王、東宅公各特牛，饋祭之」，聖逗王、聖王，即楚聲王的異稱。〔註 176〕這兩條的祭祀對象相同，祭品卻有玉、特牛之異，可知向祖先行禱祭的祭品內容似不固定，或許與應用卜筮徵詢鬼神意願有關。

常例：居喪，不食美味。小功以上，非虞祔練祥，無沐浴。

特例：居喪之禮，頭有創則沐，身有瘍則浴，有疾則飲酒食肉。

生之經」。《呂氏春秋‧盡數》：「凡食，無強厚味，無烈味重酒，是以謂之疾首（致疾之端）。」《春秋繁露‧循天之道》：「男女體其盛，臭味取其勝，居處就其和，勞佚居其中，寒暖無失適，飢飽無失平，欲惡度禮，動靜順性，喜怒止于中，憂懼反之正。此中和常在乎其身，謂之大得天地泰。大得天地泰者，其壽引而長，不得天地泰者，其壽傷而短。」《孔子家語》：「人有三死，而非其命也，己自取也。夫寢處不時，飲食不節，逸勞過度者，疾共殺之。」上天賦予生命，有固定之數，人若能遵從「衛生之經」好好地完成此固定的壽命，爲「考終命」。若因個人生活作息無時、心情喜怒、外在環境的寒暖、飲食無節、逸勞不均而致疾，乃是自取滅亡。所以疾病也可能是個人因素造成。

〔註174〕周鳳五師：〈讀郭店竹簡《成之聞之》札記〉，《古文字與古文獻》試刊號（1999年 10 月），頁 46～48。

〔註175〕有學者比對禱祭楚簡的祭品，認爲神祇與祭品具有對應關係。然而，文中所舉的例子時見參差之外，討論神祇與祭品的關係，尚需考慮祭祀者的階級、祭祀性質（常祭或特祭）、祭祀動機（廟祭或事王、疾病、災難等）、古人觀念中作祟鬼神的需求。再者，就楚簡書寫而言，亦需考慮否因不同記錄者而致使書寫方式有異。第三，對應關係的有無，還需就整體出土資料得其比例而言。因此本文對禱祭的祭品是否具有潛在規則，暫持保留態度。詳參陳偉：〈望山楚簡所見的卜筮與禱祠——與包山楚簡相對照〉，《江漢考古》1997年第 2 期，頁 72、75。沈培：〈從戰國簡看古人占卜的「蔽志」——兼論「移祟」說〉，《古文字與古代史》第一輯（2007 年 9 月），頁 37。

〔註176〕陳偉：〈望山楚簡所見的卜筮與禱祠——與包山楚簡相對照〉，《江漢考古》1997年第 2 期，頁 74。

喪事爲凶禮，其儀節多與吉禮異，如變服、不言樂、讀喪禮或祭禮（日常讀樂章）〔註177〕。不食美味，也是其中一項有別於常的儀節。居父母之喪，葬前飲食以粥、水、疏食爲主，不重視味覺享受，和內心的哀戚相應。其後，隨著既葬、練、祥而哀殺，飲食也隨之調整，得食荼果、食肉，逐步回復到日常生人「重褻味」的飲食（詳參第肆章第三節「士喪禮的吉凶遞移與身分轉換」）。

《禮記》載：

> 居喪之禮，頭有創則沐，身有瘍則浴，有疾則飲酒食肉，疾止復初。不勝喪，乃比於不慈不孝。（《禮記・曲禮上》，卷3，頁54）

> 曾子曰：喪有疾，食肉飲酒，必有草木之滋焉。（《禮記・檀弓上》，卷7，頁128）

> 身有瘍則浴，首有創則沐，病則飲酒食肉。（《禮記・雜記下》，卷42，頁742）

若服喪期間生病，爲了更高標準的大孝「毀不危身」、保全形體，得飲穀物精華的酒類，食用以薑、肉桂等香料植物調味的肉類，促進食欲，恢復居喪者的健康。孔子說：「毀而死，君子謂之無子。」若居喪過度而致死，將使父母絕嗣。

此外，〈雜記〉載：

> 凡喪，小功以上，非虞附（祔）練祥，無沐浴。（《禮記》，卷42，頁742）

小功之喪以上，只有虞禮、祔祭、一年的練祭、二年的大祥祭，洗頭、洗身。沐浴自飾以行祭事，表示敬意，並有助於淨化精神，交通神明。〔註178〕但若身、首有瘍或傷口，亦得沐浴以清潔傷口。

三、因喪事而異

對人而言，朝夕相處的家人、朋友死亡，不啻是一種災禍，而且在醫學不發達的環境下，也容易引發恐懼。章景明說：

〔註177〕《禮記・曲禮下》：「居喪未葬，讀喪禮；既葬，讀祭禮。喪復常，讀樂章。」（卷4，頁74）

〔註178〕詳參劉增貴師：〈中國古代的沐浴禮俗〉，《大陸雜誌》第98卷第4期（1999年4月），頁18～19。

然而，人類既不能避免死亡，死者的家屬族人也不得不以種種
應變的措施對待死者，於是喪葬的禮俗在觀念上便視爲一種處理災
禍的行爲，而屬於凶禮了。……死者的家屬或族人在處理或對待死
者的屍體的過程，嚴格上說起來，只能說是應付災變所進行的種種
禁忌措施。〔註179〕

死亡爲變故之一，不可預期，與災變的本質部分相同。而死亡事件也將對禮
儀有所影響。《禮記・雜記下》：「麻者不紳，執玉不麻，麻不加於采。」鄭玄
解釋說：「吉凶不相干也。」〔註180〕居喪和日常生活的禮儀，具有相當程度的
區別。

常例：士冠禮，三加成服後，醴冠子、醴賓。

特例：凡冠者，其時當冠，則因喪而冠之。

據《儀禮・士冠禮》，冠禮當日的流程爲：

（1）陳設器服→（2）迎賓及贊者→（3）三加→（4）賓醴
冠者→（5）冠者見母→（6）賓字冠者→（7）冠者見兄弟、贊者、
姑姐等人→（8）父醴賓→（9）送賓歸俎。

冠禮具有固定程序，屬於吉禮。若遇喪事變故，由於「吉凶不相干」，將對原
有禮儀產生一定程度的影響。《禮記・曾子問》說：

曾子問曰：「將冠子，冠者至，揖讓而入。聞齊衰、大功之喪，
如之何？」孔子曰：「內喪則廢。外喪則冠而不醴，徹饌而埽，即位
而哭。如冠者未至，則廢。如將冠子而未及期日，而有齊衰、大功、
小功之喪，則因喪服而冠。」（《禮記》，卷18，頁362）

當冠禮和喪禮發生衝突時，基於人道立場，以喪禮爲先。曾子論述假若行禮
當日，賓及贊者入門，三加禮即將開始，卻遇齊衰、大功之喪，該如何處理？
換言之，據上述流程，已至第（2）階段。孔子根據得知的時間點，說：第
一，迎賓後得知，則需視亡者的親疏關係，決定禮儀的程序：若爲同門內喪
的齊衰、大功，則廢止冠禮。若爲異門外喪的齊衰、大功，則行三加，而不
行醴冠子之事，即至流程的第（3）階段結束。第二，若冠禮當日得知，而
賓及贊者未至，即流程的第（1）階段，則不論內、外喪，皆廢禮。第三，

〔註179〕章景明：〈祭、喪之禮吉凶觀念之分別〉，李曰剛等著：《三《禮》論文集》，
　　　　頁173。
〔註180〕《禮記・雜記下》，卷43，頁748。

若在冠禮日期之前，得知有齊衰或大功或小功，則以喪服完成冠禮。〔註181〕

總之，在冠禮之前得知，改變整套禮儀，如〈雜記下〉說：「以喪冠者，雖三年之喪可也。既冠於次，入哭、踊，三者三，乃出」〔註182〕，在喪次加冠後，入殯宮，行哭、踊禮後，出。地點、儀節流程皆有所不同。在冠禮當日得知，則廢禮或縮短禮儀流程。若是廢禮，由於童子不能備成人的喪服之禮，此時當改著喪冠、喪服，以表徵成人身分，並向喪家示意。

常例：昏禮，請期而後親迎。

特例：請期畢，親迎前，有父母之喪，易禮而行。

士昏禮六禮的流程爲：

（1）納采→（2）問名→（3）納吉→（4）納徵→（5）請期→（6）親迎。

昏禮之始，爲男方遣使至女方家，傳達結爲二姓之好的期望。當女父應允後，使者問名，以歸卜於宗廟。若卜吉，復遣使者「納幣以成昏禮」，至此男女雙方皆確定昏禮之事。納徵後，「請期」，向女方請示親迎的日期。請期之辭說：

惟是三族之不虞，使某也請吉日。（《儀禮·士昏禮·記》，卷6，頁63）

鄭注：

三族，謂父昆弟、己昆弟、子昆弟。虞，度也，不億度，謂卒有死喪。此三族者，己及子皆爲服期，期服則踰年，欲及今之吉也，〈雜記〉曰：「大功之末，可以冠子、嫁子。」（《儀禮·士昏禮·記》，鄭注，卷6，頁63）

由於「吉凶不相干」，昏禮屬吉，男方無期親以上的喪服，方能行禮；據〈雜記〉「嫁子」一詞，則女方亦同。因此，請期之禮，不僅確定親迎日期，亦徵詢女方當時是否有期親之喪。〔註183〕

〔註181〕《禮記·雜記下》鄭注：「始遭喪，以其冠月，則喪服因冠矣。非其冠月，待變除卒哭而冠。」（卷42，頁743）喪在冠前，同一個月內，則以喪服完成冠禮。若遭喪先於冠禮一個月，則依變除受服之節，行冠禮。

〔註182〕《禮記·雜記》，卷42，頁743。

〔註183〕關於「三族之不虞」的三族，《五經異義》認爲兼主外親，即當包含男父之姻親（壻之母黨）。鄭玄則以爲三族專指祖、父、子三者的昆弟。按：若以昏禮爲合兩姓之好，繼承祖先大統之事，應專主於父族，不當含攝異姓（母黨）

　　然而，從「請期」至「親迎」，所需日數不等。據《詩・邶風・匏有苦葉》，鄭玄箋說：「歸妻，使之來歸於己，謂請期也。冰未散，正月中以前也。二月可以昏矣。」正月中旬以前請期，二月親迎「可以昏矣」，則請期和親迎，相隔至少半個月。〔註184〕若期間發生喪事，將改變原有的禮儀過程。〔註185〕《禮記・曾子問》載曾子指出納徵與請期禮畢、親迎之前，遇「女之父母死」當如何處理？孔子除了說明「使人慰問」的禮儀外，又以「壻之父母死」為例，闡述昏禮與喪禮產生衝突的處理辦法：

　　　　壻已葬，壻之伯父致命女氏曰：「某之子有父母之喪，不得嗣
　　　　為兄弟，使某致命。」女氏許諾而弗敢嫁，禮也。壻免喪，女之父
　　　　母使人請，壻弗取，而后嫁之，禮也。女之父母死，壻亦如之。(《禮
　　　　記》，卷18，頁364～365)

壻之伯父使人向女方家說明因服喪之故，昏禮延期。女方應允，則待壻除喪，遣人請昏。若壻不娶，則女方父母改嫁其女。「女之父母死，壻亦如之」，故請期禮畢到親迎之前，若男女某方遭父母喪，則延後親迎的日期，或取消婚事（廢禮）。

　　〈曾子問〉並記載若親迎的路途中，壻的父母過世的處理辦法：

　　　　女改服，布深衣，縞總，以趨喪。女在塗，而女之父母死，則
　　　　女反。(《禮記》，卷18，頁365)

這段話分述兩種不同情形：其一，若親迎途中，壻的父母過世，女子得以「婦」的身分進門，為之服喪。女子為舅姑服喪後，是否重新舉行夫婦同牢、饋食舅姑及饗送婚者之禮？〈曾子問〉載孔子說：

　　　　祭，過時不祭，禮也。又何反於初？(《禮記》，卷18，頁365)

　　　　之事，則鄭玄之說長於《五經異義》。然而，鄭玄認為「婦人歸宗，女子雖適
　　　　人，字猶係姓，明不與父兄為異族，其子則然」，外孫與外祖父、舅父為異姓、
　　　　異族，既為異姓，則「異姓其服，皆緦麻」。鄭玄認為異姓服「緦」，係來自
　　　　〈喪服・傳〉：「外親之服，皆緦也。」然而，《儀禮・喪服》明文指出外祖父
　　　　母、「從母」的姨母，以其有祖、母之名，故加尊為小功；為舅則服緦麻。因
　　　　此，鄭玄之說雖長於《五經異義》，但在論證上略顯不足。(《儀禮・喪服》，
　　　　卷33，頁386、390)
〔註184〕《詩・邶風・匏有苦葉》，鄭玄箋，卷2～2，頁89。
〔註185〕清人朱軾即以昏禮過程中遭逢喪事為「變禮」，見氏著：〈變禮〉，《朱文端公
　　　　文集》，收入《清代詩文集彙編》(上海：上海古籍出版社，2010年初版，據
　　　　清同治朱氏刻本影印)，第214冊，頁526。

該當行禮的時節已過,不應重新舉行。若女之父母亡,由於未至男家「成禮」,故以「女」的身分返家服喪。〔註186〕其二,若女子爲己之父母返家服喪,則將回復到上文所引《禮記・曾子問》的流程:壻或待喪畢而娶,或立即中止昏事,或喪事畢而中止昏禮。

常例:君使大夫出聘,始於受命,終於復命。

特例:大夫出聘,遇喪事。

據《儀禮・聘禮》,出使過程中,若遇喪事,將改易原有儀節,故爲「非常之事」、「變禮之事」〔註187〕。賈公彥說:

> 或遭主國君喪,或聘君薨於後,或使者與介身卒。(《儀禮》,賈疏,卷23,頁276)

〈聘禮〉中,最重要的行禮者有三:一、發動聘禮的聘君。二、代替聘君行禮的使者(聘賓)與介。三、受聘問的主國之君。若三者其中之一死亡,或主國夫人、世子薨,主國之君成爲喪主,將使聘禮或缺少行禮者、受禮者,或失去代爲執行者,從而影響其禮文。至於聘賓的私喪,「哭于館,衰而居,不饗食。歸,使眾介先,衰而從之。」賈疏:

> 使者有父母之喪,行變禮之事。(《儀禮》,賈公彥疏,卷23,頁278)

使者受命出聘,而有父母之喪,相對於一般的聘禮,使者平日著喪服而居,不受饗食之禮,「禮,吉時,道路深衣」〔註188〕,歸途不著深衣改著喪服,從於眾介之後。臣子不敢干國君之吉禮,故聘賓雖有私喪,但對聘禮流程的整體影響較小。故下文以主國之君、聘君、賓介爲例,說明聘禮過程中遇喪事,對禮儀進程的影響。

1、聘賓入境,主國之君或夫人或世子喪

若聘賓已入境,卻遇主國之君喪,禮儀的改變如下:首先,「不郊勞」。郊勞時,使者自稱奉君命來慰勞聘賓。若主國之君喪,而世子又未即位,此時「無使之者」,〔註189〕,無法稱述主人之命,故不行此禮。如《春秋》文

〔註186〕《公羊傳》隱公二年載:「女在其國稱女,在塗稱婦,入國稱夫人。」(卷2,頁25)因所在地點不同,對於身分有不同的認定。
〔註187〕《儀禮・聘禮》,賈疏,卷23,頁276。
〔註188〕《儀禮・聘禮》,鄭注,卷23,頁278。
〔註189〕清・胡培翬:《儀禮正義・聘禮》,第2冊,卷18,頁1118。

公八年，天子崩，毛伯至魯國求金，《公羊傳》載：「何以不稱使？當喪未君也。」〔註190〕其次，致命於殯宮，且「不筵几」。聘禮本行於祖廟舉行，爲使祖靈見證此禮，故設几、筵讓祖靈憑依。主國之君喪，聘賓改在殯宮（廟）致命。此時未下葬，不忍以鬼神視之，故不設筵几於柩前。其三，不禮賓。〈聘禮〉聘享後，主國之君親自以醴酒禮賓，表慰勞之意。國君薨，子未爲君，有嗣子在，大夫亦不得攝事，故取消此禮。其四，主人行饔、餼、饗、食之禮，而聘賓只受饔餼禮。饗、食爲主國之君表示歡迎、禮遇之意，如今國君亡故，無主而廢。饔餼有牲、米禾、芻薪等，爲日常生活所必需，故受。其五，「不賄、不禮玉、不贈」。賄與禮玉，是主國之君用以回報聘君之物，「今主君薨，難乎其爲辭，故闕之」；遭喪時，不行私覿禮，亦無回贈使者之物，故「不贈」。〔註191〕

若主國夫人、世子薨，主國之君成爲喪主。因「吉凶不相接」的緣故，主國之君不與聘賓行禮，而使本國大夫在廟外接受聘賓所帶來的君令，其他如主國之君喪。

2、聘賓入境，己國之君喪

若聘賓已入境，而己國之君喪，禮儀流程上的變化爲：一，聘賓受日常所需的饔餼，及米穀之類的稍，而婉拒饗、食禮。二，當正式的訃聞抵達主國時，聘賓受主國之君小禮得著凶服，「若行聘享大事，則吉服」。〔註192〕三，返國復命，升自西階，不升堂。四，復命畢，行奔喪之禮。《儀禮・聘禮》載出聘後，本國君喪，使者返國復命之禮：

> 復命如聘，子、臣皆哭。與介入，北鄉哭，出，袒，括髮，入
>
> 門右，即位踊。（《儀禮》，卷23，頁277）

使者復命、哭畢，出廟袒、括髮，復行門右入廟，即位踊。《左傳》載公孫歸父故事，適可與此相印證。魯國東門遂（襄仲）在魯文公死後，殺文公正妻之子的惡、視，擁立妾敬嬴所生的宣公，並殺害反對者叔仲（惠伯）。東門遂死後，其子公孫歸父（子家），得寵於宣公，出使晉國，欲藉晉國之力削弱三桓的力量。此時宣公薨，三桓提出東門遂「殺適立庶」之罪，逐東門氏。於是出使在外的公孫歸父：

〔註190〕《公羊傳》隱公三年，卷2，頁28。
〔註191〕元・敖繼公：《儀禮集說・聘禮》，《通志堂經解》，第33冊，卷8，頁19225。
〔註192〕《禮記・雜記下》，孔穎達正義，卷43，頁748。

壇帷，復命於介。既復命，袒、括髮，即位哭，三踊而出。遂
奔齊。書曰：「歸父還自晉」，善之也。（《左傳》宣公十八年，卷24，
頁413～414）

因東門氏被逐，公孫歸父無家可歸，不欲反國，故使介代己復命於國君之殯。
公孫歸父將復命之語告於介後，行臣子奔喪禮的「袒、括髮，即位哭，三踊」。
以其行禮得宜，故公孫歸父雖未返魯，《春秋》猶言「歸父還自晉」，表示稱許。

3、聘賓入境而死

以聘禮的過程來看，「聘賓出國完成使命，返國」爲常事，若聘賓於出使
途中亡故，屬於意外情形。《禮記‧曾子問》也說國君出境，有喪備，則人臣
出境亦可能預慮喪事，防患未然。〔註193〕若賓死於途中，則當視其地點，決
定是否繼續出聘的任務。「賓入竟而死，遂也」，聘賓若死於主國境內，將由
介代爲完成使命。〔註194〕若未入境，則返國。〔註195〕整理如下：

聘賓亡於主國境外 → 返國

聘賓亡於主國境內 → 上介代行使命

若聘賓入境而死，主國之君爲之準備始死至殯時的用具，對於禮儀流程
的影響爲：一，聘禮由介代爲完成。二，新增主國之君來弔的儀節。三，不
受饗食之禮。四，介返國復命後，聘國之君弔聘賓。又，《禮記‧曾子問》載：

曾子問：「爲君使而卒於舍，禮曰：『公館復，私館不復。』凡
所使之國，有司所授舍，則公館已。何謂私館不復也？」孔子曰：「善
乎，問之也！自卿大夫之家曰私館，公館與公所爲曰公館。公館復，
此之謂也。」（《禮記》，卷19，頁384）

「公館」爲官方提供的官舍，或國君命使者所居之處，如《儀禮‧聘禮》卿
居大夫之廟、大夫居士之廟。公館，既爲官方專爲使者提供的住處，使者得
在此行主人之禮。那麼，當使者不幸亡故時，可於此行招魂之禮。若是「私

─────────────

〔註193〕《禮記‧曾子問》，卷19，頁378。《左傳》文公六年，季文子將出聘於晉，「使
求遭喪之禮以行」。杜預認爲季文子當是聽聞晉襄公重病之故，而劉炫認爲：
「聘使之法，自須造遭喪之禮而行，防其未然也，非是聞晉侯有疾。」（《左
傳》文公六年，孔穎達正義引，卷19上，頁315）按：據《左傳》載季文子
又說：「求而無之，實難。」而《儀禮‧聘禮》載聘賓入境而亡，由主國之君
準備始死至殯的用具，當以杜預之說較近。
〔註194〕《儀禮‧聘禮》，卷24，頁282。
〔註195〕《儀禮‧聘禮》，賈疏，卷24，頁282。

相停舍」〔註196〕的私館，如上述孔子所說的「卿大夫之家」，本質上，聘賓未獲境內之主的國君授權居住，仍爲賓客，故不宜行招魂之禮。

《左傳》哀公十五年，楚伐吳，陳閔公派公孫貞子弔之。但公孫貞子卻「及良而卒」，良地在吳國境內，陳人欲以尸柩而入，吳國派大宰嚭以水潦辭之。陳國的上介芋尹蓋嚴詞以對，認爲尸不入吳門，陳君之命委草莽，且斥吳失禮，說：

> 且臣聞之曰：「事死如事生，禮也。」於是乎有朝聘而終、以尸將事之禮。又有朝聘而遭喪之禮。若不以尸將命，是遭喪而還也，無乃不可乎！以禮防民，猶或踰之。今大夫曰：「死而棄之」，是棄禮也，其何以爲諸侯主？先民有言曰：「無穢虐士。」備使奉尸將命，苟我寡君之命達于君所，雖隕于深淵，則天命也，非君與涉人之過也。（《左傳》，卷59，頁1034～1035）

從「有朝聘而終、以尸將事之禮」一句看來，當時對這種突發狀況，是有固定禮數的。據〈聘禮〉以聘賓亡故的地點衡量，失禮的是吳國，因此在陳國上介一番據「禮」力爭後，使團得以進入吳國。

相較之下，主國之君及其夫人、世子薨，儀節的改變最鉅。次爲賓介，次爲聘國之君亡故。可知聘賓所在地點與受禮者狀況，對儀節流程的決定性較高，此與聘賓入他國之境，需以他國情形爲主有關。而聘國之君亡故，對於儀節的影響較小，或因聘賓已入他國之境，又身負國君生前所託，故不敢變君命之故。

進一步比較其他禮儀面對喪禮的情形，冠、昏、祭禮中，發生吉、凶衝突時，若爲門內之喪，則廢禮；若爲外喪，則改變部分儀節。可知「吉凶不相干」的原則下，以「凶」事作爲優先考量，而調整吉禮。調整的幅度，視親疏遠近關係而定。但「聘禮」若遇喪，則有所不同：未入境則中止禮儀；已入境，則因應喪事改變部分禮儀，並完成聘問。因此「吉凶不相干」的原則，在聘禮是有所折衷的。

常例：婦人無外事。

特例：三年之喪，婦人越境而弔。

《禮記・內則》說：「爲宮室，辨內外」，內、外之別，溯源於宮室的空

〔註196〕《禮記・曾子問》，孔穎達正義，卷19，頁384。

間概念，其社會意義是從居住習慣衍生而來。〔註 197〕所謂「婦人無外事」，係指禮儀活動時，相對於男子，婦人的活動範圍處於宮室內部、深處。〔註 198〕茲舉三例說明：

第一，〈士昏禮〉載「姑饗婦人送者」，鄭玄說「凡饗，速之。」賈公彥認爲舅饗男子，主人親自前往邀請；若姑饗婦人送者，則否，「以其婦人迎客，不出門，當別遣人速之。」〔註 199〕此以宮室大門作爲內外之別。至於婦人行饗禮時：

> 凡婦人相饗，無降。（《儀禮・士昏禮・記》，卷 6，頁 62）

婦人行饗禮不降堂，此即「婦人有事不下堂」〔註 200〕。爲因應此禮儀規則，故設北洗、篚於堂上。相對於男子行禮，於堂下當東榮設洗爲「外」，婦人之禮於堂上房內設北洗則爲「內」。

第二，處喪時，士之主人與婦人之位：

> 凡主人之位：小斂前在尸東；小斂後，在阼階下，謂之內位；
> 既殯在門外，謂之外位。

> 凡婦人之位：小斂前，在尸西；小斂後至既殯，皆在阼階上；
> 柩將行，始降在階間。〔註 201〕

所謂主人門外位，爲行事準備之位。眞正進行禮儀時，主人仍立於阼階下的門內位。小斂後，主婦位於堂上，相對於主人的堂下位，亦屬於宮室之「內」。〈士虞禮〉餕尸時，婦人出廟門，立於門東，「即位于主人之北」〔註 202〕，

〔註 197〕 杜正勝：〈宮室、禮制與倫理〉，《古代社會與國家》（臺北：允晨文化實業股份有限公司，2005 年 12 月初版），頁 772～773。

〔註 198〕 古代宮室格局「深遠」、對稱的特質，詳參杜正勝：〈宮室、禮制與倫理〉，《古代社會與國家》，頁 748～775。按：杜氏指出「婦人無外事」，在廟以「序」，在寢以門限爲分，確有其文獻、文物依據，同時對於理解、思考內外之別，非常具有啓發性。然而，古書中亦不乏婦人在序外、寢門外之禮，如〈士冠禮〉冠子見母於闈門；昏禮時「禮，送女，父不下堂，母不出祭門，諸母兄弟不出闈門」；士虞禮踐尸，主婦出廟門，已出「序」的界限。因此，「內外」之別，亦因禮儀性質而異，甚有破例者。是以，本文將「婦人無外事」，以「男女有別」的概念爲基礎，指相對男子而言，婦人多處內，而「內」的實質涵義則視禮儀作較爲靈活的詮釋。

〔註 199〕 《儀禮・士昏禮》，賈疏，卷 5，頁 55。

〔註 200〕 《儀禮・士昏禮》，賈疏，卷 6，頁 62。

〔註 201〕 清・凌廷堪：《禮經釋例・變例》，卷 8，頁 417～422。

〔註 202〕 《儀禮・士虞禮》，鄭注，卷 43，頁 510。

亦相對主人而居於「內」。楊復說：

> 始死，哭位辨室中、戶外、堂下之位，……蓋非特男女、內外、
>
> 親疏、上下之分不可以不正，此亦治喪馭繁、處變之大法也。〔註203〕

令人悲傷的喪禮，所有親屬齊聚一堂，若不因其名分而正其位，無異是平添爭端。

　　第三，祭祀時，相對於主人降堂迎尸，主婦多於堂上房內待事。主人得升降堂向賓黨、眾兄弟等獻酒，卻獻內賓於房中。主婦與宗婦等燕飲時，皆在房內。〔註204〕主人降堂送尸，亦未見主婦。因此夫婦雖然共同完成祭祀，但從男女有別之位，仍可概見祭祀以男性為主，顯示宗子傳承的重要性。綜言之，相較於男子的行禮空間，女子處於「內」。《易·象辭》說：「家人，女正位乎內，男位乎外，男女正，天地之大義也。」男女各司其職，協力維持家庭事務的運作與和諧。

　　《禮記·雜記》：

> 婦人非三年之喪，不踰封而弔。（《禮記》，卷43，頁750）

婦人無外事，但遭父母三年之喪，則可越境奔喪，以盡孝心、報其恩惠。若為諸侯夫人，諸侯與之俱往，夫人入廟自闈門，升「自東面之階」〔註205〕，哭而盡哀。可知喪禮，使婦人突破日常禮儀的界限。

四、因出行征伐而異

　　近年出土的秦簡記載關於出行的禮俗，包含時日禁忌、方位信仰、出行儀式、禍祟防衛、行神崇拜等，內容相當豐富。〔註206〕可知古人看重出行之事。出行的原因甚多，基於《儀禮》的內容與《左傳》「國之大事，在祀與戎」，本文以朝聘、征伐為討論對象。

常例：廟祭以時。

特例：出行、反國，告廟。

　　各階級廟祭，在固定的時間舉行，如《國語·楚語》載大夫行四時之祭、

〔註203〕宋·楊復：《儀禮圖》，《景印文淵閣四庫全書》，第104冊，卷12，頁210。

〔註204〕《儀禮·特牲饋食禮》，鄭注，卷46，頁545。

〔註205〕《禮記·奔喪》，孔穎達正義，卷56，頁942。

〔註206〕詳參劉增貴師：〈秦簡《日書》中的出行禮俗與信仰〉，《中央研究院歷史語言研究所集刊》第72本第3分（2001年9月），頁503～541。

歲祭，諸侯則月祭、時祭、歲祭。當大夫或諸侯出行時，猶如父母在世，「爲人子者，出必告，反必面」〔註207〕，行告廟之禮。〈聘禮〉記載卿出行前的告廟之禮，說：

> 賓朝服釋幣于禰。有司筵几于室中。祝先入，主人從入。主人在右，再拜，祝告，又再拜。釋幣，制玄纁束，奠于几下，出。主人立于戶東，祝立于牖西。又入，取幣，降，卷幣實于笲，埋于西階東。（《儀禮》，卷19，頁227～228）

相較於卿廟祭的〈少牢饋食禮〉，此出行前告廟，有三點不同：其一，因出聘者由國君決定，故聘賓告廟的時間不固定。其二，告廟不事尸，故無相關的饗食、酳酒等儀節。其三，以制幣爲禮，而無牲體之類。

大夫返國後，奠告祖先之禮爲：

> 乃至于禰，筵几于室，薦脯醢，觴酒陳，席于阼，薦脯醢。三獻，一人舉爵，獻從者，行酬乃出。（《儀禮·聘禮》，卷23，頁275～276）

在室中薦脯醢、設酒告祭祖先，同於廟祭，然「無牲牢，進脯醢而已，以告祭，非常故也」〔註208〕。相較於〈少牢饋食禮〉在室飲酒，此於堂上阼階行飲酒禮，酢主人，此其異一也。祭禮三獻，分別由主人、主婦、賓長；此爲主人、室老、士，爲其異二也。大夫祭禮三獻後，主人獻眾賓與眾兄弟等人，此則獻從者，爲其異三也。大夫祭禮飲酒程序爲三獻、主人獻眾賓與眾兄弟等人、旅酬、無算爵，此則至旅酬即止，爲其異四也。

諸侯出境，亦告於宗廟，〔註209〕如《禮記·曾子問》說：

> 孔子曰：「諸侯適天子，必告于祖，奠于禰。冕而出視朝，命祝史告於社稷、宗廟、山川，乃命國家五官而後行，道而出。告者，五日而徧，過是，非禮也。凡告，用牲幣。反，亦如之。諸侯相見，必告于禰，朝服而出視朝。命祝史告于五廟所過山川。亦命國家五官，道而出。反，必親告于祖禰。乃命祝史告至于前所告者，而后聽朝而入。」（《禮記》，卷18，頁360）

「用牲幣」的牲，鄭玄以爲「制」字之誤。綜言之，諸侯出行，亦告廟以制

〔註207〕《禮記·曲禮》，卷1，頁19。
〔註208〕《儀禮·聘禮》，賈疏，卷23，頁275。
〔註209〕漢·潁容：《春秋釋例》，《漢魏遺書鈔》，頁2上。按：因征伐而告廟，詳參林素英師：《古代祭禮中之政教觀》，頁180～182。

幣，所告者，除宗廟之外，還包含社稷、山川，故行禮長達五日。《左傳》桓公二年，從唐返回國，「告于廟」：

> 凡公行，告於宗廟；反行，飲至，舍爵，策勳焉，禮也。（《左傳》，桓公二年，卷5，頁96）

據《儀禮》、《禮記》的記載，則魯桓公出行、返國皆祭告宗廟，而「飲至、舍爵」為告祭後，國君與群臣飲酒，相當於大夫「獻從者」；「策勳」則記載臣子功勞。又，桓公十六年：「公至自伐鄭，以飲至之禮也。」〔註210〕則為戰爭反國告廟的飲酒禮。

常例：七十致事，不入朝。

特例：若有大故，而入。

《禮記・祭義》說：

> 七十者，不有大故，不入朝。若有大故而入，君必與之揖讓而后及爵者。（《禮記》，卷48，頁825）

致仕在家者，不在其位，不入朝言事。若國家發生兵寇等重大事件〔註211〕，欲請教老成人，則請其入朝，而國君必先和老成人行揖讓之禮，後向其他大夫、士等有爵者行禮。

常例：諸侯以時見天子。

特例：天子將有征討，諸侯朝天子。

依《禮記・王制》〔註212〕，諸侯之於天子，每年使大夫行一次小聘，三年使卿朝天子為大聘，每五年諸侯親自朝見天子一次。若依《周禮》，則王畿外五百里內的侯服，每年朝見一次；侯服外五百里的甸服，每二年一次；男、采、衛、要等，各以次類推；九州之外的蕃國，於嗣王即位時，始朝天子。〔註213〕制度雖異，然皆有固定朝見天子的「常朝」。

天子征伐前，行時會之禮，此時諸侯見天子，非為常朝。〔註214〕清人金鶚整合經典所見的天子會同禮說：

〔註210〕《左傳》桓公十六年，卷7，頁128。按：關於《春秋》三《傳》中「公至」的討論，可參宋鼎宗：《《春秋左氏傳》賓禮嘉禮考》（臺北：花木蘭文化出版社，2009年3月），頁124～133。

〔註211〕清・孫希旦：《禮記集解・祭義》，下冊，卷46，頁1233。

〔註212〕《禮記・王制》，鄭注、孔穎達正義，卷12，頁235。

〔註213〕《周禮・秋官・大行人》，卷37，頁564～565。

〔註214〕《禮記・王制》，孔穎達正義，卷12，頁235。

> 會同之禮有四：一是王將有征討，會一方之諸侯，《周官・大
> 宗伯》云「時見曰會。」……一是王不巡守，四方諸侯皆會京師，〈大
> 宗伯〉云「殷見曰同」。……此二者，皆行於境內者也。一是王巡守，
> 諸侯會于方岳，《尚書・周官》篇所謂「王乃時巡，諸侯各朝于方岳」
> 也。……一是王不巡守而殷國，諸侯畢會于近畿，若周宣王會諸侯
> 于東都，《詩》言「會同有繹」是也。二者皆行於境外者也。時見，
> 時巡所會，皆止一方，諸侯是會同之小者也。殷見，殷國所會則四
> 方、六服諸侯畢至，故曰殷，是會同之大者也。〔註215〕

是則，按照發生原因、行禮地點，將「時見曰會、殷見曰同」併爲「會同」
之禮，並細分爲四種情形。孫詒讓承其說，進一步指出：

> 會同禮蓋有常、變不同，鄭、賈所釋並據常典言之，故壇宮受
> 玉，不出郊甸。若其變禮，則多與巡守並行，或在方岳，或在東都，
> 如周公朝諸侯於東都之明堂，宣王亦有東都之會，《詩・小雅・車攻》
> 云：「會同有繹」是也。其殷國，則又或在侯國，道里遠近，不可豫
> 定，故六軍群子從行，而委積館舍之煩，亦與大師無異。〔註216〕

依固定、變動的概念，認爲會同有常、變的不同。孫氏似以「不出郊甸」作
爲區分常變的標準：「常」指不出郊甸者。「變」者多與巡守並行，包含：一，
王巡守而會諸侯於方岳，此不在郊甸之內。二，王不巡守，會諸侯於東都或
殷國，或侯國，亦不在王畿附近的郊甸內。於是，相對於朝覲宗遇，會同爲
非常；而諸侯見天子的會同之禮又因其事件性質、地點，復別爲常、變（此
待下文進一步討論）。〔註217〕

五、因事物輕重而異

在不影響或改變現實身分的前提下，禮儀制度可作一定程度的上下推
移。如諸侯在一定範圍內可合禮地使用天子禮，如《國語》說：

> 天子舉以大牢，祀以會；諸侯舉以特牛，祀以太牢。卿舉以少
> 牢，祀以特牛；大夫舉以特牲，祀以少牢；士食魚炙，祀以特牲。

〔註215〕清・金鶚：《求古錄禮說・會同考》，收入《續清經解三禮類彙編（一）》，卷
675，頁182。
〔註216〕清・孫詒讓：《周禮正義・春官・大宗伯》，第5冊，卷34，頁1349～1350。
〔註217〕關於諸侯之間、大夫與諸侯、大夫之間，及貴族異性的會禮，可參宋鼎宗：《《春
秋左氏傳》賓禮嘉禮考》，頁70～93。

〔註218〕
在祭祀場合中，各階層都可使用上一層級的禮。雖然禮文可在相當程度作上下推移，但這推移似乎不是同步進行。在同類的禮儀活動中，不同身分階層的禮文或有重疊之處，如廟祭時，士用三獻之禮，大夫亦用三獻。而且這類因輕重而異的禮例也包含價值的體現，如《左傳》僖公四年載：

> 許穆公卒于師，葬之以侯禮也。凡諸侯薨于朝會加一等，死王
> 師加二等。於是，有以哀斂。（《左傳》僖公四年，卷12，頁203）

許穆公爲朝見天子而亡，忠心可嘉，故加禮一等；勤於天子征伐之事，則加禮二等。此皆爲嘉勉其忠心而改變原有的禮制。下文試舉數例，說明古人依事物輕重而變禮的情形。

（一）因重而改禮

常例：各階級依禮儀場合而著服。

特例：士昏禮一時之極，攝盛服。

依《禮經釋例》的整理，士階級行禮多著玄端、朝服。〔註219〕然而，昏禮爲人生大事，故服飾與一般行禮不同。茲分別敘述壻、新婦之服。

1、士著爵弁服

《儀禮・士昏禮》記載壻「爵弁，纁裳」前往親迎。〔註220〕《禮記・雜記》：「士弁而親迎，然則士弁而祭於己可也？」鄭注：「緣類欲許之也。親迎，雖亦己之事，攝盛服爾，非常也。」孔疏：

> 以祭、親迎，事類相似，親迎既弁，故自祭欲許其著弁，其理
> 不可，故鄭云：「親迎，雖亦己之事，攝盛服爾，非常著之服」。所
> 以親迎攝盛服者，以親迎配偶，一時之極，故許其攝盛服。祭祀，
> 常所供養，故須依其班序。（《禮記》，孔疏，卷41，頁724）

親迎配偶，爲人生大事，故於服飾攝盛。祭祀是日常供養先人之禮，則當依照階級行禮。換言之，禮儀輕重反映在服飾攝盛上。

2、士妻著袿袡之衣

〈士昏禮〉親迎「女次，純衣，纁袡，立于房中，南面。」鄭注：

〔註218〕舊題周・左丘明著：《國語・楚語下》，卷18，頁564～565。
〔註219〕清・淩廷堪：《禮經釋例・器服之例下》，卷12，頁602、605、606、608、615。
〔註220〕《儀禮・士昏禮》，卷4，頁43。

　　　　凡婦人，不常施袡之衣，盛昏禮爲此服。〈喪大記〉曰：「復衣
　不以袡」，明非常。（《儀禮‧士昏禮》，鄭注，卷 5，頁 49）

鄭玄引〈喪大記〉爲據，說明招魂時用死者平日之服，「復衣不以袡」，表示
士妻平日之服，衣緣無飾。對照日常服飾，昏禮爲盛事，著纁邊之純衣〔註221〕，
屬於特殊之事。

常例：士用一鼎或三鼎，以物爲旗。

特例：士喪禮，大遣奠五鼎、朝祖載旗。

　　《儀禮‧既夕禮》葬日陳大遣奠，「陳鼎五」，鄭注：

　　　　鼎五，羊、豕、魚、腊、鮮獸各一鼎也。士禮，特牲三鼎，盛
　　葬奠，加一等用少牢也。（《儀禮》，鄭注，卷 39，頁 463）

士制用特牲三鼎，大遣奠用大夫禮的羊牲、五鼎，屬於攝盛。又，〈既夕禮‧
記〉二廟之士，朝祖廟時，薦乘車，「載旗，載皮弁服」，鄭注：

　　　　通帛爲旜，孤卿之所建，亦攝焉。（《儀禮》，鄭注，卷 41，頁
　　485）

據《周禮‧春官‧司常》：「孤卿建旃，大夫士建物」，此言「載旗」，故爲攝
孤卿之制。此條亦可列入「因喪事而異」，但因鼎制、旗制等出現在喪禮中某
個特定階段，並非喪禮過程皆如此。而且上述儀節多有加榮之意，亦與「因
喪事而異」表達吉凶有別的概念不同，故於此部分討論。

常例：飲酒禮，尊者酌堂上之尊，卑者酌堂下之尊。

特例：唯論學於郊，郊人取於上尊。

　　《禮記‧文王世子》載天子論說於郊學，取賢才。若其中有無道德、解
世事、言語等才能，卻有小小技術者，仍可進於眾學者，稱爲「郊人」。當
天子在虞庠的成均飲酒時，恩德被及於郊人，郊人得「取爵於上尊」，相互
旅酬。孔穎達說：

　　　　凡飲酒之禮，尊者酌於堂上之尊，卑者酌於堂下之尊。故〈特
　　牲禮〉主人獻賓及獻眾賓及長兄弟等，及次賓及次兄弟等，皆酌於
　　堂下之尊以相旅是也。今郊人雖賤，亦得酌於堂上尊，故云「取爵

〔註221〕鄭玄認爲袡爲以纁緣其衣，「象陰氣上升也」。敖繼公則駁之，袡當爲裳連于
　　　　衣而異其色之稱。清人黃以周認爲敖繼公所言則是婦人衣裳有別，然而婦人
　　　　服本不殊衣裳，豈有嫁時反其制，當從鄭注。參黃以周：《禮書通故‧衣服通
　　　　故第三》，頁 182。

於上尊」。(《禮記》,孔穎達正義,卷20,頁396)

飲酒禮之例,酌酒於堂上或堂下之尊,是身分尊卑的表徵,如〈特牲饋食禮〉。孔氏由士禮以推及於天子,解釋郊人取於「上尊」,實為優禮之。

(二)因輕而改禮

常例:禮,尊者加惠,明日往拜謝之。

特例:唯稍不拜。

當尊者特地為卑者行饗禮,或食、燕禮等〔註222〕,乃至賜予食品、侑幣、衣物、車馬等。隔天,卑者應前往拜謝。儀節主要為:若受贈之物為車馬、衣物則乘之、服之,〔註223〕前往尊者宅邸大門外或國君外朝〔註224〕求見,欲表謝意。主人辭不見,卑者遂於大門外再拜。「凡尊卑不敵,則不答拜賜之禮」,〔註225〕主人尊於賓,不答拜賜之禮;但若主人以敵體之禮相待,則於卑者返家後,親至卑者門外「拜辱」,禮儀和拜謝禮同。〔註226〕賓主敵體的拜謝、拜辱之禮,亦未相見。

據目前所見資料,有二點需加以討論:

第一,〈公食大夫禮〉賓受國君饋贈,明日皆拜賜於朝。那麼,大夫相食之禮,賓是否拜賜?據清人的觀點,大夫不能親食時,公遣人致以侑幣,侑幣為公家給付,故賓受幣如對主君,必行再拜稽首禮。〔註227〕參照此說,侑幣為官幣,代表國君饋贈之物,而「大夫相食禮」章的經文說:「其他皆如公

〔註222〕清‧胡培翬:《儀禮正義‧聘禮》,第2冊,卷17,頁1090。

〔註223〕《禮記‧玉藻》:「君賜車馬,乘以拜賜;衣服,服以拜賜。」(卷30,頁566)

〔註224〕宋人李如圭根據〈鄉射禮〉認為聘賓拜饗餼「於朝」,亦於大門外;而經文卻言「朝」,可見「諸侯外朝在大門外明矣」。見氏著:《儀禮釋宮》,頁13上~下。

〔註225〕元‧敖繼公:《儀禮集說》,《通志堂經解》,第33冊,卷4,頁18980。

〔註226〕元‧敖繼公:「拜賜之禮,賓至於門外,擯者出請入告,主人辭不見,賓乃拜。主人拜辱亦如之。」見氏著:《儀禮集說》,《通志堂經解》,第33冊,卷5,頁19017。

〔註227〕清‧方苞:「受侑幣,再拜稽首,主人送幣亦然」,「平敵而稽首,以主人稱君命以將幣也。〈聘禮〉賓雖私獻,猶遙稱君命以將之,況食他國之卿大夫,有不奉命而私有事者乎!惟稱君,故受者如受主君之賜,而送者亦稽首也。」見氏著:《儀禮析疑》,《景印文淵閣四庫全書》,第109冊,卷9,頁145。王士讓:「侑幣乃公幣,非私幣也。故若不親食者,則公必作大夫朝服以侑幣致之。今此大夫親相食,則受侑幣,如對主君;送侑幣,如對聘君。二大夫皆奉命相將者也,則其相稽首也,為公也。」見氏著:《儀禮紃解》,《續修四庫全書》,第88冊,卷9,頁201。

食大夫之禮」〔註228〕，則賓亦應行明日拜賜之禮。

第二，〈士喪禮〉載主人成服後，出門拜謝國君命使來弔及眾賓。〔註229〕
參照《禮記·檀弓下》：

> 喪，公弔之，必有拜者，雖朋友、州里、舍人可也。(《禮記》，
> 卷9，頁165)

拜謝國君來弔的儀節，大致是：朝奠禮畢，主人出門往拜；在國君的大門外
行拜謝禮，而所拜者不見。〔註230〕至於眾賓，吳紱認爲「次第拜之，不定
在一日」〔註231〕。然則，主人得數日於外，回拜答謝？因此朱軾提出經文
言「及」字，表示因拜君命而出，「故拜及之，否則不拜」。〔註232〕參照國
君使人致贈死者衣物時，「唯君命出，升降自西階，遂拜賓」〔註233〕因君命
而及於賓客，則朱氏所言較爲合理，也符合主人不欲久離父的情感。可見吉
凶不同，而明日拜賜之禮一也。〔註234〕《左傳》文公二年，秦國孟明視帥
師伐晉，以報僖公三十三年的殽之役，結果秦師又敗績，晉人稱爲「拜賜之
師」〔註235〕，對照《儀禮》經文，更見其嘲諷之意。

特例的部分，鄭注〈聘禮〉，指出「唯稍不拜」。〔註236〕「稍」係米稟
芻薪等，是各國東道主照顧往來使者日常生活所需，非隆重之禮故不拜。此
外，《禮記·玉藻》說：「酒肉之賜，弗再拜。」受君賜酒肉，初至時拜受，
但因酒肉「輕」，故「至明日則不重往拜也」。〔註237〕

常例：食前，祭食先。

特例：唯水漿不祭，若祭爲已傑卑。

見於《禮記·玉藻》。祭食先時，不用水漿。鄭玄說：

> 水漿，非盛饌也。已，猶大也。祭之，爲大有所畏迫。臣於君
> 則祭之。(《禮記·玉藻》，鄭注，卷29，頁550)

〔註228〕《儀禮·公食大夫禮》，卷26，頁314。
〔註229〕《儀禮·士喪禮》，卷37，頁438。
〔註230〕元·敖繼公：《儀禮集說》，《通志堂經解》，第33冊，卷12，頁19237。
〔註231〕吳紱語，見王士讓：《儀禮紃解》引，卷12，頁272～273。
〔註232〕清·朱軾：《儀禮節略》，《四庫全書存目叢書》，第110冊，卷7，頁641。
〔註233〕《儀禮·喪服》，卷35，頁411。
〔註234〕清·胡培翬：《儀禮正義·士喪禮》，第3冊，卷28，頁1792。
〔註235〕《左傳》文公二年，卷18，頁301。
〔註236〕《儀禮·聘禮》，鄭注，卷24，頁290。
〔註237〕《禮記·玉藻》，鄭注、孔穎達正義，卷30，頁566。

水漿，「非盛饌」，故不祭。若祭水漿，則表示自己身分卑微，如《儀禮・公食大夫禮》載宰夫執觶漿飲以進於賓，「賓坐祭，遂飲」〔註238〕，臣於君之食禮，祭水漿。

常例：知生者弔。所識者弔。

特例：死而不弔者三：畏、厭、溺。

　　依《禮記》，當親友遭遇喪事，命使或親自前往慰問。〔註239〕如子夏喪其子，曾子往弔；〔註240〕晉獻公之喪，秦穆公使人弔公子重耳。〔註241〕〈文王世子〉甚至指出同族之人「宜弔不弔」者，將受到有司責罰。〔註242〕可知弔禮的普遍性。

　　弔問，出於溫暖的同情心，慰問生者，既與之同哀，又提醒對方保重身體。然而，弔問之禮有也特殊情形。〈檀弓〉載：

　　　　死而不弔者三：畏、厭、溺。（《禮記》，卷6，頁120）

畏而凶死者，鄭玄以孔子畏於匡為例，認為是「人或時以非罪攻己，不能有以說之死之者」。〔註243〕清人孫希旦認為是遭受脅迫而「恐懼自裁者」〔註244〕，孫詒讓則認為是「兵死者」〔註245〕。「厭」則是行、止於危險之處；「溺」為淹死者。若死亡原因出於「畏、厭、溺」的橫死，以其「輕身忘孝也」〔註246〕，輕身犯險、忘繼先人之重的嫌疑，故不前往弔問。〔註247〕

第四節　常例與特例所顯示的意義

　　誠如第壹章所言，禮例是維繫群體生活秩序的規則，因而下文將先從維

〔註238〕《儀禮・公食大夫禮》，卷25，頁306。
〔註239〕《禮記・曲禮上》：「知生者，弔；知死者，傷。知生而不知死，弔而不傷；知死而不知生，傷而不弔。」（卷3，頁54）指遣使致辭，有弔辭、傷辭。《禮記・奔喪》：「所識者，弔」（卷56，頁945），則為親自前往弔唁。
〔註240〕《禮記・檀弓上》，卷7，頁128～129。
〔註241〕《禮記・檀弓下》，卷9，頁166～167。
〔註242〕《禮記・文王世子》，卷20，頁401。
〔註243〕《禮記・檀弓上》，鄭注，卷6，頁120。
〔註244〕清・孫希旦：《禮記集解・檀弓》，上冊，卷7，頁182。
〔註245〕清・孫詒讓：《周禮正義・春官・冢人》，第6冊，卷41，頁1697。
〔註246〕《禮記・檀弓上》，鄭注，卷6，頁120。
〔註247〕此屬於「禮、非禮」的結構，雖然是「非禮」卻又以規則的形式呈現，故於此討論。

持秩序的角度，觀察常例與特例可能具有的意義。其次，重視秩序，反映人們普遍地追求安定的心態。形塑此種心態的生活背景爲何，及其對常例與特例的分別有何影響，也是值得觀察的角度。

（一）從維持秩序的角度觀察常例與特例的意義

上文第一類「因倫理關係而定的常例與特例」，主要表達調節人際關係的制禮初衷，如尊卑、身分與義務、男女有別等。此類運用「不遵守／改變」常規的方式，強化特定價值觀或身分義務的重要。同時，這類禮例在某種程度上還具有「數量與比例」的關係，相互參照下，形成兩種價值觀的對話，並突顯少數特例所蘊涵的價值觀，如各階級皆當答摯，唯君、父不答，反而顯示出君父的尊貴。又如服喪以盡「哀」，五十以上則因「尊老」而異禮。本章第一節指出「權」是兩種價值觀的選擇，只能擇一；而此類禮儀行爲則「並存」兩種以上的價值觀，並強化某一種的價值觀，有助於維持社會秩序、倫理關係的體系。

第二類「因事件性質而定的常例與特例」，在數目比例的概念之外，還包含「固定／偶發」的性質歧異。這類禮例因應自然災害、出行、喪禮等偶發或少數事件，改變常禮或另行一套新的禮儀，乃爲表現「有別」的狀態。社會活動中，如何處理不規則的、偶然的情形，有時比對待符合規則者，更具難度。相對於日常生活，攝盛、災變等並非人生當中長期持續、固定發生的事件。周何指出《春秋》所見的「大雩」，屬因旱災而起的旱雩，旱事不常有，《春秋》二百餘年，見於經者，不過二十一事。〔註248〕日食，見於《春秋經》有三十五條，相對於二百餘年的春秋時期，亦非多數。以時間爲向度，最初因應少數的、不可預測的（或不定期的）災害、出行等，改變舊法，稱之爲「權」，此後發生類似事件，比照辦理，而有相對應的禮儀，則爲例。尤其是因應災害的禮儀，係累積長久的經驗而得固定應對之道，非出自一時一地。因此藉由時間因素、經驗傳承，一時之權可進入禮儀的規則體系，形成新的特例。禮的生生不息，正在於此。

以經驗累積而得的行爲規則，也反映在敘述上，如〈曾子問〉載老聃說：

> 諸侯朝天子，見日而行，逮日而舍、奠；大夫使，見日而行，逮日而舍。夫柩不早出，不莫宿。見星而行者，唯罪人與奔父母之喪者乎！（《禮記》，卷19，頁383～384）

〔註248〕周何：《春秋吉禮考辨》，頁90～91。

相較於一般諸侯朝天子、大夫出使，皆日落而止；唯罪人與奔父母之喪者，夜行。此條討論常態與特殊情形，聚焦在「出行」範圍內，指出罪人、奔喪者異禮。擴大而言，出行包含朝聘、征伐、到野外四方、田獵等情形，此條僅以朝聘、下葬，和罪人、奔喪作對照，並非嚴謹的歸納、統計法。這顯示常態與特殊的區別，根植於不夜行的生活習慣，即以經驗傳承爲運作模式。李豐楙以神話爲對象，指出古人以「常」與「非常」的概念，按照生物性質對世界進行歸類，建構秩序的分類「乃是爲了符合經驗法則而形成的秩序觀」。〔註249〕可知不同性質的文本，均反映古人常與非常的思維、建構秩序的目標。在神話之中，將這些無類可歸者，視爲變異或非常。而在禮儀活動中，經由時間、經驗的傳承，將變異或特殊納入體制內，形成特例，進而達到穩定秩序的目標。

（二）從生活背景的角度觀察常例與特例的意義

　　特例的存在，反映人們預期每一套禮儀皆有固定、必須遵守的程序，因此儀式受到改變、中斷，或非固定時節舉行，屬特殊情形。注重完成儀節套式的態度，蘊涵一種安定的心態、追求事物可預期的心理，此究竟從何而來？倘若禮例根植於傳統社會習俗、價值觀，那麼，要進一步追問的是，社會既然是蘊孕禮的環境，那麼這個環境的特質是什麼，又如何影響常態與特殊的分別？「禮，源於俗」，或許從影響「俗」的地理、氣候、經濟型態著眼，同樣可以討論「禮」的形塑原因。

　　舊石器時代，人類以採集、漁獵爲生產方式，糧食來源不固定，所能養活的人口較少，屬於游牧階段。進入新石器時代，龍山文化發現可裝木柄的磨石鐮、蚌鐮，及掘土用的雙齒木耒；河姆渡文化發現農耕用的骨耜、稻穀；半坡村文化發現粟，此時產生農業、畜牧兩種新型態的經濟生產，培育天然植物、飼養野生動物，人類的飲食有較爲可靠的保障。〔註250〕以地理而言，唐虞、夏、周文化發生在黃河大曲周圍，涇水、渭水、伊水、汾水等幾條支流，「每一條支流的兩岸，及其流進黃河三角椏扠地帶裡面，都合宜於古代農業之發展。而這一些支流的上游，又莫不有高山疊嶺及其天然的屏蔽，故

〔註249〕李豐楙：〈導言〉，《神化與變異：一個「常與非常」的文化思維》（北京：中華書局，2010年10月初版），頁6。
〔註250〕杜正勝主編：《中國文化史》（臺北：三民書局股份有限公司，2003年修訂二版），頁16～17。呂思勉：《先秦學術概論》（昆明：雲南人民出版社，2005年12月初版），頁13。

每一支流實自成一小區域，……合宜於人類文化之生長。」〔註251〕受河水、高山等自然形勢劃分，這些小區域得密集人口，發展文化，發展到相當程度，又可藉著水系進到大水系，彼此接觸，由於各地均宜於農業發展，生活情形容易同化，因而聚合爲較大的農業區，成爲民族融合、國家凝成的基礎。〔註252〕以氣候來說，周代關中地區的氣候較現代來得溫暖濕潤，雨水豐沛。〔註253〕《詩・秦風》〈車鄰〉：「阪有漆，隰有栗」、〈終南〉：「終南何有？有條有梅」，漆、梅等副熱帶植物因關中氣候溫暖而生長。地理開闊、氣候溫暖，相較於寒帶、熱帶地區，謀生容易，有利於發展農業的經濟型態。「農耕活動特有的矛盾，連同爲了要解決矛盾而有的儀式用具，也一樣要放在生產模式和感覺模式特有的關係裡看，才能界定爲兩大對比原則出現了危險甚至褻瀆的衝突。在經濟體系和神話儀式體系裡看得到的關係，就是要透過技術或儀式實作負有的功能，才能建立起來。」〔註254〕對禮儀的詮釋和分類，當可從農業社會的生活背景著眼。〔註255〕

　　以農立國，重視順天時，特別是不違農時的施政，〈月令〉、〈夏小正〉、《詩經》記載農耕、祭祀、飲食等等依四時行事，本出於配合氣候變化而產生的規律性活動，經久而成爲生活方式，如同歲時節令般。表面上看來是生活習慣，因其長久地爲人所實踐，而帶有社會規則的性質，見諸於禮儀，於是在固定時序，行固定的禮儀，如四時之祭、薦新、郊天等。郭店楚簡〈忠信之道〉以忠信之道類比於天地，從而推論忠信乃人得之於天地的德行。〔註256〕

〔註251〕錢穆：《中國文化史導論》，收入《錢賓四先生全集》（臺北：聯經出版事業公司，1995年初版），第29冊，頁2～3。

〔註252〕詳參錢穆：〈中國文化之地理背景〉、〈國家凝成與民族融合〉，收入氏著：《中國文化史導論》，《錢賓四先生全集》，第29冊，頁1～8、24～25。

〔註253〕竺可楨繪製：〈中國近五千年來氣候變遷的初步研究〉，《考古學報》1972年第1期。王子今：〈秦漢時期氣候變遷的歷史學考察〉，《歷史研究》1995年第2期，頁3～19。朱士光、王元化、呼林貴：〈歷史時期關中地區氣候變化的初步研究〉，《第四紀研究》1998年第1期，頁1～11。

〔註254〕（法）皮耶・布赫迪厄著：《實作理論綱要》，頁237。

〔註255〕陳槃曾比較四夷華化的情形，發現東夷、南夷受華夏影響較爲顯著，而匈奴則不易改變，最主要的原因在於匈奴是游牧民族，古代華夏是農業社會，生活環境不同，因而形成文化接受難易程度不同。可知經濟型態對於禮儀產生、傳播的影響。見陳槃：《春秋時代的教育》（臺北：中央研究院歷史語言研究所中國上古史編輯委員會，1974年6月初版），頁58。

〔註256〕周鳳五師：〈郭店楚簡《忠信之道》考釋〉，《中國文字》新24期（臺北：藝文印書館，1998年），頁126。

值得注意的是，文中對於天的敘述：

> 至忠如土，化物而不伐；至信如時，必至而不結。

> 不期而可要者，天也。

> 信之爲道也，群物皆成而百善皆立。〔註257〕

四季依時、依序運轉，毋須約定而必至，故將天的道德品質歸結爲「信」，反映古人對於四季運轉的信賴與安定感。〔註258〕四時有序，人的生活以此爲節，而產生規律與秩序。相較之下，《逸周書・文傳》說：

> 天有四殃：水、旱、饑、荒，其至無時，非務積聚，何以備之？
> 〔註259〕

天災「其至無時」，面對雨潦、旱災等突如其來的災難，應謹慎小心，長期防備。依時序行事的環境下，天災、人禍等不可預期的事件〔註260〕，將被視爲特殊情形。因此定時定制的常例與自然災害的特例，主要區別在於「時」，即是否固定、可預測，禮儀行爲只是思維的反映。

定居的農業生活，產生長期而穩定的聚落，「安土重遷，黎民之性」〔註261〕，不輕易遷徙，使同聚落的居民，彼此連結性極強，如《孟子・滕文公上》說「死徙無出鄉」、「鄉田同井，出入相友，守望相助，疾病相扶持」。〔註262〕而且農業生產定期、定量，年收有定額。〔註263〕只要沒有突如其來的意外，生活是可預期的、安定的，每個人的身分與關係是確定的。如《詩經》〈豳風・七月〉、〈周頌・臣工〉、〈周頌・載芟〉、〈周頌・良耜〉記載播種、收成等農

〔註257〕周鳳五師：〈郭店楚簡《忠信之道》考釋〉，《中國文字》新24期，頁121～
　　　　122。
〔註258〕《禮記・樂記》說：「天則不言而信」，孔疏：「謂四時不失。」傳世文獻同樣
　　　　將四時依序運轉，視爲「信」。《禮記・樂記》，卷39，頁698。
〔註259〕黃懷信等：《逸周書彙校集注》（上海：上海古籍出版社，1995年12月初版），
　　　　卷3，頁259。
〔註260〕《禮記・檀弓》：「是故君子非有大故，不宿於外。」鄭玄指出「大故」爲「喪、
　　　　憂」，孔穎達進而指出寇、戎、災、禍、喪等細目。（卷7，頁129）
〔註261〕漢・班固：《漢書・元帝紀》，卷9，頁292。許倬雲：「所以遷移的時候，絕
　　　　對不是全家拔腿就走。總會留幾個人在家鄉，……多餘的人口是往外傾送，
　　　　而不是整個村拔掉。」《許倬雲觀世變・中國歷史特質》，頁135。
〔註262〕《孟子・滕文公上》，卷5上，頁92。按：《逸周書・大聚》：「飲食相約，興
　　　　彈相庸，耦耕俱耘，男女有婚，墳墓相連。」，卷4，頁1951。《韓詩外傳》
　　　　也說：「八家相保，出入更守，疾病相憂，患難相救，有無相貸，飲食相召，
　　　　嫁娶相謀，漁獵分得。」卷4，頁143。
〔註263〕錢穆：《中國文化史導論・弁言》，《錢賓四先生全集》，第29冊，頁6。

業活動，亦可見人們豐收的喜悅，「匪今斯今，振古如茲」，期盼年年有今日、歲歲有今朝。

　　爲了避免群居生活發生紛爭，從身分關係界定其義務，即正名伴隨著相對應的職責。反映在禮儀上，產生確定尊卑、長幼、性別等倫理關係的作法。然而，出生、懷孕等正處於身分轉變的模糊地帶，〔註264〕故異於平日的禮儀。懷孕時，屬於爲人母的身分轉換時期。在此特殊情形下，隔離即將生產的婦女，「及月辰，居側室」，不僅有助於調整身分轉換的心態，亦可減少感染機會或因操持家務過勞而降低免疫力。古代醫學不發達，嬰兒易夭折。因此嬰兒出生後，與人隔離，「異爲孺子室」〔註265〕，以避免疾病感染。三個月後，始見父、確立爲家族成員，使自然生命具有社會意義。

　　對依附土地、重視生活安定的農業社會而言，離開世代依存的土地，出行到陌生環境，將令人恐懼不安。尤其是人民流亡，不僅瓦解原有的聚落，更可能使國家喪失生產力，成爲執政者最大的隱憂。追根究柢，百姓因災害而遷移，乃是執政過失。上博楚簡〈簡大王泊旱〉說：

　　　帝將命之攸諸侯之君之不能治者，而刑之以旱。夫雖毋旱，而

　　百姓移以去邦家，此爲君者之刑。〔註266〕

因此在農業社會中，災害、戰爭、出行、遷徙或流亡，不能說是生活的常態。

　　農業文化由於自給自足，無事外求，又因久居一地，少遷徙，因此相較於游牧社會，爲「靜定的、保守的」〔註267〕。所謂「保守」，指態度較傾向舊有的制度、習慣或傳統，也就是崇古尊老。在農業社會中，老者是青年的指導，他們是祖先遺留的智慧與經驗的寶藏，「鄰國來問，必問於老者以答之，制法度」〔註268〕，故顯現出尊敬老者與遵循傳統〔註269〕。由於重視安定、尊

〔註264〕（法）阿諾爾德・范熱內普：《過渡禮儀》，頁34～50。

〔註265〕《禮記・內則》，卷28，頁535。

〔註266〕周鳳五師：〈楚柬王泊旱〉，《簡帛》第1輯（2006年10月），頁120。按：《左傳》記載百姓因戰征而逃亡，稱「潰」，如文公三年、僖公四年、十九年，及昭公二十九年等。

〔註267〕錢穆：《中國文化史導論・弁言》，《錢賓四先生全集》，第29冊，頁4。

〔註268〕《禮記・曲禮》，鄭注，卷1，頁17。

〔註269〕金耀基：《從傳統到現代》（臺北：時報文化出版企業有限公司，1987年11月二版），頁55～56。呂思勉指出古代社會「生活所資，惟是一族之人互相依賴。立身之道，以及智識技藝，亦惟恃族中長老，爲之牖啓。故與並世之人關係多疏，而報本追遠之情轉切。一切豐功偉績，皆以付諸本族先世之酋豪，而其人遂若介乎神與人之間。以情誼論，先世之酋豪，固應保佑我；以

重傳統，因此吸取前人經驗，將應變之道也納入體制內，形成較爲固定的措施，如上述日食、旱災等。

根據上述，禮制當中的常變思維，實與社會環境息息相關。制度本身可以生成、損益，乃至消亡，但人們期盼安定的心理需求、針對普遍和特殊採取因應之道，則是相對穩定的。

第五節 多重相對的常例與特例

就分類而言，所謂常例、特例的界限，是根據比較基準而定的。經過上述討論，發現若倫理關係與事件性質二項因素同時發生，將形成多重層次的表現。茲舉四例加以說明：

第一，相對於「日常」飲酒食肉，「喪禮」疏食爲特殊情形；然站在「喪禮」的立場，疏食本爲常例，當居喪有疾或七十以上者得飲酒食肉，則爲特例，如下述：

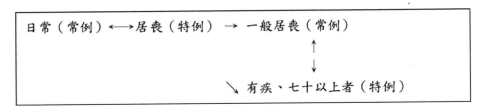

第二，「凡養者，五帝憲，三王有乞言」，以禮遇賢能的養老禮而言，「老人眾，多非賢者，不可皆養」〔註270〕，賢能的老者在老人中占少數。《禮記·內則》記載養老禮說：

> 凡父母在，子雖老，不坐。（《禮記》，卷28，頁531）

一般情形的養老禮，年老者坐而行禮。在賢能老者的少數中，若發生「有父母在」的情形，爲別尊卑，其子不得坐行禮，可謂是「少數中的少數」。於是，

能力論，先世之酋豪，亦必能保佑我矣。凡氏族社會，必有其所崇拜之祖先以此。我國民尊祖之念，及其崇古之情，其根荄，實皆植於此時者也。」見氏著：《先秦學術概論》，頁 4～5。費孝通：「在現代社會裡知識即是權力，因爲在這種社會裡生活的人要依他們的需要去做計畫。從知識裡得來的權力是我在上文中所稱的時勢權力；鄉土社會是靠經驗的，他們不必計劃，因爲時間過程中，自然替他們選擇出一個足以依賴的傳統的生活方案。各人依著欲望去活動就得了。」費孝通：《鄉土中國 生育制度》，頁86。

〔註270〕《禮記·王制》，鄭注，卷13，頁266。

形成如下結構：

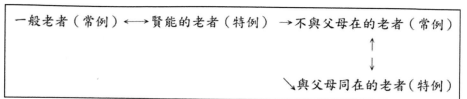

第三，三年之喪屬凶事，吉凶異道，故不舉行祭祀。然而，《禮記‧王制》說：「唯祭天地社稷，爲越紼而行事。」〔註271〕三年喪期間，若遇祭祀天地社稷，則行禮。鄭玄說：

> 天地社稷之祭，豫卜時日，今忽有喪，故既殯越紼行事。若遭喪之後，當天地郊社常祭之日，其啓殯至於反哭，則避此郊社祭日而爲之。（《禮記‧王制》，孔穎達正義引，卷12，頁239）

> 越紼行事，喪無事時。天地郊社有常日，自啓及至反哭，自當辟之。〔註272〕

郊社之祭，「豫卜時日」，有固定日期的「常日」，臣子可自行推算，避免在祭郊之日行喪禮節目。此不僅反映郊祀屬於「常祭」，更顯示常祭具有固定性與可預測性，故臣子得改變喪禮節目的日期。〈郊特牲〉、〈雜記下〉記載王祭郊之日，百姓不哭、不敢著凶服而出，但其他朝夕奠的儀節，仍照常舉行。〔註273〕《春秋繁露》說：

> 《春秋》之義，國有大喪者，止宗廟之祭，而不止郊祭。不止郊祭者，不敢以父母之喪，廢事天之禮也。〔註274〕

申說禮儀有其層級。吉凶衝突時，多以凶禮爲先，如上述冠、昏「因喪事而異」諸例。此條則因祭祀「天地社稷」，以其尊貴，故不廢禮。於是，就層次而言，形成：

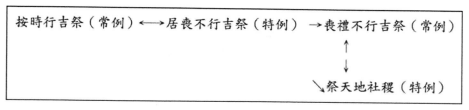

〔註271〕《禮記‧玉藻》，卷12，頁238。

〔註272〕清‧皮錫瑞：《鄭志疏證》（世界書局本），卷6，頁12上。

〔註273〕《禮記‧郊特牲》，卷26，頁499。《禮記‧雜記下》，卷43，頁748。

〔註274〕舊題漢‧董仲舒撰：《春秋繁露‧郊祭》，卷15，頁404。

第四，諸侯無事不入諸臣之家，而《禮記・禮運》說：

　　　諸侯非問疾、弔喪，而入諸臣之家，是謂君臣為謔。（《禮記》，

　卷 21，頁 422）

有喪、有疾等特殊情形，國君方至。以喪禮而言，國君臨視大夫大斂為常，小斂為加恩（賜）；視士已殯為常，大斂為加恩。〔註275〕因此國君至臣家弔喪的特殊情形中，又得區別出常、加恩：

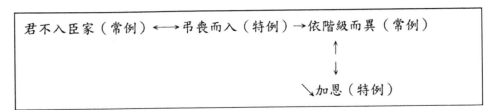

準此，常例與特例的分別，視比較的基準點而定，並且因應身分關係、外在環境等變項，可能形成多層次的結構。

　　除了經文本身，這類視參照基準而改變性質的說法，亦普遍見於後代的經文詮釋，茲以數例為證：

　　第一，以內外而言，如《禮記・內則》：

　　　適子、庶子見於外寢，撫其首，咳而名之，禮帥初，無辭。（《禮記》，卷 28，頁 536）

鄭注：「外寢，君燕寢也。」孔疏：

　　　燕寢當在內，而云：「外寢」者，對側室而為外耳。側室在旁

　　處內，故謂燕寢為外寢也。（《禮記》，孔穎達正義，卷 28，頁 536）

相對於路寢，燕寢為「內」。而經文言燕寢為「外寢」，則是相對於宮室建築更深處的「側室」而言。

　　第二，吉凶的概念，士喪禮下葬後，舉行虞祭、卒哭祭、祔祭、小祥祭、大祥祭、禫祭，相對於卒哭的凶，祔祭為吉祭。〈士虞禮〉載小祥祭的祝辭：「曰：薦此常事」，鄭注：

　　　祝辭之異者。言「常」者，朞而祭，禮也。（《儀禮》，鄭注，

　　卷 43，頁 513）

賈疏：

〔註275〕《禮記・喪大記》：「君於大夫、世婦，大斂焉；為之賜，則小斂焉。……於
　　士，既殯而往；為之賜，大斂焉。」（卷 45，頁 783～784）

> 祝辭之異者，謂小祥辭與虞祔之辭有異。異者，以虞祔之祭，非常。一期，天氣變易，孝子思之而祭，是其常事，故祝辭異也。（《儀禮》，賈疏，卷43，頁513）

相對於小祥，虞祔之禮又爲「非常」（詳見第肆章第三節）。從虞祭、卒哭、祔祭、小祥祭等互爲凶吉、非常與常的過程中，不僅顯示喪禮逐漸向吉禮遞移的線性進程，亦反映吉、凶是相對的概念。

第三，陰陽的觀念，《禮記・郊特牲》：「鼎俎奇而籩豆偶，陰陽之義也。」孔穎達說：

> 按〈宗伯〉云：「以天產作陽德」，注云：「天產者，動物，六牲之屬也。」動物，故爲陽也。庶物，陰也者，庶物雖出於牲體，雜以植物相和，非復牲之全體，故爲陰也。然〈聘禮〉陳醯醢，醢在碑東，醯在碑西，鄭云：「醯，穀，陽也；醢，肉，陰也。」與此不同者，醯是穀物所爲，其體清輕，故爲陽也；醢是肉物所爲，肉有形質，故爲陰。文各有所對，故不同也。（《禮記》，孔穎達正義，卷26，頁503）

天爲陽，地爲陰。動物爲「天產」故屬陽，醢菹等物雖爲牲體所製，但與植物相和，又非動物全體，故屬陰，而與動物牲體相對。此從「製作原料」是否純爲動物牲體判斷陰陽。若以「天產→動物→陽」的觀點來看，由肉製成的醢醬亦當爲陽，而與穀物製的醯相對。但辨別醯、醢時卻轉以「製成品」的「體」，作爲衡量陰陽的標準：醯「清輕」故爲陽，醢有形質，故爲陰。職是，由陰陽延展的相對概念，有：

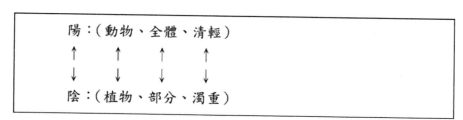

第四，數量的成數與實數，《禮記・明堂位》：「有虞氏官五十，夏后氏官百，殷二百，周三百。」注：「周之六卿，其屬各六十，則周三百六十官也。此云『三百』者，記時〈多官〉亡矣。」孔穎達說：

> 「周之六卿，其屬各六十」者，〈小宰〉職文。云「此云『三百』者，記時〈冬官〉亡矣」者，以此經四代相對，各陳其官，宜

舉實數，故云〈冬官〉亡矣。若文無所對，即舉其成數，故〈禮器〉：
「經禮三百，曲禮三千」鄭〈禮序〉云：「舉大略小，闕其殘者」，
是與此經不同。(《禮記》，孔穎達正義，卷31，頁584)

孔氏以有對時，「宜舉實數」；無對，則言其「成數」，解釋經籍記載周朝職官數目略有不同的原因。

　　第五，文質相變的觀點，《禮記・玉藻》：「君在則裼，盡飾也。」孔穎達說：

　　　　凡君在之時，則露此裼衣，盡其文飾之道，以敬於君。……〈聘
　　　　禮〉行聘致君命亦襲者，彼是聘享相對，聘質而享文，欲文質相變，
　　　　故裼襲不同也。……凡執玉得襲，故〈聘禮〉執圭璋致聘，得襲也。
　　　　若執璧琮行享，雖玉，裼。此執玉，或容非聘享。尋常執玉，則亦
　　　　襲也。(《禮記》，孔穎達正義，卷30，頁559)

這段話可分為三點說明：其一，臣於君所，當「裼」，以外表的文飾表現內在的美好。其二，出使外國，行聘致圭，則襲；行享致璧，則裼，取其文質相變。其三，致圭或尋常執玉之所以襲，乃因「執玉、龜，襲」的規則。於是據「君在則裼」，〈聘禮〉致聘之襲，為特例。據「執玉、龜，襲」，則〈聘禮〉致聘之襲，為常例。

　　同是一事，立足點不同，判斷亦異。此並非隨意立說，而是因為禮儀本身是一種相對性的規則，〔註276〕既是相對值，就必須看相對者為何物（也就是從關係立論），從而決定其屬性。〔註277〕當參照基準改變了，即使是同一物，也可能改變性質。《春秋繁露・玉英》對於禮的相對特質，有極為深刻的認識：

〔註276〕《禮記・雜記上》，孔穎達正義，卷41，頁727。
〔註277〕此概念可解釋許多禮書、史書正例、變例的分別。如清人淩曙《禮說》說：「斬
　　　　衰章，子為父、臣為君，此正例也。……故《傳》以為父卒然後為祖後者，
　　　　服斬，此變例也。然凡父卒傳重于祖者，莫不服斬，是變例中之正例也。此
　　　　指祖為君，父卒而孫為君，則今君之臣，祖之臣也，孫為祖服斬，臣為君服
　　　　斬固也。乃有始封之君，其父與祖未嘗為君，是今君之臣于君之父祖，無君
　　　　臣之分，此不可從服斬也。故君為父祖斬，而臣從服期也，此變例中之變例
　　　　也。」(收入《皇清經解三禮類彙編（一）》，卷1356，頁571）以圖示，當為：
　　　　正例：
　　　　為父服斬衰←→變例：為祖服斬衰─變例之正：繼體之君（孫）及其臣，服斬衰
　　　　　　　　　　　　　　　　　　　　變例之變：始封君（孫）服斬衰，其臣從服期。

《春秋》有經禮，有變禮。爲如安性平心者，經禮也；至有於性雖不安，於心雖不平，於道無以易之，此變禮也。是故昏禮不稱主人，經禮也。辭窮無稱，稱主人，變禮也。天子三年然後稱王，經禮也；有故則未三年而稱王，變禮也。婦人無出境之事，經禮也；母爲子娶婦、奔喪父母，變禮也。明乎經變之事，然後知輕重之分，可與適權矣。難者曰：《春秋》事同者辭同，此四者俱爲變禮，而或達於經，或不達於經，何也？曰：《春秋》理百物，辨品類，別嫌微，修本末者也。是故星墜謂之隕，蚽墜謂之雨，其所發之處不同，或降於天，或發於地，其辭不可同也。今四者俱爲變禮也同，而其所發亦不同。或發於男，或發於女，其辭不可同也。是或達於常，或達於變也。〔註278〕

昏禮稱主人、天子有故未三年而稱王、母爲子娶婦出境、婦奔父母之喪而出境，皆爲因應一時事件而改變既有的禮則。四者皆爲變禮，《春秋》當用相同的標準記錄，卻出現不一致的情形。此因這些變禮的立足點不同、具有個別差異，以致「或達於常，或達於變也」，有的應變之策經過沿用而成爲規則，有的則仍屬權變、未進入規則體系。此爲「《春秋》無達辭，從變從義」〔註279〕，不一定執一辭而能通解全經。

〔註278〕舊題漢‧董仲舒撰：《春秋繁露‧玉英》，卷3，頁75～76。又《春秋繁露‧竹林》說：「《春秋》之道，固有常有變，變用於變，常用於常，各止其科，非相妨也。」（卷2，頁53）二者各有其適合的情形，不宜混爲一談。《春秋繁露‧竹林》：「故說《春秋》者，無以平定之常義，疑變故之大則，義幾可諭矣。」（卷2，頁55）可與之相參。

〔註279〕舊題漢‧董仲舒撰：《春秋繁露‧精華》，卷3，頁95。劉向：「傳曰：『《詩》無通詁，《易》無通吉，《春秋》無通義。』」見氏著：《說苑‧奉使》（北京：中華書局，2009年4月初版），卷12，頁293。

第柒章 結 論

　　本論文以《儀禮》一經，及鄭玄《儀禮注》、賈公彥《儀禮疏》、淩廷堪《禮經釋例》等注解作品的禮例為主要範圍，參考前人研究成果，提出三個一連串關於禮例的議題：一，禮例內容的演變。二，禮例的作用與不足。三，禮例的分類。經過以上各章節的討論後，將研究議題的回應，總結於本章。

第一節　禮例的演變——從慣例到比經推例

一、具有必然性的慣例

　　禮以秩序為訴求，提供一套界定、維持天人關係的方法與標準。這套方法所界定的社會秩序，乃至禮文實踐，皆以倫理關係為出發點：不同的階級身分，使用不同的禮儀與禮器。各階級身分的禮儀行為、器服，具有固定的內涵；相同身分者具有一致性，並且能夠連續地實踐，藉此形成並穩固尊卑貴賤的關係及價值觀。違背禮，即是破壞原有秩序的「連續性、一致性、確定性」。禮例，為禮的規則。就規則的本質而言，具有「必然性」，即在相同的條件下，具有固定、一致、不可避免，及可預測等因素。因此，在時間的因素下，禮例或成為人們遵守的規則，此謂之慣例；或成為處理、評論新事物的參考。

　　禮例的應用過程為辨別事物異同的「互見」、綜合相同或相近事物成為種別的「分類」，由同類事物所具有的共性，界定未知事物次序的「推次」。

應用禮例辨別事物的過程中，若符合該類事物的共性與法則，將被認可爲正確、善，謂之合禮，若反之則爲非、爲惡，謂之失禮。

二、從慣例到比經推例的演變

本論文討論禮例的具體內容及其演變，以三《禮》、《儀禮注》、《儀禮疏》、《禮經釋例》爲觀察對象。《儀禮》、《周禮》的凡言例句強調規則的一致與確定性，而與變動相對。《禮記》由於「記」的條陳特色，形式多爲隻言片語，罕見在一整套的禮儀脈絡下敘述。進一步對照《禮記》記載的事件與禮例，可知其禮例是在禮儀實踐的環境下所提出的。從目的來看，東漢，鄭玄《儀禮注》的禮例，大體可分爲禮儀制度之例與解經書文字之例。前者，以儀節和禮意的關係爲主；後者，著重於文字有無、先後與禮意的關係。唐人賈公彥《儀禮疏》承襲鄭說而進一步發展、提升禮例數量。同時，《儀禮疏》的禮例也具有特色，如限定禮例的範圍、歸納類型的禮例、以《儀禮》經文爲根據應用內證法闡明禮例等。清人凌廷堪根據鄭玄、賈公彥之說，並採用杜預《春秋釋例》的凡、目形式，撰著《禮經釋例》。在屬辭比事的觀念下，凌氏一方面以《儀禮》爲範圍，運用比例之法，以禮儀的重要關鍵或步驟爲「凡」、各篇儀節爲「目」，並依照用例範圍的廣狹，而別爲通例、別例、雜例三種層次。同時，以《儀禮》經文、鄭玄《儀禮注》作爲判斷儀節、經說的標準。禮例遂成爲專門針對《儀禮》的解經方法。

比較《禮記》、《儀禮注》、《儀禮疏》、《禮經釋例》的禮例形式與內容，發現漢朝經學成立後，在「周公制禮」的概念下，禮例產生如下變化：來源從生活中的禮儀實踐到以《儀禮》一經爲據，性質從慣例到比較經文所得之例，內容從情文兼具到專主於禮文。

另外，從慣例思維著眼，《儀禮》是周公致太平之跡、記載「周」人所行之禮，是周人舊經驗（慣例）的匯聚，因此《儀禮》全書皆是例。於是，禮例的範圍，小至單一的禮儀行爲，大到整套禮儀的進程。凌廷堪《禮經釋例》〈飲食之例〉、〈賓客之例〉、〈射例〉、〈變例〉、〈祭例〉諸卷以一套禮儀先後順序括例，特別能顯示出禮儀的進程具有法式義。基於此點觀察，將可進一步理解鄭玄、賈公彥、凌廷堪爲何和如何以禮例解讀《儀禮》一經，乃至其他經籍中的禮儀記載。

第二節　禮例的運用——研治文本、禮意與禮文

　　參考沈文倬區分禮書、禮儀的概念〔註1〕，探討運用禮例的表現，分為文本、禮意與禮文兩個層面。

一、應用禮例的必然性可研治文本

　　根據《儀禮》的內容，在規則具有必然性的概念下，鄭玄、賈公彥、孔穎達、淩廷堪等人應用互見、比類、推次等法，解讀禮制、經文及經說。其主要表現如下：

　　第一，按照比經推例的思維，禮例根據經文記載而得，因此運用規則的必然性、比較相關記載的異同，可反過來「校勘」經書誤字、衍文、脫文等情形。此種經文校勘法，多稱為據禮制或經義糾字之誤、聲之誤，實則部分源於規則必然性的概念。此外，根據規則的必然性與更為詳盡的禮文對照，亦可辨正舊有的經說。

　　第二，以各禮儀皆有其固定的步驟、行禮者、舉行時間等規定為基準，界定禮儀的辭語、不同階級、職官制度。同時，以「周公制禮」為時間定點，可根據《儀禮》比較不同時、空所行之禮，而得三代、周、漢等制的異同。

　　第三，依照禮儀規則的必然性而進行比較異同、比類與推次，可補足經文所未載的儀節、器服制度，即注釋中常見的「互見」、「不言」、「文不具」等訓詁詞語的根源之一。

　　第四，禮儀規則的必然性反映的是社會與政治制度的存在，如同一階級所行的禮儀應當相同，因此運用禮例可解釋不同經籍記載的禮制，也能界定《儀禮》與其他經籍的關係，屬於《儀禮》的間接研究。就方法而言，引用、印證經書乃出自互見、分類的觀點：引用制度甲而非制度乙，正是因為制度甲和經文具有共同點。注解者根據周公制作的《儀禮》內容，辨正《禮記》的文字、界定階級禮數、禮儀種類等。又在時間的脈絡下，根據周公制作的《儀禮》，剖析《詩經》、《春秋》及三傳的禮制異同，不僅界定禮制因革損益、合禮與非禮，也顯示《詩經》美刺、《春秋》及三《傳》褒貶的根據，皆涉及《儀禮》經文，這使得《儀禮》在某種程度上成為經學解釋的座標。

〔註1〕沈文倬：〈略論禮典的實行和《儀禮》書本的撰作〉，《菿闇文存——宗周禮樂文明與中國文化考論》，上冊，頁7～8。

二、「禮之大節」的觀點有助於研治禮意、禮文

　　運用凌廷堪「禮之大節」的概念，以禮意與禮文對應的概念，闡明禮例的運用有助於研治禮儀。所得如下：

　　第一，根據「禮之大節」爲禮儀關鍵的概念，禮例有助於綜合禮文、舉一反三，並藉由比較禮文而得知其中潛藏的禮意。如比較賓主、君臣等不同關係的行禮者在迎送禮儀上的差異，可闡明敵體、君臣尊卑，及國君對外臣的折衷措施。又如比較飲酒禮與祭祀中的祭酒、獻薦先後、洗爵與否、奠爵等條例，可知人神之異，及生人飲酒禮以敬爲主、祭祀以彼此相親、追思先人爲主的特質。

　　第二，「禮之大節」亦指禮儀進程具有先後固定順序，此觀點有助於理解一整套禮儀的進行。如飲酒禮中，相對於一獻之禮的隆重，同階、不洗爵、立飲的旅酬爲殺；相對於旅酬，徹俎、脫屨、坐行禮的無算爵爲殺。「禮盛禮殺」，係指同一套禮儀中逐漸遞移且相對的繁、簡禮數，並非以一固定的尺度作爲標準上下、增減。同時，禮儀進程的規律性，可引導情意，從一獻之禮的「敬」，到旅酬、無算爵的「親」與「歡」，有助於情感交流、調節人際關係。此外，「禮盛禮殺」的觀點，揭示出禮儀進程中蘊涵核心與邊緣的概念，亦可作爲解讀各類禮儀的參考。

　　第三，在核心與邊緣的概念下，據《禮記‧喪服小記》所言祭祀與除喪「不相爲」的說法，從士喪禮進程的吉凶轉換探討死者、主人的身分轉換：其一，藉由比較向死者致意的奠、祭之例，可知從始死到大遣奠，其人雖亡而形體猶存，故行事死如事生之禮。同時，又運用各類禮儀細節表示「漸凶」之意。既葬而藏其形體，死者被正式確認爲鬼神。然因亡靈尚未祔於祖廟，故葬後的虞禮、卒哭爲喪禮過程的核心、反吉。此後由凶轉吉，祔祭相對於之前卒哭祭爲吉，相對於之後的小祥祭則爲喪（凶），乃因「喪中自相對」。擴大範圍來看，相對於日常生活與禮儀，三年之喪仍是凶禮。這層層遞進的吉凶相對，顯示喪禮的過渡特質。其二，相較於向死者致意儀節「由漸凶而凶而漸吉」的轉折變化，嗣子心情由鉅痛而哀殺，反映在禮文上則由鉅變而逐步回復日常。透過具體的居喪儀節，逐漸轉化嗣子的身分。在亡靈祔祭於祖先之列的同時，嗣子也正式確立爲一家之主的地位。

　　第四，綜合應用禮例研治文本、禮意與禮文的表現，討論注釋中「正禮」一詞的內涵有四：一，符合特定身分或階級的行爲。二，一套禮儀中的核心

儀節。三，與日常生活相對的正式禮儀。四，與特殊情形相對的一般禮儀。符合上述其中之一者，將可得到「善／合禮」的評價。注解作品中「正禮」一詞反映禮具有法則、規範之意。

第三節　禮例的不足——解經效用不足、用例過程有誤

禮例的主要作用在於研治文本、禮儀，其不足處可從方法與目的（解經、解禮）之間能否對應，及方法的應用本身是否有誤，進行討論。

一、無法對應禮意、禮文的禮例導致解經效用不足

以禮例解經，需具備固定、一致的解釋，方能闡明禮文與禮意、減少疑惑。然而，從方法與目的的觀點來看，有三種情形將降低禮例解經的效用。其一，注解者解釋禮例時，意見紛歧，或以先入為主的概念解釋，將增加讀者理解上的困難。如「男女不相襲爵」例，鄭玄以「尊卑」觀念解讀《儀禮》經文，認為尸酢士妻、下大夫主婦酢於主人皆不易爵，屬於例外情形。然而，重新解讀《儀禮》經文並根據《禮記・祭統》的記載，尸酢士妻、下大夫主婦酢主人當從「男女有別」的概念解釋，仍應易爵而用。其二，禮文取捨紛歧，甚至缺少相應的禮文佐證禮例，那麼禮例解經的可信度與可行性，也相對地不夠充分。如「凡解牲之法，體解為二十一體」條，歷代學者的爭議在於二十一體應包含犧牲兩後蹄的觳，還是後大腿近臀處的髀？學者各自依據《儀禮》經文佐證其說，看法紛歧。根據《儀禮》經、注的說法，及骨體前貴後賤的觀點，當以朱子所說二十一體去兩觳，加兩髀為是。其三，注釋者雖揭示禮例的存在，然而若在禮意、禮文二方面得不到對應者，將無法用以解經。

二、分類標準不定或過於簡化單一導致應用的疑義

鄭玄、賈公彥、孔穎達等漢唐經說，已有意識地應用比例之法解經。其著作類型皆屬隨文注釋，比例的應用較為分散。清人凌廷堪《禮經釋例》以專書的形式，完整呈現比例解經的方式，故本文以該書為範圍討論禮例應用的問題。承第壹章所說，比例的過程是：別同異、分類、排定次序與界定關

係。由於「分類」是呈現別同異是否得當，及推次的基礎，具有關鍵性。因此本文從分類的角度觀察《禮經釋例》的不足處，所得如下：

第一，分類標準不定：其一，在〈通例〉的界定上，未能區別禮例的應用範圍、敘述廣狹、禮文出現次數三者，以致標準不一。其次，條例敘述無法合宜地呈現分類概念中包含與被包含的關係，如以全稱方式闡述禮例卻又指出例外的矛盾；以小包大，致使條例的代表性不足、應用範圍產生疑義。

第二，過於簡化禮文。凌氏以《儀禮》爲封閉系統與均質的操作空間，應用歸納法，比對各種禮儀的關係，將不同性質、行禮階級的禮儀等同視之，並進一步加以排序爲盛殺。此忽略各階級本有不同的禮數、各種禮儀本有其特殊性，不宜以特定身分的某類禮儀爲標準，並列或排序禮文。

第三，應用範圍可議。《儀禮》十七篇的禮儀種類、身分階級是有限的，凌氏欲以此封閉系統中所得出來的禮例，從而推次、解釋其他經籍所載的禮儀，不無以偏概全之失。追根究柢，《禮經釋例》之所以產生上述缺失，最主要的原因在於以《儀禮》一經爲材料根據，缺乏禮儀實踐的整體思維。

慣例與比經所得之例針對的對象與作用，並不完全相同，而運用禮例解經的不足或許也源自於此。先秦禮書的編寫者，將長期實踐的禮儀固定於文本上。禮書的內容並非包含先秦全部禮儀，本身已有所不足。而禮儀經長期實踐，具有慣例的性質，可用以衡量事物。若其事可比照辦理，直接遵循即可，不一定形諸筆墨，屬「常事不書」。但若遇到不合禮或特殊事件時，評論者並非手持禮書或限定以哪一部書作爲標準，而是以既有的規則（慣例）辨別是非善惡，《禮記》的禮也、非禮也尤爲鮮明。因此，就慣例而言，評論的根據是多元的，可以是代代遵循的禮儀「實踐」、某一時期盛行的禮儀，也可以是古代文獻的書面記載。漢武帝以後，成立經學，注釋作品中的條例針對特定「經書」，形成封閉體系：根據一部書或某幾本書的內容，進行闡釋。由於對象是固定的、可反覆思考、衡量的文本，因此形成解釋者個人對於這些典籍的詮釋系統。但是這個詮釋系統不一定和實踐系統相同，以致於有的例可用，有的例不可用，雖有缺點，但以其仍具有效性，因此又無法割捨。

在釐清禮例具有慣例和比經推例兩種不同性質，可進一步思考未來研究面向：

其一，運用慣例思維，觀察歷代禮制的因革損益。如《左傳》昭公十七年載日食，大史指出國君當「辟移時」，辟正殿待日食結束。而《新唐書‧僖

宗本紀》載乾符三年發生日食，僖宗「避正殿」〔註2〕。《唐會要》載德宗貞元十年發生日食：

> 大常博士姜公復狀奏，準《開元禮》，太陽虧，皇帝不視事，其朝會合停。敕旨依奏。〔註3〕

德宗不視事，停止朝會，即「辟移時」。此則遵循周代禮制。相對地，據《左傳》文公二年，發生日食，天子當行伐鼓之禮。《新唐書·禮樂志》：

> 貞元三年八月，日有食之，有司將伐鼓，德宗不許。太常卿董晉言：「伐鼓所以責陰而助陽也，請聽有司依經伐鼓。」不報。由是其禮遂廢。〔註4〕

太常認爲應當「依經」伐鼓，但唐德宗未應允，「其禮遂廢」。此則改變周代以來的作法。在繼承與創新的過程中，形成禮制的因革損益。〔註5〕

　　其二，從慣例與比經推例的交涉過程中，觀察經學與政治的關係。歷代學者運用慣例思維，或據三《禮》解決當下事件，如西漢元始改郊廟之制、明代的大禮議；或據三《禮》重新編訂禮書以供國家、民間應用，如唐之《顯慶禮》、宋之《政和禮》、明之《明集禮》、清之《大清通禮》，乃至相傳爲宋代朱子所作的《文公家禮》等。先秦禮儀實踐的慣例，似在後代分爲官修政典、經學領域中的比經推例二大脈絡進行：官修政典延續的是慣例的實踐思維，經學中的比經推例則表現在文本比對與思想更新的層面。同時，二條脈

〔註2〕《新唐書·僖宗本紀》：「九月乙亥朔，日有食之，避正殿。」見宋·歐陽修、宋祁撰：《新唐書》，第1冊，卷9，頁266。

〔註3〕宋·王溥：《唐會要》（北京：中華書局，1990年初版），中冊，卷42，頁760。

〔註4〕宋·歐陽修、宋祁撰：《新唐書·禮樂志》，第2冊，卷16，頁392。按：關於歷代日食禮的演變，詳參陳侃理：〈天行有常與休咎之變——中國古代關於日食災異的學術、禮儀與制度〉，《中央研究院歷史語言研究所集刊》第83本第3分（101年9月），頁389～443。

〔註5〕近代許多學者仍非常重視此一面向的研究，以古禮與現代禮俗的關係爲例，從禮文因革的觀點，如徐福全師曾說明臺灣民間喪葬儀節沿續《儀禮》、《文公家禮》等而來，韓碧琴考察民間喪事「答紙禮俗」，源自《儀禮》「拜君命及拜眾賓之命」。從禮義「同情共感」的觀點，如林素英師指出《禮記》諸篇如何落實於情意教學。見徐福全師：《臺灣民間傳統喪葬儀節研究》，頁511。韓碧琴：〈答紙禮俗研究〉，《國文學報》第51期（2012年6月），頁71～108。林素英師：〈談《禮記》〈檀弓〉的教學對中學生情意教育的意義——請讓中學生在生活中與「禮」結緣〉、〈從現實到理想的境界——談「大同與小康」的教學意義〉、〈從生命禮儀論《禮記》之情意教學——讓大學生擁抱有情有意之生命〉，《禮學思想與應用》，頁227～306。

絡之間又交互影響：依據經典左右施政與當代禮制，如上述的明代大禮議；又因應現實政治社會需求重新詮釋經典。如《貞觀禮》、《顯慶禮》係依三《禮》、《隋禮》而來，可知爲政者不僅參考前代之制，又根據更早的三《禮》（周代禮制）與現實需求，訂立國家典制。

其三，比較不同學者比經推例的目的、方法及成果，探討其經學思想。如喪服是喪禮規定的一種，比較宋代楊復《儀禮經傳通解》、《儀禮圖》，和清代凌廷堪《禮經釋例》中解說喪服的方式及喪服所蘊涵禮意，有助於理解二位學者的思想，甚至可進一步觀察宋代到清代《儀禮》詮釋的異同與發展。

第四節　禮例的分類

第壹章緒論曾指出禮例的分類至少有四種：一從用例範圍分類，二從禮儀情境分類，三是綜合前二者的分類法，四是從禮意與禮文的結構分類。由於禮的長期演化特質〔註6〕、禮書記載的內容有限、古人的禮例概念較爲靈活，及筆者的學養不足等考量，本文嘗試以禮儀情境中「遵守規則與否」作爲切入的角度，爲禮例分類。分類的先決條件有三：首先，長期實踐禮儀的結果，使禮儀具有規則的性質，因此禮書的內容可作爲分類的依據。其次，從禮文、禮意的角度，區別例（禮）、非禮、權三種層次。「例」爲符合禮文、禮意者，「非禮」爲不符合禮文、禮意者，而「權」則指符合禮意、不合禮文者。經由時間因素、經驗傳承，前人部分權宜的作法可成爲後人的「例」。其三，聚焦在「例」的範圍內，依照一般與特殊、普遍與少數等觀念，禮例可分爲常例、特例二類：常例係指特定禮儀中特定行禮者的固定作法或規則。特例，指因部分因素而改變既有作法，卻仍被視爲規則者。

目前所見，形成特例的因素，可分爲倫理關係、事件性質二類。從倫理關係著眼，區分出某些禮儀因尊卑、行禮者的身分、長幼、性別等因素而異的常例與特例。從事件性質的角度，區分出某些禮儀因災害、疾病、喪事、出行征伐、輕重而異的常例與特例。參照上述分類，進一步探討：因倫理關係而有別的禮例，運用「不遵守」常規的方式，強化特定價值觀的重要，有助於維持社會秩序、倫理關係的體系。因事件性質而異的禮例，乃因應災害等偶發或少數事件，改變部分既有禮儀的細節或另行一套禮儀，並藉此將變

〔註6〕 葉國良師：《禮學研究的諸面向》，頁49、85、94。

異或特殊事件納入規則（禮儀）體制內，形成特例，以達到穩定秩序的目標。同時，從生活背景著眼，說明常、變思維與農業社會的經濟型態息息相關。在分類的過程中，也發現禮儀實踐時，常例與特例的分野，可具有多重層次的結構，並非單一而平面。可知以關係爲判斷標準的禮儀，是一種相對值，而非絕對值。

進一步思考禮之所以是相對值，在於禮以實用／實踐爲主，可因應實際情勢、身分與關係作出相對應的調整，而非固守成規。禮以具體實踐爲表現形式，而世代實踐的結果，形成具有因應人事、自然的慣例。這套方法以日常與特殊爲對應模式：在日常生活中，恪守應有的職分；面對特殊事件，可參考前人經驗調整既有的規定。「禮以義起」，經由時間因素，一時權宜之計也可能因符合實用與人情而成爲固定的禮／例，並改變或去除舊制。在常例與特例的規範外，又具有調整性，當可體會禮具相對值之意。

第五節　從禮例論經學詮釋之法

在釐清禮例的相關議題後，本研究亦有助於其他經籍的條例研究。誠如本文第壹章所言，禮例一詞來自《春秋》學。在方法上，凌廷堪《禮經釋例》承襲杜預《春秋釋例》的「屬辭比事」之法，以研治《儀禮》的禮例，故下文擬以「禮義之大宗」的《春秋》學爲觀察對象，加以說明：

首先，就方法而言，規則的成因在於必然性，而非來自歸納法。歸納法，只能證明例的「存在」與有效範圍。例外，可能是受到肯定的少數特殊情形，或一時的權宜作法，或完全違背條例的形式與內涵者，因而例與非例的判斷標準可能是多重的。若以歸納法證明其例之有無，或過度重視歸納的結果，忽略其中的變化條件，不僅有本末倒置之虞，也容易讓多元而靈活的條例趨於單一、平面化。

其次，例包含因實踐而來的慣例、因書面文獻而得比經推例，二者不一定能完全等同。皮錫瑞說：

> 鄭君云：「《左氏》善於禮。」實則《左氏》之所謂禮，多春秋衰世之禮，不盡與古禮合，故《左氏》亦自有矛盾之處，以如大蒐爲非禮，載叔向辭諸大夫欲見新君，非不知吉凶不可並行，而於他處以爲禮。此矛盾之甚者。朱子曰：「《左氏》說禮，皆是周末衰亂

　　　　不經之禮，無足取者。」陳傅良謂：「禮也者，蓋魯史舊文，未必皆

　　　　合於《春秋》。」其說是也。〔註7〕

暫且不論皮錫瑞、朱子以古禮爲法式的態度，及陳傅良指出《左傳》和《春秋》之間可能有落差的問題。《左傳》的禮，交疊新舊、互通異地（如魯始尙羌），其例正是基於實踐、長期演變的慣例。若嚴格地以「比經推例」的態度看待「慣例」，如「《春秋》一字之褒，踰於華袞，一字之貶，強於斧鉞」，字字句句都有微言大義的情形下，運用有限的文獻進行封閉式的歸納，討論的卻是因應身分、情境而變化的禮儀實踐，不僅無法形成體系反而更加混亂。《禮記‧雜記上》載：

　　　　君訃於他國之君，曰：「寡君不祿，敢告於執事。」；夫人，曰：

　　　「寡小君不祿。」；大子之喪，曰：「寡君之適子某死。」（《禮記》，

　　　　卷40，頁711）

孔穎達指出同樣是諸侯死亡事件，可能因身分、心態、稱述場合的不同，使用不同的辭彙，如赴告者口頭報告、赴告的正式文書、鄰國史書及其筆法等三者不一定同辭。〔註8〕若然，注解者本欲解經，可能因文獻不足而缺少相對應的禮儀、事件，導致錯誤的比例對象，使得最終成就的結果可能是《春秋》的可信度低或不可信。

　　　其三，以義例、文例、事例、禮例的結構而言，「不書」的文例，可能包含「事實上」的無，也可能有孔子「個人的褒貶」之意。如「公即位」例，依照《左傳》的記載，杜預《春秋釋例》指出隱公因攝政、莊公因「文姜出故也」、閔公因「亂故也」、僖公因「公出故也」，因此《春秋》不書「公即位」三字。朱子則認爲「如書即位者，是魯君行即位之禮；繼故不書即位者，是不行即位之禮。」〔註9〕同樣是不書「公即位」三字的現象，杜預從孔子的微言大義解讀，朱子從事實的有無判斷，二者取徑的不同，顯示有義例、無義例之別。然而，即使是從「有義例」的角度，亦呈現取義紛歧的現象，如「弒君者不復書其名」，崔杼弒其君屬於此例；趙盾弒其君，三年後復書其名，以示非趙盾所弒、罪其不討賊。這類情形，則顯示文例與義例或具有一對多的關係，並且皆符合禮。這類一對多或多對多、不固定的關係連結，

〔註7〕　清‧皮錫瑞：《經學通論‧春秋》，頁48。

〔註8〕　《禮記‧雜記上》，孔穎達正義，卷40，頁711。戴君仁：《春秋辨例》，頁67
　　　　～68。

〔註9〕　宋‧朱熹：《朱子語類》，收入《朱子全書》，第17冊，卷83，頁2833。

乃繫於當時的禮儀實踐與生活習慣。對於物質條件、思維改變的後人而言，卻提供各種經學解釋上的空間，以致形成迷山霧海。

　　條例，是經學詮釋法之一。就經學詮釋法本身，禮例的研究成果也同樣具有意義和啟示。章太炎在《國故論衡》中曾指出「解故」可分為故訓、故事兩類。〔註10〕從故訓來說，《周禮・秋官・掌客》：「凡諸侯之禮，上公五積，皆眡飧牽，三問皆脩，群介行人宰史皆有牢。」鄭注：

　　　　上公「三問皆脩」，下句云：「群介行人宰史皆有牢」，君用脩

　　　而臣有牢，非禮也。蓋著脫字失處且誤耳。(《周禮》，鄭注，卷38，

　　　頁583）

各階級皆有其禮數，禮數的不同反映尊卑有別。鄭玄以禮儀規則的觀點，判斷此處為「脫字失處且誤耳」，可知禮例的必然性可應用於校勘其他經書與訓讀文義。就「故事」而言，「例」具有慣例的性質，前人所行之事可作為當下事件的參考。若後人改變前例而成為新的規則，那麼從時間的序列而言，「故事／例」亦有助於理解古籍與古人思維，如《易》：「古之葬者，厚衣之以薪，葬之中野，不封不樹，喪期無數。後世聖人易之以棺椁。」〔註11〕同樣是葬，古今葬法不一。從慣例的觀點，可進一步思考禮制因革損益的現象、原因及其意義，乃至於文化內涵。準此，禮例法在經典詮釋上確實具有重要性。

〔註10〕章太炎撰，龐俊、郭誠永疏證：《國故論衡・明解故上》（北京：中華書局，2008年6月初版），頁329。
〔註11〕《易・繫辭下》，卷8，頁168。

引用及主要參考文獻目錄

　　本目錄中，古籍的部分，依《四庫全書》部、類、屬的分類法。除了禮類因著作較多標明屬別外，各類依其「屬」排序，不另說明其「屬」。近人研究專著、專書論文及期刊論文，依作者姓氏筆劃數目遞增排列。

一、古　籍

（一）經　部

◎易類

1. 魏・王弼、韓康伯注，唐・孔穎達等正義：《周易正義》，臺北：藝文印書館，1955 年初版，影印清嘉慶二十年江西南昌府學開雕本。

◎書類

1. 舊題漢・孔安國傳，唐・孔穎達等正義：《尚書正義》，臺北：藝文印書館，1955 年初版，影印清嘉慶二十年江西南昌府學開雕本。

◎詩類

1. 漢・毛亨傳，漢・鄭玄箋，唐・孔穎達等正義：《毛詩正義》，臺北：藝文印書館，1955 年初版，影印清嘉慶二十年江西南昌府學開雕本。

◎禮類

（1）周禮之屬

1. 漢・鄭玄注，唐・孔穎達等正義：《周禮注疏》，臺北：藝文印書館，1955 年初版，影印清嘉慶二十年江西南昌府學開雕本。
2. 清・方苞：《周官析疑》，上海：上海古籍出版社，1995 年序 《續修四庫全書》第 79 冊。

3. 清・惠士奇：《禮說》，臺北：臺灣商務印書館，1983 年初版，《景印文淵閣四庫全書》第 101 冊。

4. 清・孫詒讓撰，王文錦、陳玉霞點校：《周禮正義》，北京：中華書局，2000 年 3 月初版。

（2）儀禮之屬

1. 漢・鄭玄注，唐・賈公彥疏：《儀禮注疏》，臺北：藝文印書館，1955 年初版，影印清嘉慶二十年江西南昌府學開雕本。

2. 宋・李如圭：《儀禮集釋》，臺北：大通書局，1970 年 清同治七年刻本《經苑（五）》。

3. 宋・李如圭：《儀禮釋宮》，臺北：藝文印書館，1968 年出版原刻景印百部叢書集成，守山閣叢書 6。

4. 宋・魏了翁：《儀禮要義》，臺北：臺灣商務印書館，1976 年初版，《景印文淵閣四庫全書》第 104 冊。

5. 元・敖繼公：《儀禮集說》，臺北：大通書局，1969 年出版，《通志堂經解》第 33 冊。

6. 明・郝敬：《儀禮節解》，臺南：莊嚴文化，1997 年出版，《續修四庫全書》第 85 冊。

7. 清・張爾岐：《儀禮鄭注句讀》，臺北：學海出版社，1997 年 10 月再版，乾隆八年夏鐫濟陽張稷若手定和衷堂藏板。

8. 清・萬斯大撰，黃梨洲點定：《儀禮商》，臺北：廣文書局，1977 年 1 月初版。

9. 清・吳廷華：《儀禮疑義》，中央研究院傅斯年圖書館藏詒經堂烏絲欄鈔本。

10. 清・姚際恒著，陳祖武點校：《儀禮通論》，北京：中國社會科學出版社，1998 年 10 月初版。

11. 清・方苞：《儀禮析疑》，臺北：臺灣商務印書館，1976 年初版，《景印文淵閣四庫全書》，第 109 冊。

12. 清・江永：《儀禮釋例》，臺北：藝文印書館，1968 年出版原刻景印百部叢書集成，守山閣叢書 3。

13. 清・王士讓：《儀禮紃解》，上海：上海古籍出版社，1995 年序 《續修四庫全書》第 88 冊。

14. 清・沈彤：《儀禮小疏》，臺北：臺灣商務印書館，1983 年初版，《景印文淵閣四庫全書》第 109 冊。

15. 清・褚寅亮：《儀禮管見》，臺北：藝文印書館，1965 年出版原刻景印百部叢書集成。

16. 清·盛世佐：《儀禮集編》，臺北：臺灣商務印書館，1983 年初版，《景印文淵閣四庫全書》第 110～111 冊。

17. 清·淩廷堪著，彭林點校：《禮經釋例》，臺北：中央研究院中國文哲研究所，2002 年初版。

18. 清·淩廷堪：《禮經釋例》，上海：上海古籍出版社，1995 年出版，《續修四庫全書》第 90 冊。

19. 清·張惠言：《讀儀禮記》，臺北：復興書局，1972 年 《皇清經解》第 5 冊。

20. 清·胡承珙：《儀禮古今文疏義》，臺北：復興書局，1972 年 11 月初版，《皇清經解續編》第 8 冊。

21. 清·胡承珙：《儀禮古今文疏義》，臺北：藝文印書館，1986 年 9 月初版，《續經解三禮類彙編（三）》。

22. 清·胡匡衷《儀禮釋官》，臺北：復興書局，1972 年 《皇清經解》第 12 冊。

23. 清·胡培翬著，段仲熙仲點校：《儀禮正義》，南京：江蘇古籍出版社，1993 年 7 月初版。

24. 清·鄭珍：《儀禮私箋》，上海：上海古籍出版社，1995 年序 《續修四庫全書》第 93 冊。

25. 清·邵懿辰：《禮經通論》，臺北：復興書局，1972 年 11 月初版，《皇清經解續編》第 18 冊。

26. 清·廖平：《禮經凡例》，上海：上海古籍出版社，1995 年序 《續修四庫全書》第 93 冊。

27. 清·曹元弼：《禮經校釋》，上海：上海古籍出版社，1995 年序 《續修四庫全書》第 94 冊。

28. 清·曹元弼：《禮經學》，上海：上海古籍出版社，1995 年序 《續修四庫全書》第 94 冊，據清宣統元年刻本影印。

29. 清·曹元弼著，周洪校點：《禮經學》，北京：北京大學出版社，2012 年 6 月初版。

（3）禮記之屬

1. 漢·鄭玄注，唐孔穎達等正義：《禮記正義》，臺北：藝文印書館，1955 年初版，據清嘉慶二十年江西南昌府學開雕本影印。

2. 宋·衛湜：《禮記集說》，臺北：大通書局，1969 年出版，《通志堂經解》第 30 冊。

3. 清·孫希旦撰，沈嘯寰、王星賢點校：《禮記集解》，臺北：文史哲出版社，1990 年 8 月一版。

4. 清・郭嵩燾:《禮記質疑》,上海:上海古籍出版社,1995 年序 《續修四庫全書》第 106 冊。

5. 清・任大椿:《弁服釋例》,上海:上海古籍出版社,1995 年出版,《續修四庫全書》第 109 冊。

6. 清・任大椿:《深衣釋例》,上海:上海古籍出版社,1995 年出版,《續修四庫全書》第 107 冊。

7. 清・孫詒讓:《大戴禮記斠補(外四種)》,北京:中華書局,2010 年 4 月初版。

8. 清・王聘珍:《大戴禮記解詁》,北京:中華書局,2004 年 5 月初版。

(4) 三禮總義

1. 清・金榜:《禮箋》,上海:上海古籍出版社,1995 年序 《續修四庫全書》第 109 冊。

2. 清・金鶚:《求古錄禮說》,上海:上海古籍出版社,1995 年序 《續修四庫全書》第 110 冊。

3. 清・夏炘:《學禮管釋》,臺北:復興書局,1972 年 11 月初版,《皇清經解續編》第 14 冊。

4. 清・黃以周著,王文錦點校:《禮書通故》,北京:中華書局,2007 年 4 月初版。

5. 清・黃以周:《禮說略》,臺北:復興書局,1972 年 11 月初版,《皇清經解續編》第 20 冊。

(5) 通禮之屬

1. 宋・陳祥道:《禮書》,臺北:臺灣商務印書館,1974 年 (據日本東京大學東洋文化研究所藏宋慶元年間(1195~1200)刊元至正七年(1347)福州路儒學修補至明遞修本影印)。

2. 宋・陳祥道:《禮書》,臺北:臺灣商務印書館,1983 年- 《景印文淵閣四庫全書》第 130 冊。

3. 宋・朱熹撰,黃幹續:《儀禮經傳通解》,臺北:臺灣商務印書館,出版年不詳,《四庫全書珍本》十集,第 26 冊。

4. 宋・朱熹撰,黃幹續:《儀禮經傳通解》,收入《朱子全書》,上海:上海古籍出版社、安徽教育出版社,2002 年初版。

5. 宋・楊復撰,林慶彰師校訂,葉純芳、橋本秀美編輯:《楊復再脩儀禮經傳通解續卷祭禮》,臺北:中央研究院中國文哲研究所,2010 年 9 月初版。

6. 清・江永:《禮書綱目》,臺北:台聯國風出版社,1974 年清嘉慶十五年婺源俞氏鏤恩堂刊本影印。

7. 清・秦蕙田：《五禮通考》，桃園：聖環圖書有限公司，1994 年 5 月初版

（6）雜禮書

1. 清・李光地：《朱子禮纂》，臺北：臺灣商務印書館，1979 年《四庫全書珍本》九集第 134～136 冊。

◎春秋類

1. 晉・杜預集解，唐・孔穎達等正義：《春秋左傳正義》，臺北：藝文印書館，1955 年初版，據清嘉慶二十年江西南昌府學開雕本影印。

2. 晉・杜預：《春秋釋例》，臺北：中華書局，1970 年 3 月臺一版，中華國學叢書。

3. 清・毛奇齡：《春秋毛氏傳》，臺北：臺灣商務印書館，1983 年 《景印文淵閣四庫全書》第 176 冊。

4. 漢・何休解詁，唐・徐彥疏：《春秋公羊傳注疏》，臺北：藝文印書館，1955 年初版，據清嘉慶二十年江西南昌府學開雕本影印。

5. 舊題漢・董仲舒撰，蘇輿義證：《春秋繁露義證》，北京：中華書局，2008 年 8 月初版。

◎五經總義類

1. 唐・陸德明：《經典釋文》，上海：上海古籍出版社，1985 年 10 月初版，據北京圖書館藏宋元遞修本影印縮印。

2. 唐・陸德明著，清・吳承仕疏證：《經典釋文序錄疏證》，北京：中華書局，1984 年 3 月初版，吳檢齋遺書。

3. 清・程瑤田：《通藝錄》，合肥：黃山書局，2008 年 12 月初版，《程瑤田全集》第 1 冊。

4. 清・王引之：《經義述聞》，臺北：廣文書局有限公司，1963 年出版。

5. 清・朱大韶：《實事求是齋經義》，上海：上海古籍出版社，1995 年序《續修四庫全書》第 176 冊。

6. 清・皮錫瑞疏證：《鄭志疏證》，臺北：世界書局，1963 年 4 月初版，《讀書箚記叢刊》第二集。

7. 清・皮錫瑞疏證：《鄭志疏證》，北京：國家圖書出版社，2010 年初版，《經學輯佚文獻彙編》第 22 冊。

8. 清・皮錫瑞：《經學通論》，北京：中華書局，2003 年 11 月初版。

9. 清・皮錫瑞：《增註經學歷史》，臺北：藝文印書館，2000 年 11 月初版。

◎四書類

1. 宋・朱熹：《四書章句集注》，臺北：大安出版社，1996 年 11 月出版。

◎小學類

  1. 漢・許慎著，清・段玉裁注：《説文解字注》，臺北：洪葉文化事業有限公司，1998 年 10 月初版，經韵樓藏版。

（二）史　部

◎正史類

  1. 漢・司馬遷著，劉宋・裴駰集解，唐・張守節正義，司馬貞索隱：《新校史記三家注》，臺北：世界書局，1993 年 12 月六版。

  2. 漢・班固著，唐・顏師古注：《漢書》，北京：中華書局 1996 年初版。

  3. 宋・范曄：《後漢書》，臺北：鼎文書局，1987 年元月五版。

  4. 唐・房玄齡等：《晉書》，臺北：鼎文書局，1979 年 2 月二版。

  5. 唐・魏徵：《隋書》，臺北：鼎文書局，1975 年 3 月初版。

  6. 宋・歐陽修、宋祁撰：《新唐書》，北京：中華書局，1995 年初版。

◎雜史類

  1. 舊題左丘明：《國語》，臺北：宏業書局有限公司，1980 年 9 月出版。

◎職官類

  1. 唐・李林甫等：《唐六典》，北京：中華書局，1992 年初版。

◎政書類

  1. 宋・王應麟：《漢制考》，北京：中華書局，2011 年 1 月初版。

◎傳記類

  1. 舊題周・晏嬰：《晏子春秋》，臺北：中國子學名著集成編印基金會，1978 年，《中國子學名著集成 珍本初編》，據明覆宋本印，缺從汲古閣本補入。

◎目錄類

  1. 清・朱彝尊著，侯美珍、黃智信、汪嘉玲、張惠淑點校：《點校補正經義考》，臺北：中央研究院中國文哲研究所籌備處，1998 年 6 月初版。

（三）子　部

◎儒家類

  1. 周・荀卿著，清・王先謙集解，沈嘯寰、王星賢點校：《荀子集解》，北京：中華書局，1997 年 10 月初版。

◎雜家類

  1. 漢・班固編，清・陳立疏證，吳則虞點校：《白虎通疏證》，北京：中華書局 1997 年初版。

2. 漢・王充著，黃暉校釋：《論衡校釋》，北京：中華書局，1996 年 11 月初版。

3. 清・顧炎武：《原抄本日知錄》，臺北：台灣明倫書局，1979 年版。

4. 清・閻若璩：《潛邱箚記》，臺北：臺灣商務印書館，1973 年出版，《四庫全書珍本四集》。

5. 清・陳澧：《東塾讀書記》，臺北：廣文書局有限公司，1970 年 12 月初版。

6. 清・陳澧：《東塾讀書記》，上海：上海古籍出版社，2008 年初版，《陳澧集》第 2 冊。

7. 清・俞樾：《古書疑義舉例》收入《古書疑義舉例五種》，北京：中華書局，2006 年 6 月再版。

8. 清・俞樾著，劉師培補，楊樹達續補，姚維銳補附：《古書疑義舉例（七卷）》，臺北：世界書局，1956 年初版樸學叢書。

9. 漢・叔孫通撰，清・孫星衍校集：《漢禮器制度》，北京：中華書局，1985 年初版。

◎道家類

1. 周・莊周著，清・郭慶藩集釋：《莊子集釋》，臺北：莊嚴出版社，1984 年

（四）集　部

1. 宋・朱熹：《朱熹集》，成都：四川教育出版社，1996 年 10 月初版。

2. 清・段玉裁著，鍾敬華點校：《經韵樓集》，上海：上海古籍出版社，2008 年初版。

3. 清・凌廷堪著，王文錦點校：《校禮堂文集》，北京：中華書局，2006 年 3 月初版，中國歷史文集叢刊。

4. 清・凌廷堪著，紀健生校點：《凌廷堪全集》，合肥：黃山書社，2009 年初版。

5. 清・黃承吉：《夢陔堂文集》，臺北：文海出版社，1967 年 5 月初版。

6. 清・胡培翬撰，黃智明點校：《胡培翬集》，臺北：中央研究院中國文哲研究所，2005 年 11 月初版。

7. 清・黃以周：《儆季文鈔》，清光緒二十一年（1895），臺灣大學圖書館藏江蘇南菁講舍刊本。

二、專　著

1. 丁凌華：《中國喪服制度史》，上海：上海人民出版社，2000 年 1 月初版。

2. 王子今:《門祭與門神崇拜》,上海:生活・讀書・新知上海三聯書店,1996 年 8 月初版。

3. 王仁祥:《人倫鑒識起源的學術史考察(魏晉以前)》,臺北:國立臺灣大學出版中心,2008 年 11 月初版。

4. 王旭東:《史學理論與方法》,合肥:安徽大學出版社,1998 年 10 月初版。

5. 王叔岷:《斠讎學(補訂本)》,北京:中華書局,2007 年 6 月初版。

6. 王振民主編:《鄭玄研究文集》,濟南:齊魯書社,1999 年 10 月初版。

7. 王國維:《觀堂集林(附別集)》,北京:中華書局,2006 年 8 月初版。

8. 王啓發:《禮學思想體系探源》,鄭州:中州古籍出版社,2005 年 1 月初版。

9. 王章濤:《凌廷堪傳》,揚州:廣陵書社,2007 年 8 月初版。

10. 王葆玹:《今古文經學新論(增訂版)》,北京:中國社會科學出版社,2004 年 12 月初版。

11. 王夢鷗:《鄭注引述別本《禮記》考釋》,臺北:臺灣商務印書館,1969 年 7 月初版人人文庫 1114。

12. 王霄冰主編:《儀式與信仰——當代文化人類學新視野》,北京:民族出版社,2008 年 3 月初版。

13. 王鍔:《《禮記》成書考》,北京:中華書局,2007 年 3 月。

14. 王關仕:《儀禮服飾考辨》,臺北:文史哲出版社,1977 年 12 月初版。

15. 王關仕:《儀禮漢簡本考證》,臺北:臺灣學生書局,1975 年 9 月初版。

16. 史應勇:《鄭玄通學及鄭王之爭研究》,成都:巴蜀書社,2007 年 8 月初版。

17. 甘肅省博物館、中國科學院考古研究所編:《武威漢簡》,北京:中華書局,2005 年 9 月初版,考古學專刊乙種第十二號。

18. 甘懷眞:《皇權、禮儀與經典詮釋:中國古代政治史研究》,臺北:臺灣大學出版中心,2004 年 6 月初版。

19. 余嘉錫:《目錄學發微 古書通例》,北京:中華書局,2009 年 6 月二版。

20. 余鶴清:《史學方法》,臺北:洪氏出版社,1975 年 2 月再版。

21. 吳十洲:《兩周禮器制度研究》,臺北:五南圖書出版股份有限公司,2004 年 7 月初版。

22. 吳宏一:《鄉飲酒禮儀節簡釋》,臺北:臺灣中華書局,1985 年 9 月二版,儀禮復原研究叢刊。

23. 吳萬居:《宋代三禮學研究》,臺北:國立編譯館,2000 年五月初版。

24. 吳萬鍾:《從詩到經:毛詩解釋的淵源及其特色》,北京:中華書局,2001

年 3 月初版。

25. 吳達芸：《儀禮特牲少牢有司徹祭品研究》，臺北：臺灣中華書局，1985年 9 月二版，儀禮復原研究叢刊。

26. 呂思勉：《先秦學術概論》，昆明：雲南人民出版社，2005 年 12 月初版。

27. 宋鼎宗：《《春秋左氏傳》賓禮嘉禮考》，臺北：花木蘭文化出版社，2009年 3 月。

28. 李曰剛等：《三《禮》研究論集》，臺北：黎明文化事業股份有限公司，1982 年 10 月再版，孔孟學說叢書。

29. 李亦園：《文化的圖像》，臺北：允晨文化實業股份有限公司，1992 年 1月初版，允晨叢刊 38。

30. 李安宅：《《儀禮》與《禮記》之社會學的研究》，上海：商務印書館，1935年 1 月二版。

31. 李宗侗：《中國古代社會史（一）（二）》，臺北：中華文化出版事業社，1963 年 4 月再版，現代國民基本知識叢書第二輯。

32. 李威熊：《中國經學發展史論》，臺北：文史哲出版社，1988 年初版。

33. 李隆獻師：《復仇觀的省察與詮釋 先秦兩漢魏晉南北朝隋唐編》，臺北：臺大出版中心，2012 年 11 月初版。

34. 李雲光：《三《禮》鄭氏學發凡》，臺北：嘉新水泥公司文化基金會，1966年 12 月初版。

35. 李豐楙：《神化與變異：一個「常與非常」的文化思維》，北京：中華書局，2010 年 10 月初版。

36. 杜正勝：《古代社會與國家》，臺北：允晨文化實業股份有限公司，2005年 12 月初版。

37. 沈文倬：《菿闇文存──宗周禮樂文明與中國文化考論》，北京：商務印書館，2006 年 6 月初版，浙江大學精品文叢。

38. 沈其麗：《儀禮士喪禮器物研究》，臺北：臺灣中華書局，1985 年 9 月二版，儀禮復原研究叢刊。

39. 汪寧生：《古俗新研》，臺北：蘭臺網路出版商務股份有限公司，2001 年3 月初版，蘭臺文史叢書 8。

40. 車行健：《釋經以立論──漢代毛鄭《詩經》經解的思想探索》，臺北：里仁書局，2011 年 9 月初版。

41. 周何：《古禮今談》，臺北：萬卷樓圖書館有限公司，2002 年初版。

42. 周何：《春秋吉禮考辨》，臺北：嘉新水泥公司文化基金會，1970 年 10月初版。

43. 周何：《禮學概論》，臺北：三民書局股份有限公司，1998 年 1 月初版。

44. 周聰俊師：《三禮禮器論叢》，臺北：文史哲出版社，2011 年 1 月初版。

45. 周聰俊師：《饗禮考辨》，臺北：文史哲出版社，2011 年 1 月初版。

46. 季旭昇：《群經總義著述考》，臺北：國立編譯館，2003 年初版。

47. 尚秉和：《歷代社會風俗事物考》，臺北：臺灣商務印書館，1971 年 4 月台三版。

48. 屈萬里：《先秦文史資料考辨》，臺北：聯經出版事業公司，1985 年 3 月二版，《屈萬里先生全集》第 4 冊。

49. 屈萬里：《先秦漢魏《易》例述評》，臺北：聯經出版事業公司 1984 年初版，《屈萬里先生全集》第 8 冊。

50. 屈萬里：《尚書釋義》，臺北：中國文化大學出版部，1995 年 7 月二版。

51. 林平和：《《禮記》鄭注音讀與釋義之商榷》，臺北：文史哲出版社，1981 年 4 月初版。

52. 林素英師：《古代祭禮中之政教觀：以《禮記》成書前爲論》，臺北：文津出版社，1997 年初版。

53. 林素英師：《從古代的生命禮儀透視其生死觀：以《禮記》爲主的現代詮釋》，臺北：花木蘭文化出版社，2009 年 3 月再版，中國學術思想研究輯刊四編第十五冊。

54. 林素英師：《喪服制度的文化意義：以《儀禮·喪服》爲討論中心》，臺北：文津出版社，2000 年 10 月初版。

55. 林素英師：《禮學思想與應用》，臺北：萬卷樓圖書股份有限公司，2003 年 9 月初版。

56. 林素娟：《空間、身體與禮教規訓——探討秦漢之際的婦女禮儀教育》，臺北：臺灣學生書局有限公司，2007 年 5 月初版，中國文學研究叢刊。

57. 林素娟：《美好與醜惡的文化論述：先秦兩漢觀人、論相中的禮儀、性別與身體觀》，臺北：臺灣學生書局，2011 年 8 月初版。

58. 林素娟：《神聖的教化：先秦兩漢婚姻禮俗中的宇宙觀、倫理觀與政教論述》，臺北：臺灣學生書局，2011 年 6 月初版。

59. 林惠祥：《文化人類學》，北京：商務印書館，2000 年 9 月再版。

60. 林慶彰師、張壽安主編：《乾嘉學者的義理學》，臺北：中央研究院中國文哲研究所，2003 年初版。

61. 林慶彰師：《中國經學研究的新視野》，臺北：萬卷樓圖書股份有限公司，2012 年 12 月初版。

62. 林慶彰師：《清代經學研究論集》，臺北：中央研究院中國文哲研究所，2002 年初版。

63. 芮逸夫：《中國民族及其文化論稿》中冊，臺北：國立臺灣大學人類學系

出版，1972 年出版。

64. 邴尚白：《葛陵楚簡研究》，臺北：國立臺灣大學出版中心，2009 年 12 月初版，國立臺灣大學文史叢刊 137。

65. 姜廣輝編：《中國經學思想史》，北京：中國社會科學出版社，2010 年 11 月初版。

66. 施隆民：《鄉射禮儀節簡釋》，臺北：臺灣中華書局，1985 年 9 月二版，儀禮復原研究叢刊。

67. 洪鎌德：《思想及方法》，臺北：牧童出版社，1978 年再版，牧童文史叢書 16。

68. 孫振青：《知識論》，臺北：五南圖書出版有限公司，1994 年三版。

69. 徐富昌：《武威《儀禮》漢簡文字編》，臺北：國家出版社，2006 年初版。

70. 徐復觀：《中國人性論史》，臺北：臺灣商務印書館股份有限公司，1999 年 9 月初版。

71. 徐福全師：《臺灣民間傳統喪葬儀節研究》，臺北：作者自印本，2003 年 9 月。

72. 納日碧力戈：《姓名論》，北京：社會科學文獻出版社，1997 年 12 月初版。

73. 荊門市博物館：《郭店楚墓竹簡》，北京：文物出版社，1998 年 5 月初版。

74. 馬承源主編，陳佩芬、吳華烽、熊傳新編撰：《中國青銅器》，臺北：南天書局有限公司，1991 年 10 月初版。

75. 商瑈：《一代禮宗——凌廷堪之禮學研究》，臺北：萬卷樓圖書股份有限公司，2004 年初版。

76. 康韻梅師：《中國古代死亡觀之探究》，臺北：國立臺灣大學出版委員會，1994 年 6 月初版，《文史叢刊》之九十五。

77. 張光直：《中國青銅時代》，臺北：聯經出版事業公司，1984 年初版。

78. 張光直：《中國青銅時代》第二集，臺北：聯經出版事業公司，1990 年 11 月初版。

79. 張光裕、袁國華合編：《望山楚簡校錄》，臺北：藝文印書館股份有限公司，2004 年 12 月初版。

80. 張光裕：《儀禮士昏禮、士相見禮之禮儀節研究》，臺北：臺灣中華書局，1986 年 9 月二版，儀禮復原研究叢刊。

81. 張自慧：《禮文化的價值與反思》，上海：學林出版社，2008 年 9 月初版。

82. 張舜徽：《中國古代史籍校讀法》，臺北：里仁書局，2000 年 9 月三版。

83. 張舜徽：《鄭學叢著》，武漢：華中師範大學出版社，2005 年 12 月初版，《張舜徽集》第二輯第四冊。

84. 張煥君：《制禮作樂——先秦儒家禮學的形成與特徵》，北京：中國社會科學出版社，2010 年 1 月初版。

85. 張壽安：《十八世紀禮學考證的思想活力——禮教論爭與禮秩重省》，北京：北京大學出版社，2005 年初版。

86. 張壽安：《以禮代理——凌廷堪與清中葉儒學思想之轉變》，臺北：中央研究院近代史研究所，1994 年 5 月出版，中央研究院近代史研究所專刊（72）。

87. 張端穗：《左傳思想探微》，臺北：學海出版社，1987 年 1 月初版。

88. 張寶三師：《五經正義研究》，上海：華東師範大學出版社，2010 年 10 月初版。

89. 張鶴泉：《周代祭祀研究》，臺北：文津出版社，1993 年 5 月初版，大陸地區博士論文叢刊。

90. 曹建墩：《先秦禮制探賾》，天津：天津人民出版社，2010 年 10 月初版。

91. 梁啓超：《中國近三百年學術史》，臺北：里仁書局，1995 年初版。

92. 梁滿倉：《魏晉南北朝五禮制度考論》，北京：社會科學文獻出版社，2009 年 5 月初版，中國社會科學院文庫・歷史考古研究系列。

93. 梁漱溟：《中國文化要義》，香港：三聯書店香港分店，1987 年 9 月。

94. 許倬雲：《西周史》（增補本） 北京：三聯書店，2001 年 1 月初版。

95. 許倬雲：《求古編》，臺北：聯經出版事業公司，1994 年 10 月初版。

96. 陳戍國：《中國禮制史（先秦卷）》，長沙：湖南教育出版社，2002 年 2 月二版。

97. 陳來：《古代宗教與倫理：儒家思想的根源》，臺北：允晨文化實業股份有限公司，2005 年 6 月初版。

98. 陳來：《古代思想文化的世界——春秋時代的宗教、倫理與社會思想》，北京：生活・讀書・新知三聯書店，2002 年 12 月初版。

99. 陳垣：《校勘學釋例》，上海：上海書店，1997 年 7 月初版。

100. 陳瑞庚師：《士昏禮服飾考》，臺北：臺灣中華書局，1986 年 9 月二版，儀禮復原研究叢刊。

101. 陳榮華：《葛達瑪詮釋學與中國哲學的詮釋》，臺北：明文書局股份有限公司，1998 年 3 月初版。

102. 陳槃：《《左氏春秋》義例辨（重訂本）》，收入《陳槃著作集》，上海：上海古籍出版社，2009 年 9 月初版，據中研院史語所專刊 1993 年 5 月 2 版影印出版。

103. 陳槃：《春秋時代的教育》，臺北：中央研究院歷史語言研究所中國上古史編輯委員會 1974 年 6 月初版。

104. 陸宗達、王寧：《訓詁與訓詁學》，太原：山西教育出版社，2005 年 7 月二版。

105. 章炳麟著，王小紅選編：《章太炎儒學論集》，成都：四川大學出版社，2010 年 5 月初版。

106. 章炳麟：《章太炎全集》，上海：上海人民出版社，1982 年 7 月初版。

107. 章景明：《先秦喪服制度考》，臺北：臺灣中華書局，1986 年 9 月二版，儀禮復原研究叢刊。

108. 勞思光：《中國文化要義新編》香港：香港中文大學出版社，1998 年出版。

109. 彭林：《三禮研究入門》，上海：復旦大學出版社，2012 年 1 月初版。

110. 彭林：《中國古代禮儀文明》，北京：中華書局，2004 年 1 月一版。

111. 彭林：《儀禮全譯》，貴州：貴州人民出版社，1997 年 10 月初版，中國歷代名著全譯叢書。

112. 彭林：《儒家禮樂文明講演錄》，桂林：廣西師範大學出版社，2008 年初版。

113. 彭美玲師：《古代禮俗左右之辨研究——以三禮爲中心》，臺北：國立臺灣大學出版委員會，1997 年 4 月初版，文史叢刊之 103。

114. 曾永義：《儀禮車馬考》，臺北：臺灣中華書局，1971 年 12 月初版，儀禮復原研究叢刊。

115. 曾永義：《儀禮樂器考》，臺北：臺灣中華書局，1971 年 12 月初版，儀禮復原研究叢刊。

116. 湖北省文物考古研究所、北京大學中文系編：《望山楚簡》，北京：中華書局，1995 年 6 月初版。

117. 費孝通：《鄉土中國 生育制度》，北京：北京大學出版社，2002 年 3 月初版。

118. 黃啟方：《儀禮士喪禮中的喪俗》，臺北：中國東亞學術研究計劃委員會，1970 年出版，中國東亞學術研究計劃委員會年報第九期抽印本。

119. 黃啟方：《儀禮特牲饋食禮儀節研究》，臺北：臺灣中華書局，1986 年 9 月二版儀禮復原研究叢刊。

120. 黃彰健：《經今古文學問題新論》，臺北：中央研究院歷史語言研究所 中央研究院歷史語言研究所專刊之 79，1982 年出版。

121. 楊天宇：《經學探研錄》，上海：上海古籍出版社，2004 年 11 月初版。

122. 楊天宇：《鄭玄三禮注研究》，天津：天津人民出版社，2007 年 4 月初版。

123. 楊向奎：《宗周社會與禮樂文明》，北京：人民出版社，1992 年 5 月初版。

124. 楊向奎：《清儒學案新編》，濟南：齊魯書社，1994 年 3 月初版。

125. 楊志剛著:《中國禮儀制度研究》,上海:華東師範大學出版社,2000 年5 月初版。

126. 楊寬:《西周史》,上海:上海人民出版社,1999 年 11 月初版。

127. 楊儒賓:《儒家身體觀》,臺北:中央研究院中國文哲研究所籌備處,1999年 4 月修訂一版,孟子學研究叢刊 4。

128. 楊儒賓編:《中國古代思想中的氣論及身體觀》,臺北:巨流圖書公司,1993 年 3 月初版。

129. 楊聯陞:《中國文化中「報」、「保」、「包」之意義》,香港:香港中文大學出版社,1987 年出版,2009 年重排本。

130. 葉國良師、李隆獻師、彭美玲師:《漢族成年禮及其相關問題研究》,臺北:大安出版社,2004 年 8 月初版。

131. 葉國良師、夏長樸師、李隆獻師:《經學通論》,臺北:國立空中大學,1996 年 1 月初版。

132. 葉國良師:《古代禮制與風俗》,臺北:臺灣書店,1997 年 3 月初版。

133. 葉國良師:《禮制與風俗》,上海:復旦大學出版社,2012 年 8 月。

134. 葉國良師:《禮學研究的諸面向》,新竹:國立清華大學出版社,2010 年12 月初版。

135. 董洪利:《古籍的闡釋》,瀋陽:遼陽教育出版社,1995 年 6 月初版,國學叢書。

136. 虞萬里:《榆枋齋學術論集》,南京:江蘇古籍出版社,2001 年初版。

137. 管東貴:《從宗法封建到皇帝郡縣制的演變──以血緣解紐爲脈絡》,北京:中華書局,2010 年 9 月。

138. 蒲慕州:《墓葬與生死──中國古代宗教之省思》,北京:中華書局,2008年 1 月初版。

139. 齊佩瑢:《訓詁學概論》,臺北:華正書局,1991 年 9 月。

140. 劉兆祐:《儀禮著述考（一）》,臺北:國立編譯館,2003 年初版。

141. 劉雨:《金文論集》,北京:紫禁城出版社,2008 年 5 月初版,故宮博物院學術文庫。

142. 劉師培:《國學發微》,臺北:廣文書局有限公司,1970 年 10 月初版。

143. 劉師培:《劉申叔先生遺書》,臺北:大新書局,1965 年 8 月出版,影印民國二十三年寧武南氏校印本。

144. 劉詠溱:《《周禮》賈疏引唐制集證》,收入《民國時期經學叢書》,臺中市:文听閣圖書公司,2009 年初版,據民國 22 年陰餘堂校印本影印,第三輯,第 30 冊。

145. 蔡尚思:《中國禮教思想史》,上海:上海古籍出版社,2006 年 12 月初

版，中華學術叢書。

146. 鄭良樹：《儀禮士喪禮墓葬研究》，臺北：臺灣中華書局，1971 年 9 月初版，儀禮復原研究叢刊。

147. 鄭良樹：《儀禮宮室考》，臺北：臺灣中華書局，1971 年 12 月初版，儀禮復原研究叢刊。

148. 鄧聲國：《清代《儀禮》文獻研究》，上海：上海古籍出版社，2006 年 4 月初版。

149. 盧瑞容：《中國古代「相對關係」思維探討──「勢」「和」「權」「屈曲」概念溯源分析》，臺北：商鼎出版社，2004 年初版。

150. 錢玄、錢興奇編著：《三禮辭典》，南京：江蘇古籍出版社，1998 年初版。

151. 錢玄：《三禮通論》，南京：南京師範大學出版社，1996 年 10 月初版，中國傳統文化研究叢書第二輯。

152. 錢基博：《經學通志》，桂林：廣西師範大學出版社，2009 年 1 月初版，錢基博作品系列。

153. 錢穆：《中國文化史導論》，臺北：聯經出版事業公司，1995 年初版，《錢賓四先生全集》，第 29 冊。

154. 錢穆：《中國近三百年學術史》，臺北：聯經出版事業公司，1995 年初版，《錢賓四先生全集》，第 16～17 冊。

155. 錢穆：《兩漢經學今古文平議》，臺北：聯經出版事業公司，1995 年初版，《錢賓四先生全集》，第 8 冊。

156. 錢穆：《國學概論》，臺北：臺灣商務印書館股份有限公司，2003 年 5 月臺二版。

157. 龍宇純：《絲竹軒小學論集》，北京：中華書局，2009 年 2 月初版。

158. 戴君仁：《春秋辨例》，臺北：國立編譯館中華叢書編審委員會，1978 年 12 月再版。

159. 謝德瑩：《儀禮聘禮儀節研究》，臺北：文史哲出版社，1983 年 7 月初版，文史哲學集成 87。

160. 韓碧琴：《儀禮鄭註句讀校記》，臺北：國立編譯館，1996 年初版，人文社會科學叢書。

161. 瞿同祖：《中國法律與中國社會》，北京：中華書局，1996 年 8 月初版。

162. 羅聯添、戴景賢、張蓓蓓師、方介：《國學導讀》，臺北：巨流圖書公司，1995 年 11 月增訂版。

163. 馬楠：《比經推例──漢唐經學導論》，北京：新世界出版社，2012 年初版。

三、專書論文

1. 刁小龍：〈論清代學者關於《儀禮》篇末記問題研究〉，彭林編：《清代經學與文化》，北京：北京大學出版社，2005 年 11 月初版。

2. 王明珂：〈慎終追遠——歷代的喪禮〉，藍吉富、劉增貴師主編：《中國文化新論——宗教禮俗篇敬天與親人》，臺北：聯經出版事業公司，1991 年 1 月初版。

3. 史嘉柏（David Schaberg）：〈唐經學家對〈鄉飲酒禮〉之詮釋〉，蔡長林主編：《隋唐五代經學國際研討會論文集》下冊，臺北：中央研究院中國文哲研究所，2009 年 6 月初版。

4. 甘懷眞：〈先秦禮觀念再探〉，《皇權、禮儀與經典詮釋：中國古代政治史研究》，臺北：臺灣大學出版中心，2004 年 6 月初版，東亞文明研究叢書7。

5. 江林：〈〈小雅‧楚茨〉與宗周歲時祭〉，浙江大學古籍研究所編：《禮學與中國傳統文化——慶祝沈文倬先生九十華誕國際學術研討會論文集》，北京：中華書局，2006 年 12 月初版。

6. 牟潤孫：〈論儒釋兩家之講經與義疏〉，《注史齋叢稿（增訂本）》，北京：中華書局，2009 年 6 月。

7. 何澤恆師：〈《論語》《孟子》中所説的權〉，《先秦儒道舊義新知錄》，臺北：大安出版社，2004 年 8 月。

8. 李宗侗：〈史官制度——附論對傳統之尊重〉，杜維運、黃進興編：《中國史學史論文選集》第 1 冊，臺北：華世出版社，1976 年 9 月初版。

9. 李源澄：〈禮之衍變〉，林慶彰師、蔣秋華主編：《李源澄著作集》，臺北：中央研究院中國文哲研究所，2008 年 11 月。

10. 杜正勝：〈內外與八方——中國傳統居室空間的倫理觀和宇宙觀〉，黃應貴主編：《空間、力與社會》，臺北：中央研究院民族學研究所，1995 年 12 月。

11. 杜正勝：〈古代聚落的傳統與變遷〉，許倬雲主編：《第二屆中國社會經濟史研討會文集》，臺北：漢學研究資料及服務中心印行，1983 年 7 月出版。

12. 邢義田：〈從「如故事」和「便宜從事」看漢代行政中的經常與權變〉，《秦漢史論稿》，臺北：東大圖書館股份有限公司，1987 年 6 月。

13. 周啟榮：〈清代禮教思潮與考證學——從三禮館看乾隆前期的經學考證學兼論漢學興起的問題〉，勞悦強、梁秉賦主編：《經學的多元脈絡：文獻、動機、義理、社群》，臺北：臺灣學生書局有限公司，2008 年 10 月初版。

14. 林素英師：〈從郭店儒簡檢視文王之人君典型〉，林慶彰師、李學勤等著：《新出土文獻與先秦思想重構》，臺北：臺灣書房出版，2007 年。

15. 林慶彰師：〈《五經大全》之修纂及其相關問題探究〉，《明代經學研究論集》，臺北：文史哲出版社，1994 年 5 月。

16. 林慶彰師：〈朱子《詩集傳・二南》的教化觀〉，鍾彩鈞師主編：《朱子學的開展─學術篇》，臺北：漢學研究中心，2002 年 6 月初版。

17. 林慶彰師：〈兩漢章句之學重探〉，林慶師主編：《中國經學史論文選集》，臺北：文史哲出版社，1992 年。

18. 林慶彰師：〈傳記之學的形成〉，收入香港中文大學中國語言及文學系主編：《先秦兩漢古籍國際學術研討會論文集》，香港：社會科學文獻出版社，2011 年 1 月。

19. 邱德修：〈說「盥」及其相關問題〉，常宗豪等編：《第二屆國際中國古文字學研討會論文集：香港中文大學三十周年校慶》，香港：香港中文大學中國語言及文學系，1993 年。

20. 柳存仁：〈《毛詩傳箋》、《正義》和朱熹《詩集傳》〉，鍾彩鈞師主編：《朱子學的開展─學術篇》，臺北：漢學研究中心，2002 年 6 月初版。

21. 洪國樑師：〈王引之《經義述聞》「增字解經」說述論〉，國立臺灣大學中國文學系主編：《孔德成先生學術與薪傳研討會論文集》，臺北：臺大中國文學系，2009 年 12 月初版。

22. 祝平次：〈從禮的觀點論先秦儒、道身體／主體觀念的差異〉，楊儒賓編：《中國古代思想中的氣論及身體觀》，臺北：巨流圖書公司，1993 年 3 月初版。

23. 高明：〈王制及其注疏摘謬〉，《高明文輯》，臺北：黎明文化事業股份有限公司，1978 年初版，上冊。

24. 高明：〈禮記概說〉，《高明文輯》，臺北：黎明文化事業股份有限公司，1978 年初版，上冊。

25. 張以仁：〈《說文》「訓」、「詁」解〉，《中國語文學論集》，臺北：東昇出版事業有限公司，1981 年 9 月初版。

26. 張以仁：〈聲訓的發展與儒家的關係〉，《中國語文學論集》，臺北：東昇出版事業有限公司，1981 年 9 月初版。

27. 張光裕：〈士相見禮成篇質疑〉，《儀禮士相見之禮儀節研究》，臺北：臺灣中華書局，1986 年。

28. 張素卿師：〈古義與新疏──從新疏薈萃清代經學之成果談起〉，林慶彰師、蔣秋華主編：《經學的多元脈絡：文獻、動機、義理、社群》，臺北：臺灣學生書局有限公司，2008 年 10 月初版。

29. 張寶三師：〈賈公彥「周禮疏序」論考〉，張以仁先生七秩壽慶論文集編輯委員會編：《張以仁先生七秩壽慶論文集》上冊，臺北：臺灣學生書局有限公司，1999 年初版。

30. 張寶三師：〈儒家經典詮釋傳統中注與疏之關係〉，國立政治大學文學院編：《孔學與二十一世紀國際學術研討會論文集》，臺北：國立政治大學，2001 年初版。

31. 梁剑韜：〈古代的饋牲祭器及祖先崇拜〉，《梁剑韜民族學人類學研究文集》，北京：民族出版社，1994 年 3 月初版。

32. 陳戍國：〈論六經總以禮爲本〉，浙江大學古籍研究所編：《禮學與中國傳統文化──慶祝沈文倬先生九十華誕國際學術研討會論文集》，北京：中華書局，2006 年 12 月初版。

33. 陳秀琳：〈《儀禮疏》探原試例〉，林慶彰師主編：《經學研究論叢》第七輯，臺北：臺灣學生書局有限公司，1999 年 9 月。

34. 陳韻：〈從黃奭所輯《三禮目錄》論「禮是鄭學」〉，浙江大學古籍研究所編：《禮學與中國傳統文化──慶祝沈文倬先生九十華誕國際學術研討會論文集》，北京：中華書局，2006 年 12 月初版。

35. 彭林：〈清人學術視野中的敖繼公與鄭玄〉，彭林編：《清代經學與文化》，北京：北京大學出版社，2005 年 11 月初版。

36. 彭林：〈評楊大堉、胡肇昕補《儀禮正義》〉，勞悅強、梁秉賦主編：《經學的多元脈絡：文獻、動機、義理、社群》，臺北：臺灣學生書局有限公司，2008 年 10 月初版。

37. 曾聖益：〈清儒論《左傳》之禮義與禮例〉，國立臺灣師範大學國文學系等編：《經學論叢》第 2 輯，臺北：洪葉文化事業有限公司，2006 年 3 月初版。

38. 程克雅：〈乾嘉禮學學者解經方法中「文例」之建立與運用──以凌廷堪《禮經釋例・飲食之例》三篇爲主的探究〉，蔣秋華主編：《乾嘉學者的治經方法》上冊，臺北：中央研究院中國文哲所籌備處，2000 年初版。

39. 黃侃：〈禮學略說〉，《黃侃論學雜著》，上海：上海古籍出版社，1980 年新一版，原中華書局上海編輯所 1964 年版更正後重版。

40. 逯耀東：〈漢晉間對經書解釋的轉變〉，《魏晉史學及其他》，臺北：東大圖書股份有限公司，1998 年 1 月初版。

41. 楊天宇：〈論鄭玄《三禮注》〉，林慶彰師主編：《中國經學史論文選集》，臺北：文史哲出版社，1992 年 10 月初版。

42. 楊向奎：〈讀胡培翬《儀禮正義》〉，林慶彰師主編：《中國經學史論文選集》下冊，臺北：文史哲出版社，1993 年初版。

43. 楊聯陞著，段昌國譯：〈報──中國社會關係的一個基礎〉，段昌國等著：《中國思想與制度論集》，臺北：聯經出版事業公司，1985 年 11 月初版。

44. 葉國良師：〈從名物制度之學論經典詮釋〉，《居愚居文獻論叢》，臺北：大安出版社，2011 年 9 月。

45. 葉國良師：〈駁《儀禮》爲孔子手定完書説及其延伸論述〉，國家圖書館、中央研究院歷史語言研究所、國立臺灣大學中國文學系主編：《屈萬里先生百歲誕辰國際學術研討會論文集》，臺北：行政院文化建設委員會，2006年12月初版。

46. 葉國良師：〈論《儀禮》經文與記文的關係〉，國立臺灣大學中國文學系主編：《孔德成先生學術與薪傳研討會論文集》，臺北：臺大中國文學系，2009年12月初版。

47. 漆永祥：〈論中國傳統經學研究方法──古書通例歸納法〉，蔣秋華主編：《乾嘉學者治經方法》，上冊，臺北：中央研究院中國文哲研究所籌備處印行，2000年10月。

48. 裴普賢：〈鄭玄《詩譜》圖表的綜合整理〉，糜文開、裴普賢著：《詩經欣賞與研究（改編版）》，臺北：三民書局股份有限公司，1987年11月。

49. 劉述先：〈論所謂中國文化的超穩定結構〉，杜維明主編：《儒學發展的宏觀透視》，臺北：正中書局，1997年7月初版。

50. 劉寧：〈杜預和《春秋》義例學的史學化與學術化〉，收入楊晉龍師、劉柏宏主編：《魏晉南北朝經學國際研討會論文集》，臺北：中央研究院中國文哲研究所，2016年初版。

51. 劉增貴師：〈瑟琴和鳴──歷代的婚禮〉，藍吉富、劉增貴主編：《中國文化新論──宗教禮俗篇　敬天與親人》，臺北：聯經出版事業公司，1991年1月初版。

52. 鄭吉雄師：〈乾嘉學者治經方法與體系舉例試釋〉，蔣秋華主編：《乾嘉學者治經方法》，上冊，臺北：中央研究院中國文哲研究所籌備處印行，2000年10月。

53. 錢穆：〈中國文化的變與常〉，《中國文化精神》，臺北：聯經出版事業公司，1995年初版，《錢賓四先生全集》第38冊。

54. 龍宇純：〈正名主義之語言與訓詁〉，《絲竹軒小學論集》，北京：中華書局，2009年2月初版。

55. 龍宇純：〈論聲訓〉，《絲竹軒小學論集》，北京：中華書局，2009年2月初版。

56. 戴君仁：〈朱子《儀禮經傳通解》與修門人及修書年歲考〉，《梅園論學集》，臺北：臺灣開明書店，1970年9月初版。

57. 戴君仁：〈書朱子《儀禮經傳通解》後〉，《梅園論學集》，臺北：臺灣開明書店 1970年9月初版。

58. 戴君仁：〈書張爾岐《儀禮鄭注句讀》後〉，《梅園論學集》，臺北：臺灣開明書店，1970年9月初版。

59. 戴君仁：〈經疏的衍成〉，《梅園論學續集》，臺北：藝文印書館，1974年

11 月初版。

60. 顧史考:〈從楚國竹簡論戰國「民道」思想〉,《郭店楚簡先秦儒書宏微觀》,臺北:臺灣學生書局有限公司,2006 年 6 月初版。

四、期刊論文

1. 于成龍:〈上得兼下,下不得僭上——戰國楚卜筮祈禱簡中的「饋食禮」〉,《中國歷史文物》2007 年第 6 期。

2. 孔德成師:〈《儀禮》十七篇之淵源及傳授〉,《東海學報》第 8 卷第 1 期(1967 年 1 月)。

3. 孔德成師:〈《禮記》成書時代及其在經典中之性質〉,《孔孟月刊》第 18 卷第 11 期(1980 年 7 月)。

4. 孔德成師:〈宗法略論〉,《孔孟月刊》第 19 卷第 11 期(1981 年 7 月)。

5. 孔德成師:〈論儒家之「禮」〉,《中國文化月刊》第 11 期(1980 年 9 月)。

6. 王汎森:〈清初思想中形上玄遠之學的沒落〉,《中央研究院歷史語言研究所集刊》第 69 本第三分(1998 年 9 月)。

7. 王家儉:〈清代禮學的復興與經世禮學思想的流變〉,《漢學研究》第 24 卷第 1 期(2006 年 6 月)。

8. 王恩田:〈岐山鳳村西周建築群基址的有關問題〉,《文物》總 296 期(1981 年第 1 期)。

9. 王夢鷗:〈《禮記》與鄭玄〉,《中央月刊》第 4 卷第 8 期(1972 年 6 月)。

10. 伍振勳:〈《荀子·正名》釋義——語意學的詮釋取徑〉,《北京大學中國古文獻研究中心集刊》第 9 輯(2010 年 6 月)。

11. 伍振勳:〈荀子的「身、禮一體」觀——從「自然的身體」到「禮義的身體」〉,《中國文哲研究集刊》19 期(2001 年 9 月)。

12. 何澤恆師:〈略論中國傳統文化中的「人定勝天」思想〉,《臺大中文學報》第 33 期(2010 年 12 月)。

13. 余光弘:〈A. van Gennep 生命儀禮理論的重新評價〉,《中央研究院民族學研究所集刊》第 60 期(1985 年秋季)。

14. 吳鷗:〈淺談鄭玄的以禮注詩〉,《北京大學中國古文獻研究中集刊》第 4 輯(2004 年 10 月)。

15. 宋惠如:〈以「例」釋經初探:以漢代《左傳》學爲中心〉,林慶彰師主編:《經學研究論叢》第 18 輯(2010 年 9 月)。

16. 李亦園:〈中國家族與其儀式〉,《中央研究院民族學研究所集刊》第 59 期(1985 年春季)。

17. 李富俠:〈凌廷堪《禮經釋例》對戴震學術的繼承與發展〉,《洛陽師範學

院學報》2012 年 31 卷 9 期。

18. 李隆獻師:〈清代學者「禮書」復仇觀的省察與詮釋〉,《臺大中文學報》第 35 期（2011 年 12 月）。

19. 李豐楙:〈先秦變化神話的結構性意義——一個「常與非常」觀點的考察〉,《中國文哲研究集刊》第 4 期（1994 年 3 月）。

20. 杜正勝:〈「編戶齊民論」的剖析〉,《清華學報》新 24 卷第 2 期（1994 年 6 月）。

21. 杜正勝:〈從眉壽到長生——中國古代生命觀念的轉變〉,《中央研究院歷史語言研究所集刊》第 66 本第二分（1995 年 6 月）。

22. 沈文倬:〈坐跪通釋——從甲骨文、金文的一些象形文字說古人的坐〉,彭林主編:《中國經學》第 4 輯（2009 年 1 月）。

23. 周鳳五師:〈包山楚簡《集箸》、《集箸言》析論〉,《中國文字》新 21 期（1996 年 12 月）。

24. 周鳳五師:〈郭店楚簡《忠信之道》考釋〉,《中國文字》新 24 期,臺北:藝文印書館,1998 年。

25. 周鳳五師:〈郭店楚簡編序復原研究〉,《古文字與古文獻》試刊號（1999 年 10 月）。

26. 周鳳五師:〈楚柬王泊旱〉,《簡帛》第 1 輯（2006 年 10 月）。

27. 周鳳五師:〈讀郭店竹簡《成之聞之》札記〉,《古文字與古文獻》試刊號（1999 年 10 月）。

28. 林存陽:〈張爾岐與《儀禮鄭注句讀》〉,《齊魯學刊》第 160 期（2001 年第 1 期）。

29. 林素英師:〈先秦儒家的喪葬觀〉,《漢學研究》第十九卷第二期（2001 年 12 月）。

30. 林素英師:〈論鄉飲酒禮中詩樂與禮相融之意義〉,《井岡山大學學報（社會科學版）》第 32 卷第 2 期（2011 年 3 月）。

31. 林素娟:〈古代婚禮「廟見成婦」說問題研究〉,《漢學研究》第 21 卷第 1 期（2003 年 6 月）。

32. 林素娟:〈喪禮飲食的象徵、通過意涵及教化功能——以禮書及漢代為論述核心〉,《漢學研究》第 27 卷第 4 期（2009 年 12 月）。

33. 林素娟:〈飲食禮儀的身心過渡意涵及文化象徵意義——以三《禮》齋戒、祭祖為核心進行探討〉,《中國文哲研究集刊》第 32 期（2008 年 3 月）。

34. 林素清:〈上博四〈內禮〉篇重探〉,《簡帛》第 1 輯（2006 年 10 月）。

35. 林啟屏:〈古代文獻中的「德」及其分化——以先秦儒學為討論中心〉,《清華學報》新 35 卷第 1 期（2005 年 6 月）。

36. 林義正：〈《春秋公羊傳》思想中的經權問題〉，《文史哲學報》第 38 期（1990 年 12 月）。

37. 邱德修：〈以禮解經初探──以《論語》爲例〉，《文與哲》第 7 期（2005 年 12 月）。

38. 段熙仲：〈禮經十論〉，《文史》第一輯（1998 年 7 月初版）。

39. 洪麗娣：〈鄭玄「因文爲訓」釋詞方法淺談〉，《遼寧教育學院學報》（1997 年第 2 期）。

40. 胡新生：〈《儀禮·士昏禮》用雁問題新證〉，《文史哲》總第 298 期（2007 年第 1 期）。

41. 胡新生：〈西周時期三類不同性質的射禮及其演變〉，《文史哲》總第 274 期（2003 年 1 期）。

42. 胡新生：〈周代祭祀中的立尸禮及其宗教意義〉，《世界宗教研究》總第 42 期（1990 年第 4 期）。

43. 唐文：〈鄭注群經體例發微〉，《吉林大學社會科學學報》（1991 年第 1 期）。

44. 陝西周原考古隊：〈扶風召陳西周建築群基址發掘簡報〉，《文物》總 298 期。

45. 馬壯寰：〈對類比的辯證分析〉，滑明達主編：《語言·文學·文化論稿》第 2 集 北京：中國社會科學出版社 2009 年 4 月初版。

46. 張光裕：〈《儀禮》與周代禮制研究的關係舉隅〉，《臺大中文學報》第 10 期（1998 年 5 月）。

47. 張娣明：〈鄭注〈士昏禮〉之研究〉，《中國學術年刊》第 22 期（2001 年 5 月）。

48. 張國安：〈另類「行爲藝術」──《儀禮》「儀注」呈現的中國古代儀式禮樂〉，《藝術百家》總第 108 期（2009 年第三期）。

49. 張蓓蓓師：〈唐修《晉書》論衡〉，陳飛、徐正英主編：《中國古典文學與文獻學研究》，第 4 輯 北京：學苑出版社，2008 年 1 月初版。

50. 張麗珠：〈凌廷堪「以禮代理」的禮治理想暨乾嘉復禮思潮〉，《國文學誌》第 2 期（1998 年 6 月）。

51. 張麗珠：〈清代之三禮學復興暨清初禮學名家〉，《經學研究集刊》第 6 期（2009 年 5 月）。

52. 張寶三師：〈漢代章句之學論考〉，《臺大中文學報》第 14 期（2001 年 5 月）。

53. 張寶三師：〈論訓詁學研究與儒家注疏之關係〉，《經學研究論叢》第 10 輯（2002 年 3 月）。

54. 曹建墩：〈周代牲體禮考論〉，《清華大學學報（哲學社會科學版）》第 23

卷（2008 年第 3 期）。

55. 陳一弘：〈荀子與周禮之關係——以威儀執持爲考察中心〉，《漢學研究》
第 27 卷第 2 期（2009 年 6 月）。

56. 陳侃理：〈天行有常與休咎之變——中國古代關於日食災異的學術、禮儀
與制度〉，《中央研究院歷史語言研究所集刊》第 83 本第 3 分（101 年 9
月）。

57. 陳金木：〈經學家傳記的文化意涵：《後漢書・鄭玄傳》析論〉，《興大中
文學報》第 19 期（2006 年 6 月）。

58. 陳韋銓：〈試論鄭玄《儀禮注》引《春秋》經傳之事類〉，《齊魯文化研究》
第 10 輯（2011 年 12 月）。

59. 陳祖武：〈姚際恆與《禮經通論》〉，《亞洲研究》第 23 期（1997 年 7 月）。

60. 陳鴻森：〈考據學的虛與實〉，《經學研究集刊》第 2 期（2006 年 10 月）。

61. 傅熹年：〈陝西岐山鳳雛西周建築遺址初探——周原西周建築遺址研究之
一〉，《文物》總 296 期（1981 年第一期）。

62. 傅熹年：〈陝西扶風召陳西周建築遺址初探——周原西周建築遺址研究之
二〉，《文物》總 298 期（1981 年第三期）。

63. 程克雅：〈胡培翬《儀禮正義》釋例方法探究——兼述段熙仲之「以例治
禮」說〉，《中央大學中國文學研究所論文集刊》第 2 期（1995 年 6 月）。

64. 程艷梅：〈淺析賈公彥《周禮義疏》、《儀禮義疏》中對修辭手法的闡釋〉，
《古籍整理研究學刊》第 1 期（2007 年 1 月）。

65. 程艷梅：〈試論賈公彥義疏中的同義詞辨析方法〉，《阿壩師範高等專科學
校學報》第 27 卷第 1 期（2010 年 3 月）。

66. 馮浩菲：〈鄭玄三《禮》注解句要例舉證〉，《漢學研究》第 15 卷第 1 期
（1997 年 6 月）。

67. 黃啓方：〈《儀禮・士喪禮》中的喪俗〉，《中國東亞學術研究計劃委員會
年報》第 9 期（1970 年）。

68. 黃應貴：〈儀式、習俗與社會文化——人類學的觀點〉，《新史學》第 3 卷
4 期（1992 年 12 月）。

69. 楊天宇：〈從漢簡本《儀禮》看《儀禮》在漢代的傳本〉，《史林》（2009
年第四期）。

70. 楊天宇：〈談《儀禮》中的宰〉，《鄭州大學學報（哲學社會科學版）》（1996
年第 5 期）。

71. 楊希枚：〈先秦賜姓制度理論的商榷〉，《歷史語言研究所集刊》第 26 本
（1955 年）。

72. 楊華：〈「五祀」祭禱與楚漢文化的繼承〉，《江漢論壇》（2004 年 9 月）。

73. 楊華：〈先秦血祭禮儀研究——中國古代用血制度研究之一〉，《世界宗教》（2003 年第 3 期）。

74. 楊華：〈楚簡中的「上下」與「内外」〉，武漢大學簡帛研究中心編《簡帛》第 4 輯（2009 年 10 月）。

75. 楊學軍：〈與先秦兩漢冠服文化相關的詞語考釋〉，《北京師範學院學報（社會科學版）》（1992 年第 4 期）。

76. 楊鴻勛：〈西周岐邑建築遺址初步考察〉，《文物》總 298 期（1981 年第三期）。

77. 葉純芳：〈鄭玄《周禮注》從違馬融《周官傳》考——兼論漢人師法、家法之議與曹元弼〈子鄭子非馬融弟子考〉〉，《中國文哲研究通訊》第 19 卷第 1 期（2009 年 3 月）。

78. 葉國良師：〈《儀禮》與《詩經》互證的學術意義〉，《中國經學》第 10 輯（2012 年）。

79. 葉國良師：〈劉師培《禮經舊説》的寫作宗旨與詮釋上的問題〉，《臺大中文學報》第 31 期（2009 年 12 月）。

80. 葉國良師：〈論凌廷堪的《禮經釋例》〉，《臺大中文學報》第 28 期（2008 年 6 月）。

81. 葉舒憲：〈儀式敘事與歷史書寫——代序《儀禮》文化記憶與儀式敘事〉，《百色學院學報》第 22 卷第 2 期（2009 年 4 月）。

82. 葛志毅：〈《春秋》例論〉，《管子學刊》（2006 年第 3 期）。

83. 葛志毅：〈鄭玄三《禮》學體系考論〉，《中華文化論壇》（2007 年 3 月）。

84. 賈宜瑓：〈胡培翬「儀禮正義」論鄭玄「儀禮注」、敖繼公「儀禮集説」正誤舉隅——以古禮賓介問題爲例〉，《中國文學研究》第 15 期（2001 年 6 月）。

85. 廖平：〈五十凡駁例〉，《圖書集刊》第 4 期（1943 年 3 月）。

86. 趙伯雄：〈《春秋》學中的「日月時例」〉，彭林主編：《中國經學》第 1 輯（2005 年 11 月）。

87. 劉文強、簡文山：〈《禮記》〈月令〉、〈王制〉鄭注「周制」、「殷制」觀念探析—兼論鄭玄經學立場問題〉，《中山人文學報》第 7 期（1998 年 8 月）。

88. 劉文清：〈鄭玄《三禮注》「之言」訓詁術語析論——兼論其術語意義之演變〉，《臺大中文學報》第 41 期（2013 年 8 月）。

89. 劉增貴師：〈中國古代的沐浴禮俗〉，《大陸雜誌》第 98 卷第 4 期（1999 年 4 月）。

90. 劉增貴師：〈門户與中國古代社會〉，《中央研究院歷史語言研究所集刊》第 68 本第四分（1997 年 12 月）。

91. 劉增貴師：〈秦簡《日書》中的出行禮俗與信仰〉，《中央研究院歷史語言研究所集刊》第七十二本，第三分（2001 年 9 月）。

92. 劉樂賢：〈秦漢睡虎地日書〈人字篇〉研究〉，《江漢考古》（1995 年第 1 期）。

93. 鄧聲國：〈鄭玄所見《儀禮》古今異文考——兼談《儀禮》異文的價值〉，《中國語文通訊》第 61 期（2002 年 3 月）。

94. 鄭雯馨：〈從義疏體談《儀禮疏》對禮例發展的貢獻〉，《書目季刊》第 46 卷第 4 期（2013 年 3 月）。

95. 鄭雯馨：〈《禮記‧禮器》「經禮三百，曲禮三千」注釋異說及其影響探究〉，《臺大中文學報》第 33 期（2010 年 12 月）。

96. 鄭憲仁：〈周代「諸侯大夫宗廟圖」研究〉，《漢學研究》第 24 卷第 2 期（2006 年 12 月）。

97. 賴炎元：〈毛《詩》鄭《箋》釋例〉，《臺灣省立師範大學國文研究所集刊》第 3 期（1959 年 6 月）。

98. 錢穆：〈中國古代北方農作物考〉，《新亞學報》第 1 卷第 2 期（1956 年）。

99. 閻鴻中：〈義例、名教與實錄——劉知幾史學思想溯義〉，《臺大歷史學報》第 31 期（2003 年 6 月）。

100. 韓章訓：〈凡例綜論〉，《中國地方志》（2006 年第三期）。

101. 韓碧琴：〈《儀禮》〈少牢饋食禮〉、〈特牲饋食禮〉儀節之比較研究〉，《國立中興大學臺中夜間部學報》第 3 期（1997 年 11 月）。

102. 韓碧琴：〈答紙禮俗研究〉，《國文學報》第 51 期（2012 年 6 月）。

五、學位論文

1. 成玲：《春秋公羊傳稱謂例釋》，臺北：國立臺灣師範大學國文研究所碩士論文，1990 年 5 月，周何教授指導。

2. 吳安安：《《儀禮》飲食品物研究》，臺北：國立師範大學國文研究所，博士論文 2006 年 6 月，邱德修教授指導。

3. 吳安安：《五禮名義考辨》，臺北：國立師範大學國文研究所，碩士論文，2000 年 6 月，邱德修教授指導。

4. 宋金華：《《儀禮疏》體例及其特點研究》，南京：南京師範大學中國古典文獻學碩士論文，2011 年 4 月，王鍔教授指導。

5. 狄君宏：《饗禮、食禮、燕禮比較研究》，臺北：國立臺灣大學中國文學研究所碩士論文，2010 年 11 月，葉國良教授指導。

6. 車行健：《禮儀、讖緯與經義——鄭玄經學思想及其解經方法》，臺北：私立輔仁大學中國文學系，博士論文，1996 年，王靜芝教授指導。

7. 周聰俊：《饗禮考辨》，臺北：國立師範大學國文研究所，博士論文，1988年，周何教授指導。

8. 林素娟：《春秋至兩漢婚姻禮俗與制度研究》，新竹：國立清華大學中國文學系博士論文，2003年2月，劉增貴教授、朱曉海教授指導。

9. 邱敏文：《戰國楚地遣策禮器研究》，臺北：國立師範大學國文研究所，博士論文2009年，賴明德教授指導。

10. 邱德修：《商周禮制中鼎之研究》，臺北：國立師範大學國文研究所，博士論文1980年，孔德成教授、周何教授指導。

11. 徐宏鑫：《禮制空間之規範研究——以《儀禮》爲例》，臺南：國立成功大學建築研究所，碩士論文，1990年6月，王明蘅教授指導。

12. 徐福全師：《《儀禮》〈士喪禮〉〈既夕禮〉儀節研究》，臺北：國立臺灣師範大學國文研究所碩士論文，1979年6月，周何教授指導。

13. 康金村：《鄭玄《儀禮注》凡言例句之研究》，新竹：私立玄奘人文社會學院中國語文研究所，碩士論文，2003年，柯金虎教授指導。

14. 張中惠：《《儀禮·大射儀》職官研究》，臺北：國立臺灣師範大學國文研究所碩士論文，1993年5月修訂，周何教授指導。

15. 張明娜：《先秦齋戒禮研究》，臺北：國立臺灣大學中國文學系博士論文，2010年2月，葉國良教授指導。

16. 陳銘煌：《《春秋》三《傳》性質之研究及其義例方法之商榷》，臺北：國立臺灣大學中國文學研究所碩士論文，1991年6月，張以仁教授指導。

17. 陳麒仰：《與巫術相關之周代部份禮俗探賾》，新竹：國立清華大學中國文學系博士論文，2010年1月，朱曉海教授指導。

18. 章景明：《周代祖先祭祀制度》，臺北：國立臺灣大學中國文學研究所，博士論文1973年，屈萬里教授、孔德成教授指導。

19. 彭美玲師：《鄭玄《毛詩箋》以禮說詩研究》，臺北：國立臺灣大學中國文學研究所碩士論文，1992年6月，張以仁教授指導。

20. 程克雅：《乾嘉學者「以例釋禮」解經方法比較研究——江永、凌廷堪與胡培翬爲主軸之析論》，臺北：國立師範大學國文研究所，博士論文，1998年，岑溢成教授指導。

21. 鄭雯馨：《王莽的經學與政治》，臺北：國立臺灣大學中國文學研究所碩士論文2005年，葉國良教授指導。

六、外國著作

1. （日）小南一郎：《中國の禮制と禮學》，京都：朋友書店，2001年出版。

2. （日）小南一郎：《中國古代禮制研究》，京都：京都大學人文科學研究

所，1995 年出版。

3. （日）小島毅：《東アジアの儒教と礼》，東京：山川出版社，2004 年初版。

4. （日）古勝隆一：〈釋奠禮と義疏學〉，收入小南一郎編：《中國の禮制と禮學》京都：朋友書店，2001 年 10 月。

5. （日）西川利文：〈『周禮』鄭注所引の「漢制」の意味〉，小南一郎編：《中國古代禮制研究》，京都：京都大學人文科學研究所，1995 年 3 月。

6. （日）栗原圭介：《《禮記》宗教思想の研究》，東京：明德印刷出版社，1969 年 1 月初版。

7. （日）栗原圭介：《古代中國婚姻制の禮理念と形態》，東京：東方出版社，昭和 57 年（1982）。

8. （日）高橋忠彦：〈『儀禮疏』、『周禮疏』に於ける「省文」について〉，《中哲文學會報》第 8 號（昭和 58 年，西元 1983 年）。

9. （日）喬秀岩：《義疏學衰亡史論》，東京：白峰社株式會社，2001 年 2 月初版。

10. （日）渡辺信一郎著，徐冲譯：《中國古代的王權與天下秩序：從日中比較史的視角出發》，北京：中華書局，2008 年初版。

11. （日）間嶋潤一：《鄭玄と『周禮』──周の太平國家の構想》，東京：明治書院，2010 年 11 月（平成 22 年 11 月）。

12. （日）間嶋潤一著，曹峰譯：〈鄭玄《魯禮禘祫義》的結構和意義〉，方旭東主編：《日本學者論中國哲學史》，上海：華東師範大學出版社，2010 年 12 月初版。

13. （日）齋木哲郎：《禮學關係文獻目錄》，東京：株式會式東方書店，1985 年 10 月初版。

14. （法）皮耶‧布赫迪厄（Bourdieu, Pierre）著，宋偉航譯：《實作理論綱要》，臺北：麥田出版，城邦文化事業股份有限公司，2009 年 3 月二版，譯自 Outline of a theory of practice。

15. （法）杜蒙（Dumont, Louis）著，王志明譯：《階序人 I：卡斯特體系及其衍生現象》，臺北：遠流出版事業股份有限公司，1992 年 4 月初版。

16. （法）里克爾（Ricoeur, Paul）著，林宏濤譯：《詮釋的衝突》，臺北：桂冠圖書股份有限公司，1995 年初版，譯自 Le conflit des interpretations。

17. （法）阿諾爾德‧范熱內普（Gennep, Arnold van）著，張舉文譯：《過渡禮儀》，北京：商務印書館，2010 年 11 月初版，譯自 Les rites de passage。

18. （法）傅柯（Michel Foucault）：〈何爲作者？〉朱耀偉編譯：《當代西方文學批評理論》，臺北：駱駝出版社，1992 年 4 月出版。

19. （法）路先‧列維-布留爾（Lucien Levy-Bruhl）著，丁由譯：《原始思維》，

臺北：臺灣商務印書館，2001 年初版，譯自 The Savage mind。

20. （法）羅蘭巴特（Roland Barthes）：〈從作品到本文〉，朱耀偉編譯：《當代西方文學批評理論》，臺北：駱駝出版社，1992 年 4 月出版，譯自 From work to text。

21. （美）本杰明・史華兹（Schwartz, Benjamin Isad）著，程鋼繹：《古代中國的思想世界》，南京：江蘇人民出版社，2004 年 1 月初版，譯自 The world of thought in ancient China。

22. （美）伊利亞德（Eliade, Mircea）著，楊素娥譯：《聖與俗：宗教的本質》，臺北：桂冠圖書股份有限公司，2001 年 1 月初版，譯自 The sacred and the profane : the nature of religion。

23. （美）牟斯（Marcel Mauss）著，汪珍宜、何翠萍譯：《禮物：舊社會中交換的形式與功能》，臺北：遠流出版事業股份有限公司，2004 年一版，譯自 The gift-forms and functions of exchange in archaic societies。

24. （美）何偉亞（James L. Hevia）著，鄧常春譯：《懷柔遠人：馬嘎爾尼使華的中英禮儀衝突》，北京：社會科學文獻出版社，2002 年 10 月初版，譯自 Cherishing men from afar。

25. （美）帕瑪（Richard E. Palmer）著，嚴平譯：《詮釋學》，臺北：桂冠圖書股份有限公司，2002 年 10 月初版，譯自 Hermenutics。

26. （美）杭廷頓著，王冠華譯：《變化社會中的政治秩序》，北京：生活・新知・讀書三聯書店，1989 年初版，譯自 Political order in changing societies。

27. （美）杰夫瑞 C・亞歷山大（Jeffery C.Alexander）、史蒂芬・謝德門（Steven Seidman）編，吳潛誠總編校：《文化與社會》，臺北：立緒文化事業有限公司，2008 年 7 月初版，譯自 Culture and society : contemporary debates。

28. （美）約翰・歐尼爾（John O'nell）著，張旭春譯，王乾任校閱：《五種身體》，臺北：弘智文化事業有限公司，2001 年 8 月初版，譯自 Five bodies : the human shape of modern society。

29. （美）埃德加・博登海默（Edgar Bodenheimer）著，張智仁譯：《法理學——法律哲學和方法（修訂版）》上海：上海人民出版社，1992 年 2 月初版，譯自 Jurisprudence : the philosophy and method of the law。

30. （美）喬治・H・米德（Mead, George Herbert）著，趙月瑟譯：《心靈、自我與社會》，上海：上海譯文出版社，1997 年 7 月初版，譯自 Mind, self, and society : from the standpoint of a social behaviorist。

31. （美）喬治・彼得・穆道克（George Peter Murdock）著，許木柱等譯：《社會結構》，臺北：洪葉文化事業公司，1996 年 9 月初版，譯自 Social structure。

32. （美）赫施（E.D. Hirsch）著，王才勇譯：《解釋的有效性》，北京：生活・新知・讀書三聯書店，1991 年初版，譯自 Validity in interpretation。

33. （英）弗雷澤（James George Frazer）著，汪培基譯，陳敏慧校閱：《金枝》，臺北：久大文化股份有限公司、桂冠圖書股份有限公司，1991 年 2 月初版，譯自 The golden bough : A study in magic and religion。

34. （英）維克多・特納（Turner, Victor）著，王燕、歐陽敏、徐洪峰譯：《象徵之林——恩登布人儀式散論》，北京：商務印書館，2006 年 11 月初版，譯自 The forest of symbols : aspects of Ndembu ritual。

35. （英）維克多・特納（Turner, Victor）著，黃劍波、柳博贇譯：《儀式過程——結構與反結構》，北京：中國人民大學出版社，2007 年 4 月初版，譯自 The ritual process : structure and anti-structure。

36. （英）霍華德（Michael C. Howard）著，李茂興、藍美華譯：《文化人類學》，臺北：揚智文化事業有限公司，1997 年 9 月初版，譯自 Contemporary cultural anthropology。

37. （維也納）舒茲（A. Schutz）著，盧嵐蘭譯：《社會世界的現象學》，臺北：久大文化股份有限公司、桂冠圖書股份有限公司，1991 年，譯自 The phenomenology of social world。

38. （德）亞圖・考夫曼（Kaufmann, Arthur）著，吳從周譯，顏厥安校：《類推與事物本質——兼論類型理論》，臺北：學林文化事業有限公司，2003 年 5 月一版，譯自 Analogie und "Natur der Sache"。

39. （德）恩斯特・卡西勒（Ernst Cassirer）著，劉述先譯：《論人：人類文化哲學導論》，桂林：廣西師範大學出版社，2006 年初版，譯自 An essay on man : an introduction to a philosophy of human culture。

40. （德）恩斯特・卡西勒（Ernst Cassirer）著，關子尹譯：《人文科學的邏輯》，臺北：聯經出版事業股份有限公司，2003 年 9 月初版，譯自 Zur logik der kulturwissenschaften: Funf Studien。

41. （德）蓋奧爾格・西美爾（Georg Simmel）著，林榮遠譯：《社會學——關於社會化形式的研究》，北京：華夏出版社，2004 年 1 月初版，譯自 Soziologie。

42. （德）諾貝特・埃利亞斯（Norbert Elias）著，王佩莉譯：《文明的進程（一）：文明的社會起源和心理起源的研究》，北京：生活・新知・讀書三聯書店，1998 年初版，譯自 Über den Prozess der Zivilisation。

七、電子資料庫

1. 中央研究院漢籍電子文獻
2. 中國知識資源總庫

3. 中國基本古籍庫
4. 臺灣期刊論文索引系統

附　表

附表 1：《儀禮》經文所見的「凡」

篇　名	章名與經文	卷	頁
士冠禮	「孤子冠法」章，「凡拜，北面于阼階上，賓亦北面于西階上答拜。」	3	30
士相見禮	「燕見於君之禮」章，「凡燕見于君，必辯君之南面。若不得，則正方不疑君。」	7	73
士相見禮	「進言之法」章，「凡言，非對也，妥而後傳言，與君言，言使臣。與大人言，言事君。與老者言，言使弟子。與幼者言，言孝弟於父兄。與眾言，言忠信慈祥。與居官者言，言忠信。」	7	74
士相見禮	「進言之法」章，「凡與大人言，始視面，中視抱，卒視面，毋改，眾皆若是。若父則遊目，毋上於面，毋下於帶。若不言，立則視足，坐則視膝。」	7	74
士相見禮	「侍坐於君子」章，「凡侍坐於君子，君子欠伸，問日之早晏，以食具告，改居，則請退可也。」	7	74～75
士相見禮	「相見時稱謂、執幣之禮」章，「凡執幣者不趨，容彌蹙以爲儀，執玉者則唯舒武，舉前曳踵。」	7	76
士相見禮	「相見時稱謂、執幣之禮」章，「凡自稱於君，士大夫則曰下臣。宅者在邦，則曰市井之臣；在野，則曰草茅之臣。庶人，則曰刺草之臣。他國之人，則曰外臣。」	7	76
大射	「前射三日，戒宰視滌量道張侯」章，「凡乏用革。」	16	188
聘禮	「歸饔餼於賓介，君命下大夫贈介」章，「凡其實與陳，如上賓。」	22	263
公食大夫禮	「陳具」章，「凡宰夫之具，饌于東房。」	25	300
士喪禮	「朝夕哭」章，「凡異爵者，拜諸其位。」	37	438
既夕禮	「賓賵奠、賻、贈之禮」章，「凡將禮，必請而后拜送。」	39	462

附表2：《儀禮》士、大夫廟祭飲酒奠爵的情形

篇　名	章名與經文	備　注	卷	頁
特牲饋食禮	「賓三獻」章，「賓三獻如初，燔從，如初。爵止。」	鄭注：「初，亞獻也。尸止爵者，三獻禮成，欲神惠之均於室中，是以奠而待之。」	45	533
特牲饋食禮	「主人酬賓」章，「主人奠觶于薦北。賓坐取觶，還，東面拜。主人答拜。賓奠觶于薦南，揖，復位。」	鄭注：「奠酬於薦左，非為其不舉，行神惠，不可同於飲酒。」 按：賓席於堂下西階前東面。薦北，薦左。薦南，薦右。行旅酬時，賓舉此觶酬長兄弟。	45	536
特牲饋食禮	「旅酬」章，「賓坐取觶，阼階前北面酬長兄弟。」		46	543～544
特牲饋食禮	「無算爵」章，賓弟子及兄弟弟子「舉觶者洗，各酌于其尊，復初位。長皆拜。舉觶者皆奠觶于薦右。長皆執以興，舉觶者皆復位，答拜。長皆奠觶于其所，皆揖其弟子。」	鄭注：「奠觶，進奠之于薦右，非神惠也。……弟子舉觶於其長，所以序長幼，教孝弟。」	46	544
有司徹	「儐尸之禮，主人受尸酢」章，「主人坐奠爵于左，……北面于阼階上，坐，卒爵，執爵以興，坐奠爵，拜，執爵以興。……主人坐奠爵于東序南。」	鄭注：「奠爵於左者，神惠變於常也。」	49	587
有司徹	「儐尸之禮，上賓三獻」章，「尸奠爵于薦左。」	鄭注：「奠爵，爵止也。」 按：「三獻禮成」章，舉此爵。故奠薦左，屬神惠。	49	589
有司徹	「儐尸之禮，主人酬尸」章，「主人實觶，尸拜受爵，主人反位答拜，尸北面坐奠爵于薦左。」	按：此爵不舉，卻奠於左。	49	589～590
有司徹	「儐尸之禮，主人酬長賓」章，「賓拜受爵。主人拜送爵。賓西面坐，奠爵于薦左。」	賈疏：「其賓奠左者，後舉之以為無算爵也。」 按：將舉為左，亦神惠。	50	597

有司徹	「儐尸之禮，上賓三獻禮成」章，「尸作三獻之爵。」	鄭注：「上賓所獻爵。」	50	598
有司徹	「儐尸之禮，二人舉觶旅酬」章，「尸侑皆拜受爵，舉觶者皆拜送，侑奠觶于右。」	鄭玄說：「奠于右者，不舉也。神惠，右不舉，變於飲酒。」 按：堂上，奠於右，不舉。	50	599
有司徹	「不儐尸之禮，賓長三獻」章，「尸拜受。賓戶西，北面答拜。爵止。」	鄭注：「尸止爵者，以三獻禮成，欲神惠之均於室中，是以奠而待之。」	50	603
有司徹	「不儐尸之禮，賓長三獻」章，「尸作止爵，祭酒，卒爵，賓拜。」		50	603

附表 3：《儀禮》所見設几的情形

篇　名	章名與經文	備　註	卷	頁
士昏禮	「納采」章，「主人筵于戶西，西上，右几。」		4	39
士昏禮	「醴使者」章，「主人徹几改筵，東上。」	鄭注：「徹几改筵者，鄉爲神，今爲人。」	4	41
士昏禮	「醴使者」章，「主人拂几，授校，拜送。賓以几辟，北面設于坐，左之。」		4	41
士昏禮	「親迎」章，「主人筵于戶西，西上，右几。」	鄭注：「主人，女父也。筵，爲神布席。」	4	45
士昏禮	「舅姑沒，婦廟見」章，「席于廟奧，東面，右几。席于北方，南面。」	按：以夫婦體敵而言，南面之姑席亦當設几。	6	59
聘禮	「將行告禰」章，「有司筵几于室中。」		19	228
聘禮	「聘享」章，「几筵既設，擯者出請命。」	鄭注：「有几筵者，以其廟受，宜依神也。」	20	243
聘禮	「主君禮賓」章，「宰夫徹几改筵。」	鄭注：「將禮賓，徹神几、改神席，更布也。」	21	250
聘禮	「主君禮賓」章，「公東南鄉，外拂几三，卒，振袂，中攝之，進，西鄉。擯者告。賓進，訝受几于筵前，東面俟。公壹拜送。賓以几辟，北面設几。」	鄭注：「凡賓，左几。」	21	250

聘禮	「使還奠告」章，「乃至于禰，筵几于室，薦脯醢。」		23	275
聘禮	「遭所聘國君喪」章，「不筵、几。」	鄭注：「致命不於廟，就尸柩於殯宮，又不神之。」	23	276
聘禮	「小聘」章，「主人不筵几。」		24	282
聘禮	「記」章，「唯大聘有几筵。」	鄭注：「謂受聘享時也。小聘輕，雖受於廟，不爲神位。」	24	291
公食大夫禮	「陳具」章，「宰夫設筵，加席、几。」	鄭注：「設筵於戶西，南面，而左几。公不賓至授几者，親設涪醬，可以略此。」	25	300
公食大夫禮	「記」章，「不授几。」		26	314
覲禮	「王使人郊勞，侯氏禮使者」章，「侯氏先升，授几。侯氏拜送几，使者設几，答拜。」	鄭注：「几者，安賓，所以崇優厚也。」	26下	319
覲禮	「侯氏執瑞，行覲禮」章，「天子設斧依於戶牖之閒，左右几。」	鄭注：「几，玉几也。左右者，優至尊也。」	26下	321
士虞禮	「主人及賓自門外入，即位」章，「（祝）布席于室中，東面，右几。」		42	494
士虞禮	「改設陽厭」章，「祝反，入徹，設于西北隅，如其設也。几在南，扆用席。」	按：几在南，仍是右几。	42	499
士虞禮	「記：卒哭祭畢餞尸」章，「席設于尊西北，東面，几在南。」	按：尊在廟門外之右。設席於尊西北，東面，「几在南」則右几。	43	510
士虞禮	「記：卒哭祭畢，無尸可踐者送神之禮」章，「無尸則不餞，猶出几、席，設如初。」	按：同餞尸之禮，右几。	43	511
特牲饋食禮	「祭日陳設及位次」章，「祝筵几于室中，東面。」	鄭注：「爲神敷席也。至此使祝接神。」	44	524
特牲饋食禮	「改饌陽厭」章，「佐食徹尸薦、俎、敦，設于西北隅。几在南，扆用筵。」	按：「几在南」，右几。	46	547
少牢饋食禮	「將祭，即位，設几加勺載俎」章，「祝設几于筵上，右之。」		47	561

有司徹	「儐尸之禮，主人獻尸」章，「主人西面，左手執几，縮之，以右袂推拂几三，二手橫執几，進，授尸于筵前。尸進，二手受于手閒。主人退。尸還几，縮之，右手執外廉，北面奠于筵上，左之，南縮。」	鄭注：「左之者，異於鬼神。生人陽，長左。鬼神陰，長右。不坐奠之者，几輕。」	49	582
有司徹	「不儐尸者爲陽厭」章，「右几，扆用席。」		50	605

附表4：《儀禮》所見陳鼎情形

篇　名	章名與經文	備　注	卷	頁
士冠禮	「孤子冠法」章，「若殺，則舉鼎陳于門外，直東塾北面。」	鄭注：「孤子得申禮，盛之。父在，有鼎不陳於門外。」 按：孤子冠禮設鼎，廟門外，東方，北面。	3	30
士昏禮	「將親迎，預陳饌」章，「期，初昏，陳三鼎于寢門外，東方，北面，北上。」	按：士昏禮，鼎在寢外，東方，北面。	4	42
士昏禮	「婦至成禮」章，舉者「舉鼎入，陳于阼階南，西面，北上。」	按：士昏禮，鼎在寢內，阼階下，西面，北上。	5	51
聘禮	「致館設飧」章，「飪一牢在西，鼎九，羞鼎三。」「腥一牢，在東，鼎七。」	鄭注：「中庭之饌也。飪，孰也。孰在西，腥在東，象春秋也。」	20	239
聘禮	「歸饔餼」章，賓之禮「飪一牢，鼎九，設于西階前，陪鼎當內廉，東面，北上。」「腥二牢，鼎二七，無鮮魚、鮮腊，設于阼階前，西面，南陳。」「餼二牢，陳于門西，北面，東上。」		21～22	255～261
聘禮	「歸饔餼」章，上介之禮「飪一牢，在西，鼎七，羞鼎三。」「腥一牢，在東，鼎七。」「餼一牢，門外。」		22	263
公食大夫禮	「陳具」章，「甸人陳鼎七，當門，南面西上。」	鄭注：「南面西上，以其爲賓，統於外也。」	25	299

公食大夫禮	「載鼎實於俎」章,「陳鼎于碑,南面,西上。」	鄭注:「入由東,出由西,明為賓也。」	25	301
士喪禮	小斂奠,陳鼎實,「陳一鼎于寢門外,當東塾,少南,西面。」	按:士喪祭,寢門外,東方,西面。	36	425
士喪禮	「陳大斂衣、奠及殯具」章,「陳三鼎于門外,北上。……其他如初。」	按:士喪祭,寢門外,東方,西面。	37	434
士喪禮	「朔月奠」章,「陳三鼎如初。」	按:士喪祭,寢門外,東方,西面。	37	439
既夕禮	「豫於祖廟陳饌」章,「陳鼎皆如殯,東方之饌亦如之。」	鄭注:「皆,皆三鼎也。」賈疏:「殯後,大斂之陳三鼎有豚、魚、腊在廟門外,西面北上,此陳鼎亦如之。」按:士喪祭,寢門外,東方,西面。	38	448
既夕禮	「葬日,陳大遣奠」章,「陳鼎五于門外,如初。」	鄭注:「如初,如大斂奠時。」按:士喪祭,寢門外,東方,西面。	39	463
士虞禮	「陳虞祭牲羞酒醴器」章,「陳三鼎于門外之右,北面,北上。」	鄭注:「門外之右,<u>門西也</u>。」按:士喪祭,寢門外,西方,北面,北上。	42	494
士虞禮	「設饌饗神,是為陰厭」章,「鼎入,設于西階前東面,北上。」	按:士虞祭,鼎在<u>西階前</u>,東面,北上。	42	495
特牲饋食禮	「視濯視牲」章,「陳鼎于門外,北面北上。」	鄭注:「門外,北面,當門也。」按:士祭鼎在廟外,北面北上。依照設鼎於門外、內「鄉內相隨」的方便性,此亦當陳於東方。	44	522
特牲饋食禮	「陰厭」章,「主人在右及佐食舉牲鼎,……當阼階南面,鼎西面錯。」	按:士祭鼎在廟內,阼階下西面。	45	529
少牢饋食禮	「羹定實鼎饌器」章,「陳鼎于廟門之外,東方,北面北上。」	鄭注:「北面北上,鄉內相隨。」按:上大夫祭鼎,在廟外,東方,北面,北上。	47	561

少牢饋食禮	「將祭，即位設几，加勺載俎」章，「陳鼎于東方，當序，南于洗西，皆西面北上。」	按：上大夫祭鼎，在廟內，阼階下，西面北上。	47	562

附表5：《儀禮》設洗的情形

篇　名	章名與經文	備　注	卷	頁
士冠禮	「冠日陳設」章，「夙興，設洗直于東榮，南北以堂深，水在洗東。」	鄭注：「洗，承盥洗者，棄水器也。」	1	8
士冠禮	「夏殷冠子之法」章，「若不醴則醮用酒，……洗有篚，在西，南順。」	鄭注：「洗，庭洗，當東榮，南北以堂深。」	3	28
士昏禮	「將親迎，預陳饌」章，「設洗于阼階東南。」	鄭注：「洗，所以承盥洗之器棄水者。」	4	43
士昏禮	「舅姑饗婦」章，「舅洗于南洗，姑洗于北洗。」	鄭注：「南洗在庭，北洗在北堂，設兩洗者，獻酬酢以絜清爲敬。」	5	55
士昏禮	「記：醴婦、饗婦饌具儀節」章，「婦洗在北堂。」	鄭注：「洗在北堂，所謂北洗。北堂，房中半以北。洗，南北直室東隅，東西直房戶與隅閒。」	6	62
鄉飲酒禮	「陳設」章，「設洗于阼階東南，南北以堂深，東西當東榮。水在洗東，篚在洗西，南肆。」	鄭注：「榮，屋翼。」	8	82
鄉射禮	「陳設」章，「設洗于阼階東南，南北以堂深，東西當東榮。水在洗東，篚在洗西，南肆。」		11	110
燕禮	「告誡設具」章，「設洗篚于阼階東南，當東霤。罍水在東。篚在洗西南肆，設膳篚在其北，西面。」	鄭注：「當東霤者，人君爲殿屋也，亦南北以堂深。」	14	158～159
大射	「射日陳燕具席位」章，「設洗于阼階東南，罍水在東，篚在洗西，南陳。設膳篚在其北，西面。又設洗于獲者之尊西北。水在洗北，篚在南，東陳。」		16	191

公食大夫禮	「陳具」章，「設洗如饗。」		25	300
士喪禮	「設東方之盥」章，「設盆盥于饌東，有巾。」	鄭注：「爲奠設盥也。喪事略，故無洗也。」	36	424
士虞禮	「陳虞祭牲羞酒醴器具」章，「設洗于西階西南，水在洗西，篚在東。」	鄭注：「反吉也，亦當西榮，南北以堂深。」	42	493
士虞禮	「記：卒哭祭畢餞尸」章，「洗在尊東南，水在洗東，篚在西。」	鄭注：「在門之左，又少南。」按：此非庭洗。設於廟門外	43	510
特牲饋食禮	「視濯視牲」章，「設洗于阼階東南。」		44	522
特牲饋食禮	「記：器具品物陳設之法」章，「設洗，南北以堂深，東西當東榮。水在洗東，篚在洗西。」	鄭注：「祖天地之左海。」	46	547
少牢饋食禮	「祭日視殺視濯」章，「設洗于阼階東南，當東榮。」		47	560

附表 6：《儀禮》所見主人迎接外來者之禮

說明：配合「凡迎賓，主人敵者于大門外」、「凡君與臣，行禮皆不迎」條。

篇　　名	章名與經文	備　　注	卷	頁
士冠禮	「迎賓及贊冠者入」章，賓及贊冠者「立于外門之外」、「主人迎，出門左，再拜。」	鄭注：「賓，主人之僚友。」（卷 1，頁 6）按：賓、主皆士。	1	18
士昏禮	「納采」章，主人「迎于門外，再拜。」	鄭注：「使者，夫家之屬若群吏使往來者。」「門外，大門外。」	4	39 ～ 40
士昏禮	「親迎」章，「主人玄端迎于門外，再拜。」	按：賓、主皆士。	5	50
士昏禮	「記：不親迎者見婦父母之禮」章，「主人出門左，西面。壻入門，東面奠摯，再拜出。」	鄭注：「出門，出內門。入門，入大門。出內門，不出大門者，異於賓客也。壻見於寢。」	6	65
士相見禮	「士相見之禮」章，主人「出迎于門外，再拜。」		7	71

士相見禮	「士見於大夫」章，「於其入也，一拜其辱也。賓退，送再拜。」	鄭注：「大夫於士，不出迎，入一拜，正禮也。」	7	72
鄉飲酒禮	「速賓、迎賓、拜至」章，「主人一相，迎于門外，再拜賓。賓答拜。拜介。介答拜。揖眾賓。主人揖，先入。」	鄭注：「相，主人之吏，擯贊傳命者。」賈疏：「謂主人於群吏中立一相，使傳賓主之命，主人乃自出迎賓於大門外，必非一相迎賓，案〈鄉飲酒義〉云：『主人拜，迎賓于庠門之外』，明主人自迎。」	8	82
鄉飲酒禮	「尊者入之禮」章，「主人迎，揖讓，升。」	鄭注：「主人迎之於門內也。」	10	102
鄉射禮	「迎賓拜至」章，「主人一相，出迎于門外，再拜。賓答再拜。揖眾賓。主人以賓揖，先入。」	鄭注：「相，主人家臣，擯贊傳命者。」	11	111
鄉射禮	「遵者入獻酢之禮」章，「大夫若有遵者，則入門左。主人降。賓及眾賓皆降，復初位。」	鄭注：「迎大夫於門內也。不出門，別於賓。」	11	113
鄉射禮	「息司正」章，「使人速，迎于門外，不拜。」		13	145
燕禮	「記：國君宴請異國使臣之禮」章，「若與四方之賓燕，則公迎之于大門內。」	鄭注：「四方之賓，謂來聘者也。」	15	179
聘禮	「郊勞」章，「賓禮辭，迎于舍門之外，再拜。」	按：郊勞者為卿。	19	233
聘禮	「郊勞」章，「夫人使下大夫勞，……賓之受，如初禮。」		20	238
聘禮	「聘享」章，「公皮弁，迎賓于大門內。」	鄭注：「公不出大門，降于待其君也。」	20	241
聘禮	「歸饔餼」章，「賓皮弁，迎大夫于外門外，再拜。」		22	262
聘禮	「賓問卿」章，「大夫朝服，迎于外門外，再拜。」		22	264
聘禮	「介問下大夫」章，「下大夫如卿受幣之禮。」		22	265
聘禮	「夫人歸禮賓介」章，「賓如受饔之禮。」		22	266

聘禮	「大夫餼賓介」章,「賓迎,再拜。」		22	266
聘禮	「還玉報享」章,「賓皮弁襲,迎于外門外,不拜。」		23	271
聘禮	「賓行,主國贈送」章,「受于舍門外,如受勞禮。」		23	272
公食大夫禮	「賓入,拜至」章,「公如賓服,迎賓于大門內。」		25	300
公食大夫禮	「大夫相食之禮」章,「迎賓于門外。」		26	313
覲禮	「王使人郊勞」章,「侯氏亦皮弁,迎于帷門之外。」		26下	313
覲禮	「王賜侯氏車服」章,侯氏「迎于外門外,再拜。」		27	326

附表7:《儀禮》所見主人拜送賓者

說明:(1) 配合「凡送賓,主人敵體于大門外」、「凡君與臣行禮皆不送,唯使臣送于大門內」條。

(2) 此表不錄賓主行禮於建築物之外的情形,如〈既夕〉在道,君使宰贈之儀章,以及窆柩、藏器葬事畢章。[註1]

篇　名	經　文	備　註	卷	頁
士冠禮	「送賓歸俎」章,「賓出。主人送于外門外,再拜,歸賓俎。」		1	22
士昏禮	「醴使者」章,賓出,「主人送于門外,再拜。」	納吉、納徵、請期,皆同。	4	42
士相見禮	「士相見,賓見主人」章,賓退「主人送于門外,再拜。」		7	71
士相見禮	「士相見,還摯」章,賓出「主人送于門外,再拜。」		7	72
士相見禮	「士見於大夫」章,「賓退。送,再拜。」	鄭注:「大夫於士,不出迎,入一拜,正禮也。『送,再拜』,尊賓。」	7	72

〔註1〕 《儀禮‧既夕禮》,卷39,頁466;卷40,頁471。

士相見禮	「大夫相見，上下大夫相見」章，「如士相見之儀。」	鄭注：「大夫雖摯異，其儀猶如士。」	7	73
鄉飲酒禮	「戒賓」章，「主人退。賓拜辱。」	鄭注：「退猶去也。去又拜辱者，以送謝之。」按：此於賓大門外行禮。	8	81
鄉飲酒禮	「賓出」章，「賓出，奏〈陔〉。主人送于門外，再拜。」	鄭注：「門東，西面拜也。」	10	101
鄉射禮	「戒賓」章，「主人退。賓送，再拜。」	按：此於賓大門外行禮。	11	109
鄉射禮	「賓出，送賓」章，「主人送于門外，再拜。」	鄭注：「拜送賓于門東，西面。」	13	145
鄉射禮	「記：送賓細節」章，「大夫後出，主人送于門外，再拜。」	鄭注：「主人送賓，還入門，揖，大夫乃出，送拜之。」	13	151
聘禮	「郊勞」章，「勞者揖皮出，乃退。賓送，再拜。」	按：勞者爲卿，且賓迎之於帷門外，則「賓送，再拜」當行於帷門外。	19	234
聘禮	「聘享」章，「賓出，公再拜送，賓不顧。」	按：公送賓時，「及大門內」，問候君、大夫畢，賓方出，則公亦當止於大門內行拜送禮。	21	254
聘禮	「歸饔餼于賓介」章，「賓送于外門外，再拜。」		22	263
聘禮	「賓問卿、面卿」章，「賓出。大夫送于外門外，再拜。賓不顧。」		22	265
聘禮	「介問下大夫」章，「下大夫如卿受幣之禮。」		22	265
公食大夫禮	「禮終賓退」章，「賓出，公逆于大門內，再拜。賓不顧。」		25	307
覲禮	「王使人郊勞」章，「侯氏送于門外，再拜。侯氏遂從之。」	按：由於〈聘禮〉主人隨下大夫勞者至于朝，故鄭玄以爲不拜。然〈鄉飲酒禮〉、〈鄉射禮〉賓從入，〈覲禮〉侯從入，皆再拜。	26下	319
覲禮	「王賜侯車服」章，「使者出。侯氏送，再拜。」	按：侯氏迎使者於「外門外」（卷27，頁326），則拜送禮亦當行於外門外。	27	327

附表 8：《儀禮》所見主人「不拜」或「不送」賓者

篇　名	經　文	備　註	卷	頁
士昏禮	「親迎」章，壻出「婦從，降自西階。主人不降送。」		5	50
士相見禮	「大夫舊臣見大夫」章，「賓出。使擯者還其摯于門外。」	按：言「使擯者」，則大夫似未送賓。	7	72
燕禮	「燕畢，賓出」章，「賓所執脯以賜鍾人于門內霤，遂出。卿大夫皆出。公不送。」	鄭注：「賓禮訖，是臣也。」	15	178
大射	「賓出公入」章，「賓所執脯以賜鍾人于門內霤，遂出。卿大夫皆出。公不送。」	鄭注：「臣也。與之安燕交歡，嫌亢禮也。」	18	221
聘禮	「夫人使下大夫勞」章，「下大夫勞者遂以賓入。」	鄭注：「因東面釋辭，請道之以入。然則，賓送不拜。」按：賓隨下大夫至于朝，故不行拜送禮。	20	238
聘禮	「還玉報享」章，「大夫出，賓送，不拜。」	按：賓迎於外門外，「不拜」，鄭注：「迎之不拜，示將去，不純爲主也。」（卷23，頁271）迎既不拜，送亦不拜。	23	272
覲禮	「覲禮結束，侯氏請罪，天子辭，乃勞之」章，侯氏「升，成拜，降，出。」		27	326

附表 9：《儀禮》所見士喪禮主人「出」送賓的情形

說明：據此表可知小斂之前，「主人唯君命出。」小斂之後，虞禮之前，主人
　　　迎賓於東階下，送於廟門外；主人迎君使於廟門外，送於大門外；主人
　　　迎君於大門外，送於大門外。

篇　名	章名與經文	備　註	卷	頁
士喪禮	「君使人弔」章，「主人迎于寢門外。……賓出，主人拜送于外門外。」	鄭注：「使人，士也。使人必以其爵。使者至，使人入將命，乃出迎。」按：小斂前，主人之位在室內尸東。	35	410～411
士喪禮	「君使人襚」章，「主人如初。……（按：襚者）出，主人拜送如初。」	按：主人亦迎於寢門外，送至外門外。	35	411

士喪禮	「君使人襚」章，「唯君命出，升降自西階，遂拜賓。有大夫則特拜之，即位于西階下，東面，不踊。大夫雖不辭，入也。」	鄭注：「唯君命出，以明大夫以下，時來弔襚，不出也。始喪之日，哀戚甚，在室，故不出拜賓也。」賈疏：「小斂後，始就東階下西南面，主人位也。」	35	411
士喪禮	「小斂奠」章，「賓出，主人拜送于門外。」	鄭注：「廟門外也。」	36	427
士喪禮	「小斂後致襚之儀」章，「有襚者，則將命。擯者出請，入告。主人待于位。……擯者出，告須，以賓入。……賓出，主人拜送。朋友致襚如儀。」	鄭注：「喪禮略於威儀，既小斂，擯者乃用辭，出請之。辭曰：孤某使某請事。」鄭注：「須，亦待也。出告之辭曰：孤某須矣。」	36	427～428
士喪禮	「大斂」章，「有大夫則告。」	鄭注：「後來者則告以方斂，非斂時，則當降拜之。」	37	434～435
士喪禮	「大斂畢，送兄弟及出就次之儀」章，「賓出，……主人拜送于門外。……兄弟出，主人拜送于門外。」	按：此應在廟門外。	37	436
士喪禮	「君臨視大斂之儀」章，「主人出，迎于外門外。……君出門，廟中哭，主人不哭，辟。……貳車畢乘，主人哭，拜送。」	按：主人迎君於外門外，當送君於外門外。	37	436～437
士喪禮	「君臨視大斂之儀」章，「賓出，主人拜送。」	鄭注：「自賓出以下，如君不在之儀。」按：廟門外。	37	438
士喪禮	「朝夕哭奠」章，「賓出，……主人拜送。」	按：當爲廟門。	37	439
士喪禮	「卜葬日」章，「賓出，拜送。」	按：當爲廟門。	37	442
既夕禮	「薦車馬，設遷祖之奠」章，「賓出，主人送于門外。」	鄭注：「每事畢，輒出。」按：當爲廟門。	38	452
既夕禮	「還柩車，設祖奠」章，「賓出，主人送。」	鄭注：「主人也，自死至於殯，自啓至於葬，主人及兄弟恒在內位。」按：內位指阼階下位。送賓，當至廟門。	38	455
既夕禮	「國君賵禮」章，「主人釋杖，迎于廟門外。……主人送于外門外。」		39	461

既夕禮	「賓賵奠、賻贈之禮」章，賓賵，「擯者出請，入告，出告：『須』。……擯者先入，賓從，……主人拜于位。」	鄭注：「不迎，告曰：『孤某須』。」「柩車東位也。」	39	462
既夕禮	「賓賵奠、賻贈之禮」章，賓奠，擯者「入告，出，以賓入，將命如初。」		39	462
既夕禮	「賓賵奠、賻贈之禮」章，「若賻。（按：擯者）入告。主人出門左，西面。賓東面，將命。……賓告事畢，拜送。」	鄭注：「主人出者，賻，主施於主人。」	39	462
既夕禮	「賓賵奠、賻贈之禮」章，「贈者將命。擯者出請、納賓如初。」	按：未載拜送之事，應與賻同。	39	462
既夕禮	「葬日，陳大遣奠」章，「賓入者拜之。」	鄭注：「明自啓至此，主人無出禮。」按：據鄭注，從啓殯至大遣奠，主人以在殯宮內爲常。	39	464
既夕禮	「窆柩、藏器葬事畢」章，「賓出，則拜送。」		40	471
既夕禮	「反哭於廟、於殯宮，出就次」章，「賓降出，主人送于門外，拜稽顙。」		40	472
既夕禮	「反哭於廟、於殯宮，出就次」章，「兄弟出，主人拜送。」		40	472
既夕禮	「記：經於君命弔襚，直言主人，不言眾主人故記之」章，「尸在室，有君命，眾主人不出。」	鄭注：「不二主。」	40	475
士虞禮	「主人及賓自門入即位」章，「主人及兄弟如葬服。賓執事者如弔服，皆即立于門外，如朝夕臨位。」	鄭注：「賓執事者，賓客來執事也。」	42	494
士虞禮	「禮畢送賓」章，「主人降，賓出。主人出門。……宗人告事畢。賓出，主人送，拜稽顙。」	鄭注：「宗人詔主人降，賓則出廟門。」「送拜者，明于大門外也。」按：根據經文「拜送」、「送拜」的不同，鄭玄認爲虞禮畢，主人送賓於大門外。此仍可進一步商榷。	42	500

士虞禮	「記：卒哭祭畢餞尸」章，「賓出，主人送，拜稽顙。」	鄭注：「送賓拜於大門外。」賈疏：「送賓於大門外，自是常禮。」	43	510

附表 10：《儀禮》所見祭禮迎送尸

說明：配合「廟門外，無事尸之禮。」

篇　名	章名與經文	備　注	卷	頁
士虞禮	「主人及賓自門外入即位」章，「賓執事者如弔服，皆即位于門外，如朝夕臨哭位。」	鄭注：「賓執事者，賓客來執事也。」	42	494
士虞禮	「延尸妥尸」章，「祝迎尸。」		42	496
士虞禮	「祝告利成，尸出」章，「祝前，尸出戶，踊如初，……出門亦如之。」		42	499
士虞禮	「禮畢送賓」章，「主人降，賓出。主人出門……賓出，主人送，拜稽顙。」	鄭注：「宗人詔主人降，賓則出廟門。」「送拜者，明于大門外也。」	42	500
特牲饋食禮	「宿尸」章，尸「出門左，西面。……尸入，主人退。」	鄭注：「相揖而去，尸不送，尸尊。」按：尸出迎，而不拜送主人。	44	521
特牲饋食禮	「宿賓」章，賓「出門左，西面，再拜。……主人退，賓拜送。」	鄭注：「賓在有司中。」按：此禮行於賓大門外。	44	521～522
特牲饋食禮	「視濯視牲」章，「賓及眾賓即位于門西，東面北上。……賓出，主人拜送。」	按：未載主人是否迎賓。	44	522～523
特牲饋食禮	「祭日陳設及位次」章，「主人及賓、兄弟、群執事即位于門外，如初。」	按：未載主人是否迎賓。	44	524
特牲饋食禮	「尸入九飯」章，「祝迎尸于門外。主人降，立于阼階東。」	鄭注：「尸自外來，代主人接之，<u>就其次而請</u>，不拜，不敢與尊者為禮。」「主人不迎尸，成尸尊。……<u>事神之禮，廟中而已，出迎則為厭</u>。」	45	530

特牲饋食禮	「尸出，歸尸俎，徹庶羞」章，「祝東面告利成。尸謖，祝前，主人降。」	鄭注：「〈少牢饋食禮〉曰：『祝入，尸謖。主人降，立于阼階東，西面。祝先，尸從，遂出于廟門。』前尸之儀，〈士虞禮〉備矣。」按：可知主人亦不拜送。	46	545
特牲饋食禮	「禮畢送賓」章，「賓出，主人送于門外，再拜。」	鄭注：「拜送賓也，凡去者不答拜。」	44	547
少牢饋食禮	「宿尸」章，「主人退，尸送，揖，不拜。」	鄭注：「尸不拜者，尸尊。」賈疏：「以大夫尸尊故也。」按：士禮〈特牲〉之尸亦不拜，則不拜非因「大夫」之尸，而因其爲「尸」。	47	559
少牢饋食禮	「將祭，即位設几加勺載俎」章，「宗人遣賓就主人，皆盥于洗。」	鄭注：「長賓先，次賓後也。」按：經文未言主人是否迎賓。	47	562
少牢饋食禮	「迎尸入妥尸」章，「祝出，迎尸于廟門之外。」	鄭注：「主人不出迎尸，伸尊也。」	48	569
少牢饋食禮	「祭畢，尸出廟」章，「祝先，尸從，遂出于廟門。」	鄭注：「事尸之禮，訖於廟門。」	48	574
有司徹	「儐尸之禮，迎尸及侑」章，「尸與侑北面于廟門之外，西上。主人出迎尸，宗人擯。」	鄭注：「賓客尸而迎之，主人益尊。擯，贊。」	49	581
有司徹	「儐尸禮畢」章，「尸出，侑從。主人送于廟門之外，拜。尸不顧。」	鄭注：「拜，送之。」	50	600
有司徹	「儐尸禮畢」章，主人「拜侑與長賓亦如之，眾賓從。」	鄭注：「從者不拜送也。」按：當爲廟門外。	50	600
有司徹	「不儐尸者，禮終尸出」章，「祝前，尸從，遂出于廟門。」		50	605
有司徹	「不儐尸者爲陽厭」章，「眾賓出，主人拜送于廟門外，乃反。」	鄭注：「拜送賓者，亦拜送其長。不言長賓者，下大夫無尊賓也。」	50	605

附表 11：《儀禮》所見「獻」與「薦」、「祭酒」的情形

說明：配合「一獻之禮，有薦、有俎」、「凡獻皆薦」、「獻酒重，無不祭也」
　　　等條。

篇　名	章名與經文	備　註	卷	頁
士冠禮	「賓醴冠者」章，「冠者筵西拜受觶，賓東面答拜。<u>薦脯醢</u>。冠者即筵坐，左執觶，右祭脯醢，<u>以柶祭醴三</u>。」	鄭注：「贊冠者也。」按：薦脯醢者，爲贊冠者。	2	21
士冠禮	「醴賓」章，「乃醴賓以壹獻之禮。……<u>歸賓俎</u>。」	鄭注：「一獻之禮，有薦有俎。」	2	22～23
士冠禮	「夏殷冠子之法」章，「始加，醮用脯醢。……冠者升筵坐，左執爵，右祭脯醢，<u>祭酒</u>。」		3	28～29
士昏禮	「醴使者」章，「賓拜受醴，復位。主人阼階上拜送。贊者<u>薦脯醢</u>。賓即筵坐，左執觶，祭脯醢，<u>以柶祭醴三</u>。」	鄭注：「主人西北面疑立，待賓即筵也。賓復位於西階上，北面，明相尊敬。」	4	41
士昏禮	「贊者醴婦」章，「婦東面拜受。贊西階上北面拜送。婦又拜。<u>薦脯醢</u>。婦升席，左執觶，右祭脯醢，<u>以柶祭醴三</u>。」		5	54
士昏禮	「舅姑饗婦」章，「舅姑共饗婦以<u>一獻之禮</u>。」		5	55
士昏禮	「饗送婚者」章，「舅饗送者以<u>一獻之禮</u>，酬以束錦。姑饗婦人送者，酬以束錦。」		5	55
士昏禮	「舅姑沒，婦見及饗婦、饗送者之禮」章，「老醴婦于房中，南面，<u>如舅姑醴婦之禮</u>。壻饗婦送者丈夫、婦人，<u>如舅姑饗禮</u>。」		6	59～60
士昏禮	「記：不親迎者見婦父母之禮」章，「主人請醴及揖讓，入，醴以<u>一獻之禮</u>。」		6	66

鄉飲酒禮	「主人獻賓」章，「賓進受爵以復位。主人阼階上拜送爵。賓少退。<u>薦脯醢</u>。賓升席自西方，乃設折俎。……賓坐，左執爵，祭脯醢。……右手取肺，卻左手執本，坐，弗繚，右絕末以祭，尚左手，嚌之，興，加于俎。坐，挩手，遂<u>祭酒</u>。」	鄭注：「薦，進也。進之者，主人有司。」	8	84
鄉飲酒禮	「賓酢主人」章，「主人進受爵，復位。賓西階上拜送爵。<u>薦脯醢</u>。主人升席自北方，設折俎，<u>祭如賓禮</u>。」	鄭注：「祭者，祭薦、俎，及酒，亦嚌啐。」	9	88
鄉飲酒禮	「主人獻介」章，「介進北面受爵，復位。主人介右，北面拜送爵。……<u>薦脯醢</u>。介升席自北方。設折俎。<u>祭如賓禮</u>。」		9	89
鄉飲酒禮	「主人獻眾賓」章，眾賓之長「<u>坐祭立飲</u>，不拜既爵，授主人爵，降，復位。眾賓獻則不拜受爵，<u>坐祭立飲</u>。每一人獻，則<u>薦諸其席</u>。眾賓<u>辯有脯醢</u>。」	鄭注「每一人」，說：「謂三人也。」 鄭注「眾賓辯有脯醢」，說：「亦每獻，薦於其位。位在下。」	9	90
鄉飲酒禮	「升歌三終及獻工」章，「主人獻工，工左瑟，一人拜，不興受爵。主人阼階上拜送爵。<u>薦脯醢</u>。<u>使人相祭</u>。」「眾工則不拜受爵，<u>祭飲</u>，<u>辯有脯醢</u>，不祭。」	鄭注：「使人相者，相其祭酒、祭薦。」 鄭注：「祭飲，獻酒重，無不祭也。」	9	92
鄉飲酒禮	「笙奏三終及獻笙」章，笙一人「階前<u>坐祭立飲</u>，不拜既爵，升授主人爵。眾笙則不拜受爵，<u>坐祭立飲</u>，<u>辯有脯醢</u>，不祭。」	鄭注：「亦受爵于西階上，薦之者，於其位。」	9	93
鄉飲酒禮	「主人慰勞司正」章，「乃息司正，無介，不殺，<u>薦脯醢</u>。」		10	103
鄉飲酒禮	「記：禮樂、儀節隆殺，面位次序」章，「樂正與立者，皆<u>薦</u>以齒。」	鄭注：「既飲，皆薦於其位。」	10	104

鄉射禮	「主人獻賓」章，「賓進受爵于席前，復位。主人阼階上拜送爵，賓少退。<u>薦脯醢</u>。賓升席自西方。乃設折俎。主人阼階東疑立。賓坐，左執爵，右<u>祭脯醢</u>。奠爵于薦西，興取肺，坐絕祭。……坐挩手，執爵，遂<u>祭酒</u>。」		11	111～112
鄉射禮	「賓酢主人」章，「主人進受爵，復位。賓西階上拜送爵。<u>薦脯醢</u>。主人升席自北方。乃設折俎。<u>祭如賓禮</u>。」	鄭注：「祭薦、俎，及酒，亦嚌啐。」	11	112
鄉射禮	「主人獻眾賓」章，眾賓之長「<u>坐祭立飲</u>，不拜既爵，授主人爵，降，復位。眾賓皆不拜受爵，<u>坐祭立飲</u>。<u>每一人獻，則薦諸其席，眾賓辯有脯醢</u>。」		11	113
鄉射禮	「尊者入，獻酢之禮」章，「主人實爵，席前獻于大夫。大夫西階上拜，進受爵，反位。……乃<u>薦脯醢</u>。大夫升席，設折俎。<u>祭如賓禮</u>。」		11	114
鄉射禮	「獻工與笙」章，「工不興，左瑟，一人拜受爵。主人阼階上拜送爵。<u>薦脯醢</u>。使人<u>相祭</u>。……眾工不拜受爵，<u>祭飲</u>，<u>辯有脯醢</u>，不祭。」		11	115～116
鄉射禮	「獻工與笙」章，「笙一人拜于下，盡階，不升堂，受爵。主人拜送爵，階前<u>坐祭立飲</u>，不拜既爵。……眾笙不拜受爵，<u>坐祭立飲</u>，<u>辯有脯醢</u>，不祭。」		11	116
鄉射禮	「司馬獻獲者」章，「司馬洗爵，升，實之以降，獻獲者于侯。<u>薦脯醢</u>，設折俎，俎與薦皆三祭。獲者負侯，北面拜受爵。司馬西面拜送爵。獲者執爵，使人執其薦與俎從之，適右个，<u>設薦</u>	鄭注：「人，謂主人贊者，上設薦俎者也。」	12	133

	<u>俎</u>。獲者南面坐，左執爵，祭脯醢，執爵興，取肺，<u>坐祭</u>，遂<u>祭酒</u>。興，適<u>左个</u>、<u>中，皆如之</u>。」		
鄉射禮	「司射獻釋獲者」章，司射「獻釋獲者于其位，少南。<u>薦脯醢</u>、折俎，有祭。釋獲者薦右東面拜受爵。司射北面拜送爵。釋獲者就其薦坐，左執爵，祭脯醢，興，取肺，坐祭，遂<u>祭酒</u>。」	12	133
鄉射禮	「息司正」章，「<u>薦脯醢</u>，無俎</u>。」	13	145
燕禮	「主人獻賓」章，「賓西階上拜，筵前受爵反位。……膳宰<u>薦脯醢</u>，賓升筵，膳宰設折俎。賓坐左執爵，右祭脯醢，奠爵于薦右，興，取肺，坐絕祭，嚌之。興，加于俎。坐，挩手執爵，遂<u>祭酒</u>。」	14	162
燕禮	「賓酢主人」章，「主人北面拜受爵。賓，主人之左拜送爵。主人坐祭，不啐酒。」	鄭注：「辟正主也。未薦者，臣也。」	14	162
燕禮	「主人獻公」章，「公拜受爵，主人降自西階，阼階下北面，拜送爵。士<u>薦脯醢</u>，膳宰設折俎，升自西階。<u>公祭如賓禮</u>。」		14	163
燕禮	「主人獻卿或獻孤」章，「卿升拜受觚，主人拜送觚。……乃<u>薦脯醢</u>。卿升席坐，左執爵，右祭脯醢，遂<u>祭酒</u>。……卿降復位。」 「若有諸公，則先卿獻之，<u>如獻卿之禮</u>。」	鄭注：「卿無俎者，主於羞。」按：〈燕禮·記〉：「羞卿者，小膳宰也。」	14～15	166～170
燕禮	「主人獻大夫，兼有胥薦主人」章，「大夫升，拜受觚。主人拜送觚。大夫坐祭，立卒爵，不拜既爵。……胥薦主人于洗北西面，<u>脯醢</u>，無脀。辯獻大夫，<u>遂薦之</u>。」	鄭注：「徧獻之，乃薦，略賤也。」	15	171

燕禮	「獻工」章，「工不興，左瑟，一人拜受爵。主人西階上拜送爵。薦脯醢。使人相祭。卒受不拜。主人受爵，眾工不拜受爵，坐祭，遂卒爵。辯有脯醢，不祭。」	鄭注：「輒薦之，變於大夫。」賈疏：「案上獻大夫之時，云『辨獻大夫，遂薦之』，鄭注云：『徧獻之乃薦，略賤也』，此獻工之長一人，即薦脯醢，非謂貴工即獻之，正是禮尚異，變於大夫也。」	15	172
燕禮	「獻笙」章，笙者「一人拜，盡階不升堂，受爵，降。主人拜送爵。階前坐祭，立卒爵，不拜既爵，升授主人。眾笙不拜受爵，降，坐祭，立卒爵，辯有脯醢，不祭。」	賈疏：「亦獻訖，薦于位之前。」	15	173
燕禮	「主人辯獻士及旅食」章，「主人洗，升，獻士于西階上。士長升，拜受觶。主人拜送觶。士坐祭立飲，不拜既爵，其他不拜，坐祭立飲，乃薦司正與射人一人、司士一人、執冪二人，立于觶南，東上。」		15	175
燕禮	「主人辯獻士及旅食」章，「辯獻士。士既獻者立於東方，西面北上。乃薦士。祝、史、小臣師，亦就其位而薦之。」	鄭注：「每已獻而即位于東方，蓋尊之。畢獻，薦于其位。」賈疏：「知畢獻薦之者，以其經云『辯獻士』、『乃薦士』，故知當畢獻後，乃薦也。」	15	175
燕禮	「主人辯獻士及旅食」章，「主人就旅食之尊而獻之，旅食不拜受爵，坐祭立飲。」	鄭注：「亦畢獻乃薦之。」賈疏：「云『亦畢獻乃薦之』者，亦上文士，此畢獻乃薦可知。」	15	175
燕禮	「主人獻庶子以下於阼階」章，「主人洗，升自西階，獻庶子于阼階上，如獻士之禮。辯。降，洗，遂獻左右正與內小臣，皆於阼階上，如獻庶子之禮。」	鄭注：「凡獻，皆薦也。」賈疏：「知『凡獻皆薦』者，以經云『如獻士』，獻士有薦，凡此等獻訖，明皆有薦也。」	15	177

大射	「主人獻賓」章，主人「筵前獻賓。賓西階上拜，受爵于筵前，反位。……宰胥薦<u>脯醢</u>。賓升筵，庶子設折俎。賓坐，左執觶，右祭脯醢，奠爵于薦右，興，取肺，坐絕祭，嚌之，興，加于俎，坐挽手，執爵，遂祭酒。」	鄭注：「不使膳宰薦，不主於飲酒，變於燕。」	16	193
大射	「主人獻公」章，「公拜受爵。乃奏〈肆夏〉。主人降自西階，阼階下北面拜送爵。宰胥薦<u>脯醢</u>由左房，庶子設折俎，升自西階。公祭如賓禮。」		17	196
大射	「主人獻卿」章，「卿升，拜受觶。主人拜送觶。……乃<u>薦脯醢</u>。卿升席，庶子設折俎。卿坐，左執爵，右祭脯醢，奠爵于薦右，興，取肺，坐絕祭，不嚌肺，興，加于俎。坐，挽手，取爵，遂祭酒。」		17	198
大射	「主人獻大夫」章，「大夫升，拜受觶。主人拜送觶。……大夫降，復位。胥薦主人于洗北，西面，脯醢無胥。辯獻大夫，遂<u>薦之</u>。」	鄭注：「主人，下大夫也。先大夫薦之，尊之也。不薦于上，辟正主。」按：主人此時得脯醢之薦。	17	199
大射	「作樂娛賓，射前燕禮備」章，「主人洗，升，實爵獻工。工不興，左瑟，一人拜受爵。主人西階上，拜送爵，<u>薦脯醢，使人相祭</u>。……眾工不拜受爵，<u>坐祭</u>，遂卒爵，辯有脯醢，不祭。」	鄭注：「輒薦之，變於大夫。」	17	200
大射	「獻獲者」章，「服不侯西北三步，北面拜受爵。司馬正西面拜送爵，反位。宰夫有司薦，庶子設折俎，卒錯。獲者左執爵，右<u>祭薦俎</u>，二手<u>祭酒</u>。<u>適左個</u>，祭如右個，中亦如之。」	鄭注：「不言服不，言獲者，……變其文，容二人也。司馬正皆獻之，薦俎已錯，乃適右個。」	18	215

大射	「獻獲者」章，司馬師「洗，獻隸僕人與巾車、獲者，皆如大侯之禮。」		18	215
大射	「獻釋獲者」章，司射「獻釋獲者于其位少南。薦脯醢，折俎，皆有祭。釋獲者薦右，東面拜受爵。司射北面拜送爵。釋獲者就其薦坐，左執爵，右祭脯醢，興，取肺，坐祭，遂祭酒。」		18	216
大射	「主人獻士及旅食」章，「士長升，拜受觶。主人拜送。士坐祭立飲，不拜既爵。其他不拜，坐祭立飲。乃薦司正與射人，于觶南，北面東上。」	鄭注：「司正、射人，士也。以齒受獻，既乃薦之也。」賈疏：「案上獻士立飲，是畢獻訖，乃云『乃薦司正與射人于觶南』，是獻士，又獻司正已下。若然，薦士當在乃薦司正上，至此言之者，其實薦士，在乃薦司正上。今此更言『士得獻訖，立在東方，立畢乃薦』，不畢獻，待司正薦，乃薦士也。是以薦司正，言乃者，緩辭，明司正已下，薦在士後也。」	18	219
大射	「主人獻士及旅食」章，「辯獻士。士既獻者立于東方，西面北上。乃薦士。」	鄭注：「士既獻易位者，以卿大夫在堂，臣位尊東也。畢獻薦之，略賤。」	18	219
大射	「主人獻士及旅食」章，「祝、史、小臣師，亦就其位而薦之。」	鄭注：「亦者，亦士也。辯獻乃薦也。」	18	219
大射	「主人獻士及旅食」章，「主人就士旅食之尊而獻之。旅食不拜受爵，坐祭立飲。」		18	219
大射	「主人獻庶子等」章，「主人洗，升自西階，獻庶子于阼階上，如獻士之禮。辯獻，降，洗，遂獻左右正與內小臣，皆於阼階上，如獻庶子之禮。」		18	220

聘禮	「主君禮賓」章，「賓不降，壹拜，進，筵前受醴，復位。公拜送醴。宰夫薦<u>籩豆脯醢</u>，賓升筵。擯者退，負東塾。賓<u>祭脯醢，以柶祭醴三</u>。」		21	250
聘禮	「使還奠告」章，「乃至于禰，筵几于室，<u>薦脯醢</u>，觸酒陳。席于阼，<u>薦脯醢</u>。」	鄭注：「先薦後酌，祭禮也。」按：「席于阼」以下，爲酢主人之禮，不行於室中。鄭注「席于阼，薦脯醢」說：「成酢禮也。」	23	275
士虞禮	「主人獻尸」章，「尸拜受爵。主人北面答拜。尸<u>祭酒</u>，嘗之。賓長以肝從，實于俎，縮，右鹽。」	按：陰厭時，已設薦；饗尸時，已祭薦，故此無設薦、祭薦的記載。	42	498
士虞禮	「主人獻尸」章，「主人獻祝，祝拜，坐受爵。主人答拜。<u>薦菹醢</u>，設俎。祝左執爵，祭薦。奠爵，興，取肺，坐祭，嚌之。興，加于俎，<u>祭酒</u>，嘗之。」		42	498
士虞禮	「主人獻尸」章，「主人酳獻佐食，佐食北面拜，坐受爵，主人答拜。佐食<u>祭酒</u>，卒爵，拜。」		42	498〜499
士虞禮	「主婦亞獻」章，「主婦洗足爵于房中，酌亞獻尸，如主人儀。自反兩籩：棗、栗，設于會南，棗在西。尸<u>祭籩、祭酒</u>如初。賓以燔從如初，尸祭燔，卒爵如初。」		42	499
士虞禮	「主婦亞獻」章，主婦「酌獻祝，籩燔從。獻佐食，<u>皆如初</u>。」		42	499
士虞禮	「賓長三獻」章，「賓長洗繶爵，三獻，燔從，<u>如初儀</u>。」		42	499
士虞禮	「記：卒哭祭畢餞尸」章，主人初獻「尸拜受。主人拜送，哭，復位。<u>薦脯醢</u>，設俎于薦東。尸左執爵，取脯擩醢，祭之。……<u>祭酒</u>。」		43	510

士虞禮	「記：卒哭祭畢餞尸」章，主婦亞獻「主婦洗足爵，亞獻，如主人儀。」		43	510
士虞禮	「記：卒哭祭畢餞尸」章，賓長三獻「賓長洗繶爵，三獻，如亞獻。」		43	510
特牲饋食禮	「主人初獻」章，主人獻尸「尸拜受。主人拜送。尸祭酒，啐酒。賓長以肝從。尸左執角，右取肝，擩于鹽，振祭，嚌之，加于菹豆，卒角。」	按：陰厭時，已設薦；饗尸時，已祭薦，故此無設薦、祭薦的記載。	45	532
特牲饋食禮	「主人初獻」章，「主人酌，獻祝。祝拜受角。主人拜送。設菹醢、俎。祝左執角，祭豆，興，取肺，坐祭，嚌之，興，加于俎，坐祭酒，啐酒。以肝從。」	鄭注：「行神惠也。先獻祝，以接神，尊之。菹醢，皆主婦設之。佐食設俎。」	45	532
特牲饋食禮	「主人初獻」章，主人「酌，獻佐食。佐食北面拜受角。主人拜送。佐食坐祭，卒角，拜。主人答拜，受角。」	按：經文載「執事之俎陳于階間」（卷44，頁524），其薦亦當於此。	45	533
特牲饋食禮	「主婦亞獻」章，主婦獻尸「尸拜受。主婦北面拜送。宗婦執兩籩，戶外坐，主婦受，設于敦南。祝贊籩祭。尸受，祭之。祭酒，啐酒。兄弟長以燔從。尸受，振祭，嚌之。」	「祝贊籩祭」，鄭注：「于豆祭。」	45	533
特牲饋食禮	「主婦亞獻」章，主婦「獻祝，籩燔從，如初儀。及佐食，如初。」		45	533
特牲饋食禮	「賓三獻」章，「賓三獻如初，燔從如初。」		45	533
特牲饋食禮	「賓三獻」章，主婦致爵於主人「主婦洗爵，酌，致爵于主人。主人拜受爵。主婦拜送爵。宗婦贊豆如初。主婦受，設兩豆兩籩。俎入設。主人左執爵，祭薦，宗人贊祭。奠爵，興，取肺，		45	534

	坐，絕祭，嚌之。興，加于俎，坐，捝手，<u>祭酒</u>，啐酒。」			
特牲饋食禮	「賓三獻」章，主人致爵主婦「主人降，洗，酌，致爵于主婦。……主婦拜受爵。主人西面答拜。<u>宗婦薦豆、俎</u>、從獻，皆如主人。」		45	534
特牲饋食禮	「賓三獻」章，賓獻祝、佐食，及致爵主人、主婦，賓「酢，酌，獻祝及佐食。洗爵，酌，致于主人、主婦，爓從，<u>皆如初</u>。」	鄭注：「凡獻佐食，皆無從。其薦、俎，獻兄弟以齒設之。」	45	534
特牲饋食禮	「獻賓與兄弟」章，主人「酌，西階上獻賓。賓北面拜受爵。主人在右答拜，<u>薦脯醢</u>，設折俎。賓左執爵，祭豆。奠爵，興，取肺，坐絕祭，嚌之，興，加于俎，坐捝手，<u>祭酒</u>。」		45	535
特牲饋食禮	「獻賓與兄弟」章，主人獻眾賓「眾賓升拜受爵，<u>坐祭立飲</u>，<u>薦、俎設于其位</u>，辨，主人備答拜。」		45	535
特牲饋食禮	「獻賓與兄弟」章，主人獻長兄弟，「主人洗爵，獻長兄弟于阼階上，<u>如賓儀</u>。」	鄭注：「亦有薦脀，設于位。私人爲之與？」	45	536
特牲饋食禮	「獻賓與兄弟」章，主人獻眾兄弟，「<u>如眾賓儀</u>。」		45	536
特牲饋食禮	「獻賓與兄弟」章，主人獻內兄弟，「洗，獻內兄弟于房中，<u>如獻眾兄弟之儀</u>。」	鄭注：「如眾兄弟，如其拜受、坐祭、立飲、設薦俎於其位。……不殊其長，略婦人者也。」	45	536
特牲饋食禮	「嗣舉奠獻尸」章，「舉奠洗，酌，入。尸拜受。舉奠答拜，尸<u>祭酒</u>，啐酒，奠之。」		46	543
特牲饋食禮	「佐食獻尸」章，「利洗散，獻于尸，酢。及祝，<u>如初儀</u>。」		46	545
少牢饋食禮	「主人獻尸」章，「尸拜受，主人拜送。尸<u>祭酒</u>，啐酒。賓長羞牢肝，用俎，縮執俎。」	鄭注：「酳，猶羨也。既食之，而又飲之，所以樂之。」	48	571

少牢饋食禮	「主人獻祝」章，「主人獻祝，設席南面。祝拜于席上，坐受。主人西面答拜。<u>薦兩豆菹醢</u>，佐食設俎。……祝取菹，擩于醢，祭于豆閒。祝祭俎，<u>祭酒</u>。」		48	572
少牢饋食禮	「主人獻兩佐食」章，「主人酌，獻上佐食。上佐食戶內牖東，北面拜，坐受爵。主人西面答拜。佐食<u>祭酒</u>。……俎設于兩階之閒。……主人又獻下佐食，<u>亦如之</u>，其脀亦設于階閒西上，亦折一膚。」	鄭注：「有脀而無薦，亦遠下尸。」	48	573
少牢饋食禮	「主婦獻尸」章，「尸拜受。主婦，主人之北西面，拜送爵。尸<u>祭酒</u>，卒爵。主婦拜。祝受尸爵，尸答拜。」		48	573
少牢饋食禮	「主婦獻祝」章，「主婦洗，酌，獻祝。祝拜，坐受爵。主婦答拜于主人之北。卒爵，不興，坐授主婦。」	按：未載祝是否祭酒。主婦獻尸、獻佐食，受者皆祭酒，則祝當祭酒。	48	573~574
少牢饋食禮	「主婦獻兩佐食」章，主婦「獻上佐食于戶內。佐食北面拜，坐受爵。主婦西面答拜。<u>祭酒</u>，卒爵，坐授主婦。主婦獻下佐食亦如之。」		48	574
少牢饋食禮	「賓長三獻」章，「賓長洗爵獻于尸。尸拜受爵。賓戶西北面拜送爵。尸<u>祭酒</u>，卒爵。」		48	574
少牢饋食禮	「賓長三獻」章，「賓酌獻祝。祝拜坐受爵。賓北面答拜。祝<u>祭酒</u>，啐酒，奠爵于其筵前。」		48	574
有司徹	「儐尸之禮，主人獻尸」章，「尸北面拜受爵，主人東楹東，北面拜送爵。主婦自東房<u>薦韭菹、醢</u>。……尸興，左執爵，右取肺，坐祭之，<u>祭酒</u>。」		49	582~585

有司徹	「儐尸之禮，主人獻侑」章，「主人酌獻侑。侑西楹西，北面拜受爵。主人在其右，北面答拜。主婦薦韭菹、醢，……（按：侑）興，左執爵，右取肺，坐祭之，祭酒。」		49	586
有司徹	「儐尸之禮，主人受尸酢」章，「主人東楹東，北面拜受爵。尸西楹西北面答拜。主婦薦韭菹、醢，……主人坐取爵以興，次賓羞燔，主人受如尸禮。主人降筵自北方，北面于阼階上，坐卒爵。」		49	586～587
有司徹	「儐尸之禮，主婦獻尸」章，主婦「實爵，尊南西面拜，獻尸。尸拜于筵上，受。主婦西面于主人之席北，拜送爵。……（按：尸）祭酒。」		49	587～588
有司徹	「儐尸之禮，主婦獻侑」章，主婦「酌，獻侑。侑拜受爵。主婦，主人之北，西面答拜。……次賓羞豕燔，侑受如尸禮，坐卒爵。」		49	588
有司徹	「儐尸之禮，主婦致爵于主人」章，「主人筵上拜受爵。主婦北面于阼階上答拜。……主人其祭糗餌、祭鉶、祭酒，受豕匕湆，拜，啐酒，皆如尸禮。」	按：「其」字，阮元以爲「共」字之誤。	49	588
有司徹	「儐尸之禮，主婦受尸酢」，「尸酌。主婦出于房，西面拜受爵。尸北面于侑東，答拜。主婦入于房。……婦贊者薦韭菹、醢，坐奠于筵前，菹在西方。……（按：主婦）坐挩手，祭酒，啐酒。」		49	589
有司徹	「儐尸之禮，上賓三獻」章，「尸拜受爵。賓西楹西，北面拜送爵。尸奠爵于薦左。……尸取膴祭，祭之，祭酒，卒爵。」		49	589、598

有司徹	「儐尸之禮，主人獻長賓」章，「長賓升，拜受爵。主人在其右，北面答拜。宰夫自東房<u>薦脯醢</u>，醢在西。司士設俎于豆北。……賓坐左執爵，右取肺，擩于醢，祭之。執爵興，取肺，坐祭之。<u>祭酒</u>，遂飲。」	鄭注：「祭脯、肺。」 賈疏：「案經云『取脯、取肺，祭之』，明祭是脯、肺。」 按：依注、疏所言，經云：「右取肺，擩于醢」的「肺」，當爲「脯」字之誤。	50	596
有司徹	「儐尸之禮，主人辯獻眾賓」章，「眾賓長升，拜受爵。主人答拜。<u>坐祭立飲</u>，卒爵，不拜既爵。宰夫贊主人酌，若是以辯，辯受爵，其<u>薦脯醢</u>與胾設于其位，其位繼上賓而南，皆東面。」		50	596
有司徹	「儐尸之禮，主人獻兄弟」章，「兄弟之長升，拜受爵。主人在其右答拜。<u>坐祭</u>，立飲，不拜既爵，皆若是以辯。辯受爵。其位在洗東，西面北上，升受爵，<u>其薦、胾設于其位</u>。」	鄭注：「兄弟長幼立飲，賤不別。大夫之賓尊於兄弟，宰夫不贊酌者，兄弟以親昵來，不以官待之。」	50	597
有司徹	「儐尸之禮，主人獻內賓」章，「主人洗，獻內賓于房中。南面，拜受爵。主人南面于其右，答拜。坐祭，立飲，不拜既爵。若是以辯，<u>亦有薦、胾</u>。」	鄭注：「亦設薦胾於其位，〈特牲饋食禮・記〉曰：『內賓立于房中西墉下，東面，南上。宗婦，北堂東面，北上。』」	50	597～598
有司徹	「儐尸之禮，主人獻私人」章，「主人降，洗，升，獻私人于阼階上。拜于下，升，受。主人答。其長拜，乃降，<u>坐祭</u>，立飲，不拜既爵。若是以辯。宰夫贊主人酌。主人於其群私人不答拜，其位繼兄弟之南，亦北上，<u>亦有薦、胾</u>。」	鄭注：「亦有薦胾，初亦北面，在眾賓之後爾。言繼者，以爵既獻爲文。凡獻，位定。」 賈疏：「凡獻以前，非定位也。」	50	598
有司徹	「儐尸之禮，上賓三獻」章，賓「酌，獻侑。侑拜受。三獻北面答拜。司馬羞湆魚一，<u>如尸禮</u>。卒爵拜。三獻答拜，受爵。」	.	50	598

有司徹	「儐尸之禮，上賓三獻」章，「主人拜受爵。三獻東楹東，北面答拜。司士羞一淯魚，<u>如尸禮</u>。卒爵拜。三獻答拜，受爵。」		50	598
有司徹	「不儐尸者，主人初獻」章，「主人洗，酌，酳尸。賓羞肝，<u>皆如儐禮</u>。」		50	602
有司徹	「不儐尸，主人初獻」章，「其獻祝與二佐食，<u>其位、其薦脀</u>，皆如儐。」		50	602
有司徹	「不儐尸，主婦亞獻」章，「主婦其洗、獻于尸，亦如儐。……尸兼祭于豆祭，<u>祭酒</u>，啐酒。」		50	602
有司徹	「不儐尸，主婦亞獻」章，「主婦獻祝，其酌如儐。拜，坐受爵。……（按：祝）<u>祭酒</u>，啐酒。」		50	602～603
有司徹	「不儐尸，主婦亞獻」章，「主婦受爵，酌，獻二佐食，<u>亦如儐</u>。」		50	603
有司徹	「不儐尸，賓長三獻」章，「尸拜受。賓戶西北面答拜。爵止。……尸作止爵，<u>祭酒</u>，卒爵。」		50	603
有司徹	「不儐尸，賓長三獻」章，「主婦洗于房中，酌，致于主人。……<u>主婦薦韭菹、醢</u>，坐設于席前，菹在北方。……（按：主人）坐挩手，<u>祭酒</u>。」		50	603
有司徹	「不儐尸，賓長三獻」章，賓「獻祝及二佐食。」		50	604
有司徹	「不儐尸，賓長三獻」章，賓「洗，致爵于主人。主人席上拜受爵。賓北面答拜。<u>坐祭</u>，遂飲，卒爵，拜。」		50	604
有司徹	「不儐尸，賓長三獻」章，賓「酌，致爵于主婦。……		50	604

	主婦席北，東面拜受爵。賓西面答拜。婦贊者薦韭菹、醓，菹在南方。……主婦升筵，坐，左執爵，右取菹，擩于醓，祭之。祭薦。奠爵，興取肺，坐絕祭，嚌之。興，加于俎，坐挩手，祭酒。」			
有司徹	「不儐尸，三獻後，主人徧獻堂下并內賓之事」章，主人「獻眾賓，其薦脀、其位、其酬醋，皆如儐禮。」		50	604
有司徹	「不儐尸，三獻後，主人徧獻堂下并內賓之事」章，「主人洗，獻兄弟、與內賓、與私人，皆如儐禮。其位、其薦脀，皆如儐禮。」		50	604

附表 12：《儀禮》所見「洗爵」的情形

說明：（1）配合「飲酒，一獻之禮，宜親洗爵」、「祭禮，行爵從尊者向卑者，不洗爵；從卑者向尊者，則洗爵」、「男女不相襲爵」條。

（2）加爵、旅酬、無算爵等不列入其中。

篇　名	章名與經文	備　注	卷	頁
士昏禮	「舅姑饗婦」章，「舅姑共饗婦以一獻之禮。舅洗于南洗，姑洗于北洗。奠酬。」	鄭注：「南洗在庭，北洗在北堂。設兩洗者，獻、酬、酢以絜清為敬。」	5	55
鄉飲酒禮	「主人獻賓」章，主人「適洗南面，坐奠爵于篚下盥、洗，……卒洗。」	鄭注：「已盥，乃洗爵，致絜敬也。」	8	83
鄉飲酒禮	「賓酢主人」章，「賓東北面盥，坐取爵，卒洗，揖讓如初，升。主人拜洗，賓答拜。」		9	88
鄉飲酒禮	「主人酬賓」章，主人「降洗。賓降，主人辭降，賓不辭洗，……卒洗。……主人降，洗。賓降，辭，如獻禮，升，不拜洗。」	鄭注：「不辭洗者，以其將自飲。」 鄭注：「不拜洗，殺於獻。」	9	88～89
鄉飲酒禮	「主人獻介」章，主人「降，洗。介降，主人辭降，介辭洗如禮賓，升，不拜洗。」	鄭注：「介禮殺也。」	8	89

鄉飲酒禮	「介酢主人」章,「介降洗,主人復阼階,降辭如初。卒洗。……主人實爵,酢于西階上。」		9	89～90
鄉飲酒禮	「主人獻眾賓」章,主人「降,洗,升實爵,于西階上獻眾賓。」		9	90
鄉飲酒禮	「賓酬主人」章,賓「不祭,立飲,不拜,卒觶,不洗,實觶,東南面授主人。」		10	99
鄉飲酒禮	「尊者入之禮」章,「大夫則如介禮。」		10	102
鄉飲酒禮	「記:禮樂、儀節隆殺,面位次序」章,「眾賓之長一人辭洗,如賓禮。」	鄭注:「於三人之中,復差有尊者,餘二人雖爲之洗,不敢辭。其下不洗。」	10	104
鄉飲酒禮	「記:禮樂、儀節隆殺,面位次序」章,「凡旅,不洗。不洗者,不祭。」	鄭注:「敬禮殺也。」「不甚絜也。」	10	105
鄉射禮	「主人獻賓」章,主人「坐奠爵于篚,下,盥、洗。賓進東北面辭洗,……賓反位。主人卒洗。」	鄭注:「盥手又洗爵,致絜敬也。」	11	111
鄉射禮	「賓酢主人」章,賓「坐奠爵于篚下,興,盥,洗。主人阼階之東,南面辭洗。……賓卒洗,揖讓如初升。」		11	112
鄉射禮	「主人酬賓」章,「主人坐取觶,洗,賓不辭洗,卒洗。」「主人降洗。賓降、辭,如獻禮。升,不拜洗。」	鄭注:「不辭洗,以其將自飲。」鄭注「升,不拜洗」說:「酬禮殺也。」	11	112
鄉射禮	「主人獻眾賓」章,主人「降洗,升,實爵西階上,獻眾賓。」		11	113
鄉射禮	「尊者入獻、酢之禮」章,主人獻大夫,「主人以爵降。大夫降。主人辭降。大夫辭洗,如賓禮。」		11	114
鄉射禮	「尊者入獻、酢之禮」章,大夫酢主人,「大夫降,洗。主人復阼階,降、辭如初。卒洗。」	鄭注:「將酢主人也。大夫若眾,則辯獻長乃酢。」	11	114

鄉射禮	「獻工與獻笙」章,「大師則爲之洗。……工不辭洗,卒洗。」	鄭注:「尊之也。君賜大夫樂,又從之以其人,謂之大師。」	11	115
鄉射禮	「獻工與獻笙」章,主人「不洗,遂獻笙于西階上。」	鄭注:「不洗者,賤也。眾工而不洗矣。而眾笙不洗者,笙賤於眾工。正君賜之,猶不洗矣。」	11	116
燕禮	「主人獻賓」章,「主人降洗,洗南,西北面。……主人北面盥,坐取觚洗。賓少進,辭洗。主人坐奠觚于篚,興對。賓反位。主人卒洗。賓揖。乃升。主人升。賓拜洗。」		14	161～162
燕禮	「賓酢主人」章,「賓坐取觚,奠于篚下,盥、洗。主人辭洗。……卒洗。」	鄭注:「篚下,篚南。」	14	162
燕禮	「主人獻公」章,「主人盥、洗象觚,升實之,東北面獻于公。」		14	163
燕禮	「主人自酢於公」章,主人「更爵,洗,升,酌膳酒以降,酢于阼階下北面。」	鄭注:「更爵者,不敢襲至尊也。」	14	163
燕禮	「主人酬賓」章,「主人盥,洗,升,媵觚于賓。……主人降洗。賓降。主人辭降,賓辭洗。卒洗。揖,升,不拜洗。」	鄭注:「不拜洗,酬而禮殺。」	14	164
燕禮	「主人獻卿或獻孤」章,「主人洗,升,實散,獻卿于西階上。」		14	166
燕禮	「主人獻大夫兼有胥薦主人」章,「主人洗,升,獻大夫于西階上。」		15	171
燕禮	「獻工」章,「主人洗,升,獻工。」		15	172
燕禮	「獻笙」章,「主人洗,升,獻笙于西階上。」		15	173
燕禮	「主人辯獻士及旅食」章,「主人洗,升,獻士于西階上。」		15	175

燕禮	「主人獻庶子以下於阼階」章，「主人洗，升自西階，獻庶子于阼階上，如獻士之禮。辯，降洗，遂獻左右正與內小臣，皆於阼階上，如獻庶子之禮。」		15	177
大射	「主人獻賓」章，「主人降，洗，洗南，西北面。……主人北面盥，坐取觚洗。……主人卒洗。賓揖，升，主人升。賓拜洗。」	鄭注：「賓將從降，鄉之，不於洗北，辟正主。」	16	192
大射	「賓酢主人」章，「賓坐取觚，奠于篚下，盥，洗。……卒洗。」		17	196
大射	「主人獻公」章，「主人盥，洗象觚，升，酌膳，東北面獻于公。」		17	196
大射	「主人受公酢」章，主人「更爵，洗，升，酌散以降。酢于阼階下，北面坐奠爵，再拜稽首。」		17	196
大射	「主人酬賓」章，「主人盥，洗，升，媵觚于賓。……主人降，洗。賓降。主人辭降。賓辭洗。卒洗。賓揖，升，不拜洗。」	鄭注：「媵，送也。」 鄭注：「不拜洗，酬而禮殺也。」	17	196
大射	「主人獻卿」章，「主人洗觚，升，實散，獻卿于西階上。」		17	198
大射	「二人再媵觶」章，長致者「洗象觶，升，實之，坐奠于薦南。」		17	198
大射	「主人獻大夫」章，「主人洗觚，升，獻大夫于西階上。」		17	199
大射	「作樂娛賓」章，「主人洗，升，實爵，獻工。」		17	199
大射	「主人獻士及旅食」章，「主人洗，酌，獻士于西階上。」		18	219

大射	「主人獻庶子等」章，「主人洗，升自西階，獻庶子于阼階上，如獻士之禮，辯獻，降，洗，遂獻左右正與內小臣，皆於阼階上，如獻庶子之禮。」		18	220
士虞禮	「主人獻尸」章，「主人洗廢爵，酌酒，酳尸。」		42	498
士虞禮	「主人獻尸」章，「尸卒爵，祝受，不相爵。……祝酳，授尸，尸以醋主人。」		42	498
士虞禮	「主人獻尸」章，「主人獻祝。祝拜，坐受爵。」		42	498
士虞禮	「主人獻尸」章，「祝坐，受主人。主人酳，獻佐食。佐食北面拜，坐受爵。」	按：主人獻尸章中：尸→主人→祝→佐食，不洗爵。	42	498～499
士虞禮	「主婦亞獻」章，「主婦洗足爵于房中，酌亞獻尸，如主人儀。」		42	499
士虞禮	「主婦亞獻」章，主婦「酌，獻祝，籩、燔從。獻佐食，皆如初。」	按：主婦亞獻章：尸→祝→佐食，未洗爵。	42	499
士虞禮	「賓長三獻」章，「賓長洗繶爵三獻。燔從，如初儀。」	張爾岐曰：「當亦兼獻祝及佐食。」〔註2〕	42	499
士虞禮	「記：卒哭祭畢餞尸」章，「主人不哭，洗廢爵，酌獻尸。」		43	510
士虞禮	「記：卒哭祭畢餞尸」章，「主婦洗足爵，亞獻，如主人。」		43	510
士虞禮	「記：卒哭祭畢餞尸」章，「賓長洗繶爵，三獻，如亞獻。」		43	510
特牲饋食禮	「主人初獻」章，「主人洗角，升，酌，酳尸。」	鄭注：「酳猶衍也。是獻尸也，謂之酳者，尸既卒食，又欲頤衍養樂之。」	45	532
特牲饋食禮	「主人初獻」章，「祝酳授尸，尸以醋主人。」	鄭注：「祝酳，不洗。尸不親酳，尊尸也。」	45	532
特牲饋食禮	「主人初獻」章，「主人酌，獻祝。」	鄭注：「行神惠也。先獻祝，以接神尊之。」	45	532

〔註2〕　清‧張爾岐：《儀禮鄭注句讀》，卷14，頁641。

特牲饋食禮	「主人初獻」章，主人「受角，酌，獻佐食。」	按：主人初獻章：尸→主人→祝→佐食，不洗爵。	45	533
特牲饋食禮	「主婦亞獻尸」章，「主婦洗爵于房，酌，亞獻尸。」		45	533
特牲饋食禮	「主婦亞獻尸」章，尸酢主婦，「酢，如主人儀。」	鄭注：「尸酢主婦，『如主人儀』者，自祝酌，至尸拜送，如酢主人也。不易爵，辟內子。」按：此應易爵，見第伍章第一節。	45	533
特牲饋食禮	「主婦亞獻」章，主婦「獻祝，籩、燔從，如初儀。及佐食，如初。」		45	533
特牲饋食禮	「賓三獻」章，「賓三獻如初，燔從如初，爵止。」	鄭注：「初，亞獻也。」	45	533
特牲饋食禮	「賓三獻」章，「主婦洗爵，酌，致爵于主人。」			534
特牲饋食禮	「賓三獻」章，主婦自酢于主人，主婦「受爵，酌，醋，左執爵，拜。」	按：此應易爵。	45	534
特牲饋食禮	「賓三獻」章，「主人降，洗，酌，致爵于主婦。」	按：主人於此當易爵，經文未載。	45	534
特牲饋食禮	「賓三獻」章，主人自酢于主婦，「主人更爵，酌，醋，卒爵。」	鄭注：「主人更爵自酢，男子不承婦人爵也。〈祭統〉曰：『夫婦相授受，不相襲處。酢必易爵，明夫婦之別。』」	45	534
特牲饋食禮	「賓三獻」章，尸酢賓，「尸卒爵，酢。」		45	534
特牲饋食禮	「賓三獻」章，賓「酌，獻祝及佐食。」		45	534
特牲饋食禮	「賓三獻」章，賓「洗爵，酌，致于主人、主婦，燔從，皆如初。」	鄭注：「洗乃致爵，爲異事新之。」	45	534
特牲饋食禮	「賓三獻」章，賓「更爵，酢于主人，卒，復位。」	鄭注：「賓更爵自酢，亦不承婦人爵。」	45	534
特牲饋食禮	「獻賓與兄弟」章，「主人降，阼階西面，拜賓如初，洗。賓辭洗。卒洗。」	鄭注：「拜賓而洗爵，爲將獻之。」按：異事新之。	45	535

特牲饋食禮	「獻賓與兄弟」章，主人自酢于賓，主人「受爵，酌，酢，奠爵拜。」	鄭注：「主人酌自酢者，賓不敢敵主人。主人達其意。」	45	535
特牲饋食禮	「獻賓與兄弟」章，主人獻眾賓，「眾賓升，拜受爵，坐祭立飲。」	按：參「主人獻眾兄弟」鄭注，當洗爵。主人與長賓，有獻、酢之禮。主人不宜以飲用過的酢爵，獻眾賓，故洗。屬於異事新之而洗。	45	535
特牲饋食禮	「獻賓與兄弟」章，「主人洗觶，酌于西方之尊。西階前，北面酬賓。……主人洗觶，賓辭，主人對。卒洗，酌。」	按：主人獻眾賓之後，將酬賓，為異事新之，故洗爵。	45	535～536
特牲饋食禮	「獻賓與兄弟」章，「主人洗爵，獻長兄弟于阼階上，如賓儀。」	鄭注：「酬賓乃獻長兄弟者，獻之禮成於酬，此主人之義。」	45	536
特牲饋食禮	「獻賓與兄弟」章，主人「洗，獻眾兄弟，如眾賓儀。」	鄭注：「獻卑而必為之洗者，顯神惠。此言如眾賓儀，則如獻眾賓洗明矣。」按：異事新之，故洗。	45	536
特牲饋食禮	「獻賓與兄弟」章，主人「洗，獻內兄弟于房中，如獻眾兄弟之儀。」	鄭注：「內兄弟，內賓、宗婦也。……〈有司徹〉曰：『主人洗獻內賓於房中，南面，拜受爵。』」	45	536
少牢饋食禮	「主人獻尸」章，「主人降，洗爵，升，北面酌酒，乃酳尸。」		48	571
少牢饋食禮	「主人獻尸」章，「主人拜受尸爵，尸答拜。祝酌受尸，尸酢主人。」		48	571
少牢饋食禮	「主人獻祝」章，「主人獻祝。……祝拜于席上，坐受。」		48	572
少牢饋食禮	「主人獻兩佐食」章，「主人酌，獻上佐食。……主人又獻下佐食，亦如之。」	按：尸→主人→祝→兩佐食，未洗爵。	48	573
少牢饋食禮	「主婦獻尸」章，「主婦洗于房中，出，酌，入戶，西面拜，獻尸。」	按：新起一獻而洗，異事新之。	48	573
少牢饋食禮	「尸酢主婦」章，祝「易爵，洗，酌，授尸。主婦拜受爵。」	鄭注：「祝出易爵，男女不同爵。」按：尸→（洗）主婦，異性行爵。	48	573

少牢饋食禮	「主婦獻祝」章，「主婦以爵出，贊者受，易爵于篚，以授主婦于房中。主婦洗，酌，獻祝。」		48	573
少牢饋食禮	「主婦獻兩佐食」章，「主婦受（按：祝爵），酌，獻上佐食于戶內。……主婦獻下佐食亦如之。」	按：祝→上佐食→下佐食，似無洗爵之事。	48	574
少牢饋食禮	「賓長三獻」章，「賓長洗爵，獻于尸，尸拜受爵。」		48	574
少牢饋食禮	「賓長三獻」章，尸酢賓長，「祝受尸爵，……祝酌，授尸。賓拜受爵。尸拜送爵。」		48	574
少牢饋食禮	「賓長三獻」章，賓長獻祝，「賓酌，獻祝。」	鄭注：「不獻佐食，將儐尸，禮殺。」 賈疏：「祭末禮殺，故不及佐食，闕之也。」	48	574
有司徹	「主人獻尸」章，「主人降洗，尸、侑降，尸辭洗，主人對。卒洗，揖，主人升。……主人坐取爵，酌，獻尸。」		49	582
有司徹	「主人獻侑」章，「主人酌，獻侑。」	鄭注：「不洗者，俱獻間無事也。」	49	586
有司徹	「主人受尸酢」章，「尸受侑爵，降，洗。……主人降自阼階，辭洗。……卒洗。主人升。」	按：尸→侑→（洗）主人。	49	586
有司徹	「主婦獻尸」章，「主婦洗于房中，出，實爵，尊南西面拜，獻尸。」		49	587
有司徹	「主婦獻侑」章，主婦「受爵，酌，獻侑。」	鄭注：「酌獻者，主婦。」	49	588
有司徹	「主婦致爵于主人」章，主婦「受爵，酌，以致于主人。」	按：尸→侑→主人，不洗爵。	49	588
有司徹	「主婦受尸酢」章，「尸易爵于篚，盥，洗爵。……尸酌。主婦出于房，西面拜受爵。」	鄭注：「易爵者，男女不相襲爵。」	49	588
有司徹	「上賓三獻，尸奠爵不舉」章，「上賓洗爵以升，酌，獻尸。」		49	589

有司徹	「主人酬尸」章，「主人降洗觶，尸、侑降。……卒洗。揖，尸升，侑不升。主人實觶，酬尸。……（按：主人）降，洗，……卒洗。主人升，尸升。主人實觶，尸拜受爵。」		49	589
有司徹	「主人獻長賓」章，「主人洗爵，長賓辭。……卒洗。升，酌，獻賓于西階上。」		50	596
有司徹	「辯獻眾賓」章，「眾賓長升，拜受爵。主人答拜。」		50	596
有司徹	「主人自酢于長賓」章，「乃升長賓，主人酌，酢于長賓，西階上，北面。」	鄭注：「主人酌自酢，序賓意，賓卑不敢酢。」	50	596
有司徹	「主人酬賓」章，「宰夫洗觶以升。主人受，酌，降，酬長賓于西階南，北面。……主人洗，賓辭。……卒洗。升，酌，降，復位。賓拜受爵。主人拜送爵。」		50	596
有司徹	「主人獻兄弟」章，「主人洗，升，酌，獻兄弟于阼階上。兄弟之長升拜受爵。主人在其右答拜。坐祭，立飲，不拜既爵。皆若是以辯。」	按：異事新之。	50	597
有司徹	「主人獻內賓」章，「主人洗，獻內賓于房中。」	鄭注：「內賓，姑姊妹及宗婦。」	50	597
有司徹	「主人獻私人」章，「主人降，洗，升，獻私人于阼階上。拜于下，升，受。主人答。其長拜，乃降，坐祭立飲，不拜既爵。若是以辯。宰夫贊主人酌，主人於其群私人不答拜。」	鄭注：「私人，家臣，己所自謁除也。」按：爵從內賓來，應更爵才是。經文云「洗」，似為更爵而後洗，而此洗屬於異事新之。	50	598
有司徹	「上賓三獻禮成」章，賓獻侑，「三獻北面答拜，受爵。酌，獻侑。侑拜受。」	按：尸→侑，不洗爵。	50	598
有司徹	「上賓三獻禮成」章，賓致爵主人，「（按：侑）卒爵拜。三獻答拜，受爵。酌，致主人。」	按：尸→侑→主人，不洗爵。	50	598

有司徹	「上賓三獻禮成」章,「(按:主人)卒爵拜。三獻答拜,受爵。尸降筵受三獻爵,酌以酢之。三獻西楹西,北面拜受爵。尸在其右以授之。」	按:尸→侑→主人→賓,不洗爵。	50	598
有司徹	「不儐尸之禮,主人初獻」章,「主人洗,酌,酳尸。……皆如儐禮。」		50	602
有司徹	「不儐尸之禮,主人初獻」章,「祝酌,授尸,尸以醋主人,亦如儐。」	按:尸→主人,不洗爵。	50	602
有司徹	「不儐尸之禮,主人初獻」章,「其獻祝與二佐食,其位、其薦脀皆如儐。」	按:尸→主人→祝→二佐食,不洗爵。	50	602
有司徹	「不儐尸之禮,主婦亞獻」章,「主婦其洗、獻于尸,亦如儐。」	按:其事更張,則洗爵。	50	602
有司徹	「不儐尸之禮,主婦亞獻」章,「祝易爵,洗,酌授尸。尸以醋主婦。」	按:異性行爵,洗爵。	50	602
有司徹	「不儐尸之禮,主婦亞獻」章,「主婦獻祝,其酌如儐。」	按:異性行爵,洗爵。	50	602
有司徹	「不儐尸之禮,主婦亞獻」章,「主婦受爵,酌,獻二佐食,亦如儐。」	按:不洗爵。	50	603
有司徹	「不儐尸者,賓長三獻」章,「賓長洗爵,獻于尸。……爵止。」	按:異事新之,洗爵。	50	603
有司徹	「不儐尸者,賓長三獻」章,「主婦洗于房中,酌,致于主人。」	按:異性行爵,洗爵。	50	603
有司徹	「不儐尸者,賓長三獻」章,主婦自酢於主人,「受爵,酌以酢,戶內北面拜。」	鄭注:「自酢不更爵,殺。」按:注誤,應洗。參第伍章第一節「男女不相襲爵」條。	50	603
有司徹	「不儐尸者,賓長三獻」章,尸酢賓,「祝酌,授尸,賓拜受爵。」	按:尸→賓,不洗爵。	50	604
有司徹	「不儐尸者,賓長三獻」章,賓「獻祝及二佐食。」	按:尸→賓→祝→佐食,應不洗。	50	604

有司徹	「不儐尸者，賓長三獻」章，賓「洗，致爵于主人。」	鄭注：「『洗，致爵』者，以承佐食，賤，新之。」按：尸→賓→祝→佐食→（洗）主人。	50	604
有司徹	「不儐尸者，賓長三獻」章，賓「受爵，酌，致爵于主婦。」	按：主人→主婦，應更爵。	50	604
有司徹	「不儐尸者，賓長三獻」章，賓自酢，「賓受爵。易爵于篚，洗，酌，醋于主人。」	按：主婦→賓，爵從主婦來，故易爵。	50	604
有司徹	「不儐尸者，三獻後，主人獻堂下并內賓之事」章，「主人降，拜眾賓，洗，獻眾賓。……皆如儐禮。」		50	604
有司徹	「不儐尸者，三獻後，主人獻堂下并內賓之事」章，「主人洗，獻兄弟與內賓與私人，皆如儐禮。」		50	604

附表 13：《儀禮》所見奠爵的情形

說明：配合「飲酒禮奠爵，將舉者于右，不舉者于左。」祭禮「將舉者于左，不舉者于右。」

篇　名	章名與經文	備　注	卷	頁
士冠禮	「冠者見于母」章，「冠者奠觶于薦東。」	鄭注：「凡奠爵，將舉者於右，不舉者於左。」	2	21
士冠禮	「醴賓」章，「乃醴賓以壹獻之禮。主人酬賓，束帛儷皮。」	按：壹獻之禮，有獻、酢、酬，則當奠。	2	22
士冠禮	「夏殷冠子之法」章，冠者「冠者奠爵于薦東，立于筵西。……加皮弁如初儀，再醮攝酒，其他皆如初。加爵弁如初儀，三醮有乾肉折俎，嚌之，其他如初。」	按：薦左。	3	29
士冠禮	「夏殷冠子之法」章，「若殺，……始醮如初。再醮兩豆：葵菹、蠃醢，兩籩：栗、脯。三醮攝酒如再醮。」		3	30

士冠禮	「庶子冠法」章，「若庶子，則冠于房外，南面，遂醮焉。」		3	30
士昏禮	「醴使者」章，「賓即筵，奠于薦左。」		4	42
士昏禮	「贊醴婦」章，婦「奠于薦東。」	按：薦東，在左。	5	54
士昏禮	「舅姑饗婦」章，「舅姑共饗婦以一獻之禮。舅洗于南洗，姑洗于北洗，奠酬。」	鄭注：「奠酬者，明正禮成不復舉。凡酬酒皆奠於薦左，不舉。其燕，則更使人舉爵。」	5	55
士昏禮	「饗送婚者」章，「舅饗送者以一獻之禮，酬以束錦。姑饗婦人送者，酬以束錦。」	按：有獻、酢、酬之禮，則當行奠爵。	5	55
士昏禮	「舅姑沒，婦廟見及饗婦、饗送者之禮」章，「老醴婦于房中，南面，如舅姑醴婦之禮。壻饗婦送者丈夫、婦人，如舅姑饗禮。」		6	59～60
鄉飲酒禮	「主人酬賓」章，主人「進，坐奠觶于薦西。賓辭，取觶，復位。主人阼階上拜送，賓北面坐奠觶于薦東，復位。」	鄭注：「酬酒不舉，君子不盡人之歡，不竭人之忠，以全交也。」按：薦西，薦右。薦東，薦左。	9	89
鄉飲酒禮	「一人舉觶」章，一人「進坐奠觶于薦西。賓辭，坐受以興。舉觶者西階上拜送，賓坐奠觶于其所。」	鄭注：「舉觶不授，下主人也。」鄭注：「所，薦西也。」賈疏：「賓奠於其所者，待作樂後立司正，賓乃取此觶以酬主人，以其將舉，故且奠之於右也。」按：奠右。	9	91
鄉飲酒禮	記：「凡奠者於左；將舉，於右。」	鄭注：「不飲者，不欲其妨」、「便也」。賈疏：「奠於左者，謂主人酬賓之觶，主人奠於薦右。客不盡主人之歡，奠之於左。是不欲其妨後奠爵也。」賈疏：「謂若上文一人舉觶爲旅酬始，二人舉觶爲無算爵始，皆奠於右，是其將舉者於右，以右手舉之便也。」	10	104

鄉射禮	「主人酬賓」章，「主人坐奠 觶于薦西。賓辭，坐取觶以 興，反位。主人阼階上拜送 。賓北面坐奠觶于薦東，反 位。」	鄭注：「酬酒不舉。」按： 先右而後左。	11	112～ 113
鄉射禮	「一人舉觶」章，「舉觶者 進，坐奠觶于薦西。賓辭， 坐取以興。舉觶者西階上拜 送。賓反奠于其所。」	賈疏：「反奠于其所者，還 於薦西，以其射後賓北面舉 之，爲旅酬，故不奠于薦東 也。」按：先右而後右，亦 爲奠右之例。	11	113
鄉射禮	「司正使二人舉觶」章，「舉 觶者皆進，坐，奠于薦右。 賓與大夫辭，坐受觶以興。 ……賓與大夫坐，反奠于其 所。」	按：奠右。	13	143
鄉射禮	記：「凡奠者於左，將舉者 於右。」		13	147
燕禮	「主人酬賓」章，「主人酌 膳，賓西階上拜，受爵于筵 前，反位。主人拜送爵，賓 升席，坐祭酒，遂奠于薦 東。」	鄭注：「奠之者，酬不舉也。」 按：薦東，左。直接在薦左 者。	14	164
燕禮	「二人媵爵於公」章，「媵爵 者洗象觶，升實之，序進， 坐奠于薦南。……公取大夫 所媵觶，興以酬賓。」	鄭注：「奠于薦南，不敢必 君舉也。」按：薦南，薦左。	14	165
燕禮	「再請二大夫媵觶」章，二 大夫「洗象觶，升，實之， 坐奠于南。……（按：「爲 卿舉旅」章）公又行一爵， 若賓若長，唯公所酬。…… （按：「公三舉旅以成獻大 夫之禮」章）公又舉奠觶， 唯公所賜，以旅于西階上如 初。」	鄭注：「奠于薦南者，於公 所用酬賓觶之處。」按：薦 南，薦左。	15	171～ 172
燕禮	「賓媵觶於公，公爲士舉旅 酬」章，「賓降，洗象觶， 升，酌膳，坐奠于薦南，降 拜。……公坐取賓所媵觶， 興。唯公所賜。」	按：薦南，薦左。	15	176

大射	「主人酬賓」章，「主人酌膳。賓西階上拜，受爵于筵前，反位。主人拜送爵。賓升席，坐，祭酒，遂奠于薦東。」	鄭注：「奠之者，酬不舉也。」按：薦東，薦左。	17	196〜197
大射	「二人媵觶，將爲賓舉旅酬」章，「媵爵者洗象觶，升，實之，序進，坐奠于薦南。……公坐取大夫所媵觶，興，以酬賓。」	鄭注：「奠於薦南，不敢必君舉。」按：薦南，薦左。	17	197
大射	「二人再媵觶」章，「若命長致者，……洗象觶，升，實之，坐奠于薦南。……（按：爲卿舉旅）公又行一爵，若賓若長，唯公所賜。」	按：薦南，薦左。	17	198
大射	「爲大夫舉旅酬」章，「公又舉奠觶，唯公所賜，若賓若長，以旅于西階上如初。」	按：此奠觶，當在薦左。	17	218
大射	「賓舉爵爲士旅酬」章，「賓降，洗象觶，升，酌膳，坐奠于薦南。」	按：薦南，薦左。	18	219
聘禮	「主君禮賓」章，賓「以柶祭醴三，……坐啐醴。……建柶，北面奠于薦東。」	按：薦東，薦左。	21	251
公食大夫禮	爲賓設正饌「宰夫右執觶，左執豐，進設于豆東。」	鄭注：「食有酒者，優賓也。設于豆東，不舉也。〈燕禮·記〉曰：『凡奠者於左。』」按：賈公彥指出〈鄉飲酒禮〉、〈鄉射禮·記〉均有此文，鄭注以爲出於〈燕禮·記〉，應爲轉寫之誤。	25	303
特牲饋食禮	「賓三獻」章，「賓三獻如初，燔從，如初。爵止。」	鄭注：「初，亞獻也。尸止爵者，三獻禮成，欲神惠之均於室中，是以奠而待之。」	45	533
特牲饋食禮	「主人酬賓」章，「主人奠觶于薦北。賓坐取觶，還，東面拜。主人答拜。賓奠觶于薦南，揖，復位。」「旅酬」章，「賓坐取觶，阼階前北面酬長兄弟。」	鄭注：「奠酬於薦左，非爲其不舉，行神惠，不可同於飲酒。」按：賓席於堂下西階前東面。薦北，薦左。薦南，薦右。行旅酬時，賓舉此觶酬長兄弟。	45、46	536、543〜544

有司徹	「儐尸之禮，主人受尸酢」章，「主人坐奠爵于左，……北面于阼階上，坐，卒爵，執爵以興，坐奠爵，拜，執爵以興。……主人坐奠爵于東序南。」	鄭注：「奠爵於左者，神惠變於常也。」	49	587
有司徹	「儐尸之禮，上賓三獻」章，「尸奠爵于薦左。」	鄭注：「奠爵，爵止也。」	49	589
有司徹	「儐尸之禮，主人酬尸」章，「主人實觶，尸拜受爵，主人反位答拜，尸北面坐奠爵于薦左。」		49	589
有司徹	「儐尸之禮，主人酬長賓」章，「賓拜受爵。主人拜送爵。賓西面坐，奠爵于薦左。」		50	597
有司徹	「儐尸之禮，上賓三獻禮成」章，「尸作三獻之爵。」		50	598
有司徹	「儐尸之禮，二人舉觶旅酬」章，「尸侑皆拜受爵，舉觶者皆拜送，侑奠觶于右。」	鄭玄說：「奠于右者，不舉也。神惠，右不舉，變於飲酒。」按：堂上，奠於右，不舉。	50	599
有司徹	「不儐尸之禮，賓長三獻」章，「尸拜受。賓戶西，北面答拜。爵止。」	鄭注：「尸止爵者，以三獻禮成，欲神惠之均於室中，是以奠而待之。」	50	603
有司徹	「尸作止爵，祭酒，卒爵，賓拜。」		50	603

附表 14：《儀禮》所見喪奠的升降

說明：（1）配合「凡奠於堂室者，陳徹多升自阼階，降自西階。奠於庭者，陳由重北而西，徹訖由重南而東」條。

（2）各章名稱與喪奠之設徹多交錯，爲明確標識各奠之升降，下表不標章名。

篇　　名	奠名與經文	備　　注	卷	頁
士喪禮	設始死之奠，「奠脯醢、醴酒，升自阼階，奠于尸東。」	按：未載徹於何時。	35	409～410

士喪禮	設小斂奠，「夏祝及執事盥，執醴先，酒、脯醢、俎從，升自阼階。丈夫踊。……祝受巾，巾之，由足降自西階。婦人踊。奠者由重南，東。丈夫踊。」		36	427
士喪禮	徹小斂奠，「祝徹盥于門外，入，升自阼階。」「徹饌，先取醴酒，北面。其餘取先設者，出于足，降自西階。」		37	434
士喪禮	大斂奠，「乃奠，燭升自阼階。祝執巾，席從，設于奧東面。……祝執醴如初，酒、豆、籩、俎從，升自阼階。」「既錯者出，立于戶西，西上。祝後，闔戶，先由楹西，降自西階。」		37	435
士喪禮	若君臨視大斂之儀，「乃奠，升自西階。」	鄭注：「以君在阼。」	37	437
士喪禮	徹大斂奠「徹者盥于門外，燭先入，升自阼階，丈夫踊。」「祝先出，酒、豆、籩、俎序從，降自西階。」		37	439
士喪禮	設朝夕哭奠，「乃奠。醴、酒、脯、醢升，丈夫踊。入，如初設，不巾。」「祝闔戶，先降自西階。」		37	439
士喪禮	設朔月奠，「舉鼎入升，皆如初奠之儀。」「祝與執豆者巾，乃出；主人要節而踊，皆如朝夕哭之儀。」		37	439～440
既夕禮	設遷柩從奠，「奠設如初，巾之，升降自西階。」	鄭注：「柩也，猶用子道，不由阼也。」	38	450
既夕禮	徹遷柩從奠，「徹者升自阼階，降自西階。」		38	451
既夕禮	設遷祖奠，「乃奠，如初，升、降自西階。」	鄭注：「為遷祖奠也。奠升不由阼階，柩北首，辟其足。」	38	451

既夕禮	徹遷祖奠，「徹奠，巾席俟于西方。主人要節而踊。」	鄭注：「要節者，來象升，丈夫踊；去象降，婦人踊。徹者由明器北，西面。既徹，由重南東。」	38	455
既夕禮	設祖奠，「乃奠如初。」		38	455
既夕禮	徹祖奠，「徹者入，丈夫踊。設于西北，婦人踊。徹者東。」	鄭注：「猶阼階升時也。……入由重東，而主人踊，猶其升也。自重北西面而徹，設於柩車西北，亦猶序西南。」按：「徹者東」，鄭注：「由柩車北，東適葬奠之饌。」其路線應是至重南後而東行。	39	464
既夕禮	大遣奠，「乃奠。……奠者出，主人要節而踊。」	鄭注：「亦以往來為節。奠由重北西，既奠，由重南東。」賈疏：「此奠饌在輅之東，言由重北者，亦是由車前明器之北，鄉柩車西設之。設訖，由柩車南而來者，禮之常也。」	39	465
既夕禮	記：大斂奠之儀，「巾奠執燭者，滅燭出，降自阼階，由主人之北東。」	鄭注：「巾奠而室事已。」	41	480
既夕禮	記：二廟者啟殯先朝禰之儀，「乃奠。升降自西階。」		41	484

附表 15：《儀禮》所見「拜至」、「不拜至」、「至再拜」的情形

篇　名	章名與經文	備　注	卷	頁
士昏禮	「醴使者」章，「主人北面，再拜。賓西階上，北面答拜。」		4	41
鄉飲酒	「拜至」章，「主人升，賓升。主人阼階上，當楣，北面，再拜。賓西階上，當楣，北面，答拜。」	鄭注：「復拜，拜賓至此堂，尊之。」	8	83
鄉飲酒	「主人獻眾賓」章，「主人西南面三拜眾賓，眾賓皆答壹拜。」	鄭注：「不升拜，賤也。」	9	90
鄉飲酒	「尊者入之禮」章，「主人迎，揖讓，升。公升，如賓禮。」	按：據「公升，如賓禮」，可知主人對尊者亦行拜至之禮。	10	102

鄉射禮	「迎賓拜至」章，「主人阼階上，當楣北面，再拜。賓西階上，當楣北面，答再拜。」	鄭注：「主人拜賓至此堂。」	11	111
鄉射禮	「主人獻大夫」章，「主人揖讓，以大夫升，拜至。大夫答拜。」		11	114
鄉射禮	「息司正」章，主人「迎于門外，不拜。入，升，不拜至。」		13	145
燕禮	「主人獻賓」章，「賓升自西階。主人亦升自西階，賓右，北面，<u>至再拜</u>。賓答再拜。」	鄭注：「至再拜者，拜賓來至也。」	14	161
燕禮	「記：國君宴請異國使臣之禮」章，「若與四方之賓燕，則公迎之于大門內，揖讓，升。」	鄭注：「四方之賓，謂來聘者也。自戒至於拜至，皆如〈公食〉。」	15	179
大射	「主人獻賓」章，「賓升自西階，主人從之，賓右北面，<u>至再拜</u>，賓答再拜。」		16	192
聘禮	「私覿」章，「公揖讓如初，升，公北面再拜。賓三退，反還，負序。」	鄭注：「公再拜者，以其初以臣禮見新之也。」	21	252
聘禮	「記：公禮賓儀物」章，「禮，不拜至。」	鄭注：「以賓不於是始至。」賈疏：「此文承執玉帛之下，聘臣事據〈鄉飲酒〉賓主升堂，主人有拜至之禮，此賓昨日初至之時，主人請賓行禮，賓言：『俟閒』，此時賓已至矣，故聘時不拜至，是以鄭云：『以賓不於是始至。』」	24	287
公食大夫禮	「賓入，拜至」章，「公當楣北鄉，<u>至再拜</u>。賓降也，公再拜。」	鄭注：「至再拜者，興禮，俟賓，嘉其來也。」	25	301
公食大夫禮	「大夫相食之禮」章，大夫「迎賓于門外、拜至，皆如饗拜。」		26	313
有司徹	「儐尸之禮，迎尸及侑」章，「主人東楹東，北面拜至，尸答拜。主人又拜侑，侑答拜。」	鄭注：「拜至，喜之。」	49	581

附表 16：《儀禮》士喪禮所見主人袒襲情形

篇　名	章名與經文	備　注	卷	頁
士喪禮	「飯含」章,「主人出,南面,左袒,……又實米唯盈。主人襲,反位。」	鄭注:「襲,復衣也。」飯含時,主人袒,禮畢,襲。	36	421
士喪禮	「小斂俟尸」章,「主人髻髮,袒。……(主人)即位,踊,襲,絰于序東,復位。」	小斂俟尸,主人袒,禮畢而襲。	36	426
士喪禮	「大斂」、「殯」章,「主人及親者升自西階,出于足,西面袒。……祝取銘置于肂。主人復位踊,襲。」	鄭注:「袒,大斂變也。」大斂帷堂,主人袒,殯畢復襲。	37	434～435
士喪禮	「君臨視大斂」章,「主人出迎于外門外,見馬首,不哭,還,入門右,北面,及眾主人袒。……主人哭,拜送,襲,入即位。」	君若臨視大斂,主人袒,禮畢送君後,主人襲。	37	436～438
既夕禮	「啓殯」、「遷柩朝祖」章,「主人拜賓,入,即位袒。……主人踊無算,降,拜賓,即位,踊,襲。」	啓殯,主人袒,於祖廟既設柩,主人襲。	38	449～450
既夕禮	「將朝祖,先載柩,飾柩車」章,「主人入,袒。乃載,踊無算。卒束,襲。」	將祖而飾柩車時,主人袒,飾畢復襲。	38	452
既夕禮	「還柩車,設祖奠」章,「主人要節而踊,袒。……乃祖,踊,襲。」	還柩車設祖奠,主人袒,既奠則襲。	38	455
既夕禮	「國君賵禮」章,主人「及眾主人袒。……主人送于外門外,拜,襲,入復位,杖。」	國君賵禮,主人袒,禮畢襲。	39	461～462
既夕禮	「柩車發行」章,「主人袒,乃行,踊無算。出宮,踊襲。」	鄭注:「袒爲行變也。」柩車將行,主人袒乃行,柩車出宮則襲。	39	466
既夕禮	「窆柩、藏器葬事畢」章,「主人袒,……及窆,主人哭,踊無算,襲。」	至于壙下葬,主人袒,埋葬後復襲。	40	471

附表 17：〈鄉射〉、〈大射〉所見司射祖襲的記載

射 次	〈鄉射〉司射	卷	頁	〈大射〉司射	卷	頁
第一番射	司射請射，「袒、決、遂，取弓于階西。」。	12	117	司射於堂下阼階前，請納射器、誓射、比耦，「袒、決、遂，執弓，挾乘矢」。	17	201
第一番射	司射「不釋弓矢，遂比三耦於堂西」。	12	118			
第一番射	司射堂上誘射。〔註3〕按：射箭則袒。	12	124	司射誘射「搢三挾一个」。按：射箭則袒。	17	202
第一番射	司射誘射畢，執弓降堂，「適堂西改取一个挾之」。鄭注：「不射而挾之，示有事也。」按：仍袒。	12	125～126	司射誘射畢，「適堂西改取一个挾之。」按：仍袒	17	202
第一番射	第一番射事畢，司射去扑升堂，告卒射。按：未見釋弓、襲。	12	126	第一番射事畢，司射於堂下，告卒射。按：未見釋弓、襲。	17	204
第二番射	司射請射比耦，倚扑于階西，升堂。按：未見釋弓、襲。	12	127	司射請射、比耦。按：未見釋弓、襲。	17	204～205
第二番射	司射命三耦拾取矢。按：未見襲。	12	129	司射命三耦拾取矢。按：未見釋弓、襲。	17	205
第二番射	司射「作射如初」按：未見釋弓、襲。	12	129	司射「作射如初」、請釋獲于公。按：未見釋弓、襲。	17	205～206
第二番射	司射「猶挾一个」，請釋獲于賓。鄭注：「司射既誘射，恒執弓挾矢以掌射事，備尙未知，當教之也。今三耦卒射，眾足以知之矣，猶挾之者，君子不必也。」按：據此，則上述禮節，司射皆袒。	12	129			

〔註3〕　清人張爾岐對於第一番射的數法，有二種：就狹義而言，第一番，爲三耦之
　　　　射，獲而不釋者。司射誘射，因屬示範性質，故不列入其中。就廣義而言，「司
　　　　射請射于賓，命弟子納射器，比三耦，司馬命張侯，又命倚旌、樂正遷樂器，
　　　　三耦取弓矢，司射誘射，乃作三耦射，司馬命設楅取矢，凡九節，射之第一
　　　　番也。」（《儀禮鄭注句讀·鄉射禮第五》，頁178）司射誘射，可列入第一番
　　　　射中。由於本文旨在討論射禮的袒襲，因此從寬看待司射誘射的定位。此承
　　　　葉國良師提示，特此致謝。

第二番射				司射告射於公。按：未見釋弓、襲。	18	211
第二番射	司射「釋弓，去扑，襲」，堂下視算。	12	131	司射「釋弓，去扑，襲」，堂下視算。按：據此，則上述禮節，司射皆袒。	18	212
第二番射	司射於堂下西處，命弟子設豐。按：仍襲。	12	131	司射於堂下西處，命設豐。按：仍襲。	18	213
第二番射	司射「袒、執弓，挾一个」，命飲不勝者。	12	131～132	司射「袒、執弓，挾一个」，命飲不勝者。	18	213
第二番射	司射適階西「釋弓矢，去扑，說決、拾，襲」，獻釋獲者。	12	133	司射「釋弓，說決、拾，襲」，獻釋獲者。	18	216
第二番射	司射適堂西，「袒決遂，取弓，挾一个」，反位。	12	134	司射獻釋獲者畢，「袒、決、遂，取弓，挾一个」，反位。	18	216
第三番射	司射請射、命耦。按：則袒。	12	134	司射倚扑於階西，於阼階下北面請射于公，「如初」。按：言「如初」則袒。	18	216
第三番射	司射使眾人拾取矢。按：則袒。	12	134	小射正使眾人拾取矢，「如初」。	18	216
第三番射	司射去扑「襲，升，請以樂節射」。按：敖繼公以此「襲」字為衍文。	12	135	司射「猶挾一个，以作射如初」，請以樂節射。按：則袒。	18	217
第三番射	釋算告獲「司射釋弓，視算，如初」。按：此時當襲。	12	135	「司射釋弓，視算，如初」。按：言「釋弓」、「如初」，則司射襲。	18	218
第三番射	司射命弟子設豐。按：仍襲。	12	135	司射命弟子設豐。按：仍襲。	18	218
第三番射	司射「袒、決、遂，左執弓，右執一个」，命拾取矢如初。按：據下文，可知此時袒。	12	136	司射「袒、決、遂，左執弓，右執一个」，命拾取矢如初。按：至此袒。	18	218
第三番射	拾取矢畢，司射「釋弓，去扑，說決、拾，襲，反位」。	12	136	拾取矢畢，司射說決、拾、襲。	18	218
第三番射	司射於堂下命釋獲者退中與算。	12	136	司射於堂下命釋獲者退中與算。	18	218

附表 18：〈鄉射〉、〈大射〉所見司馬祖襲的記載

射　次	〈鄉射〉司馬	卷	頁	〈大射〉司馬	卷	頁
第一番射	司馬於堂下命張侯、倚旌於侯中。按：未言祖襲，則仍襲。	11	118	司馬師於堂下命執旌負侯。按：未言祖襲，則仍襲。	17	202
第一番射	司馬適堂西「不決遂，祖，執弓。」升堂，命去侯。去侯畢，釋弓、襲於堂下，反位。	12	125	司馬正「祖決遂，執弓。」升堂，命去侯。去侯畢，釋弓、襲於堂下，反位。	17	203
第一番射	第一番射事畢，司馬適西，「祖，執弓」，升堂，命取矢。	12	126	第一番射事畢，司馬正「祖決遂，執弓」，升自西階，命取矢。	17	204
第一番射	第一番射事畢，司馬命降自西階，適堂前北面，立於所設楅之南，「命設楅」，按：據下文，可知此時仍持弓，祖。	12	126	第一番射事畢，司馬正降自西階，命設楅，「以弓爲畢」。按：仍祖。	17	204
第一番射	既設楅，司馬降堂，「釋弓於堂西，襲」，反位。	12	127	既設楅，司馬正適次，「釋弓，說決、拾，襲」，反位。	17	204
第一番射	司馬襲，當庭中之楅坐，乘矢。	12	127	司馬師坐，乘矢。按：未言祖襲。	17	204
第一番射	若取矢不備，司馬「又祖、執弓如初」，升堂，命復求矢。	12	127	若矢不備，司馬正「又祖，執弓」，升堂，「命取矢如初」。	17	204
第二番射	司馬命去侯，「降，釋弓」。按：釋弓則襲。	12	129	司馬命去侯，「如初」。「司馬降，釋弓，反位」。按：言「如初」，則祖。	17	205
第二番射				公將射，司馬師命負侯者執旌而俟。公準備妥當，司馬師升堂，「命去侯如初」，命畢，降堂，「釋弓，反位」。按：賈公彥以爲司馬師揚弓「命去侯」，若然，則司馬師命去侯時，當執弓、祖，降時乃釋弓、襲。	18	211
第二番射	第二番射事畢，司馬「祖、決、執弓」，升堂，「命取矢如初」。	12	130	第二番射事畢，司馬「祖，執弓，升」命取矢、以旌負侯，「如初」。	18	212

第二番射	司馬命畢，「降，釋弓，反位。」按：釋弓則襲。	12	130	司馬命畢，降堂，「釋弓如初」。按：言「如初」則襲。	18	212
第二番射	第二番射事畢，司馬於堂下乘矢如初。按：言「如初」則襲。	12	131	第二番射事畢，司馬正撫矢。按：未言袒襲。	18	212
第二番射	射畢，司馬於堂下獻獲者。按：未言袒襲。	12	132～133	司馬正於堂下獻服不。司馬師獻隸僕人與巾車、獲者。按：未言袒，則仍襲。	18	214
第三番射	司馬升堂，命去侯；降堂，「釋弓反位」。按：釋弓則襲。	12	135	將射，司馬升堂，命去侯，「降，釋弓，反位。」按：升堂命去侯時袒，降堂；釋弓則襲。	18	217
第三番射	射畢，司馬升堂「命取矢」，降堂，「釋弓，反位」。按：釋弓則襲。	12	135	射畢，司馬升堂，命取矢，「降，釋弓，反位」。按：升堂命取矢，袒；釋弓則襲。	18	218
第三番射	司馬乘矢，「如初」。按：言「如初」則「襲」。	12	135	射畢，司馬師乘矢，「如初」。按：言「如初」則襲。	18	218
第三番射	司馬於堂下命去旌、楅等射器。按：未言袒襲。	12	136	司馬正於堂下命退楅，司馬師命獲者退旌與薦俎。按：未言袒襲。	18	218

附表 19：《儀禮》所見授受禮

說明：（1）配合「禮，敵者並授」條。

（2）奠摯、辭而不受者，未列於表中。

篇　名	經　文	備　注	卷	頁
士冠禮	「初加」章，賓「降西階一等，執冠者升一等，東面授賓。」	按：賓南面、執冠者東面。	2	19
士冠禮	「再加」章，賓「降二等，受皮弁，右執項，左執前，進，祝、加之，如初。」		2	20
士冠禮	「三加」章，「賓降三等，受爵弁，加之服纁裳韎韐，其他如加皮弁之儀。」		2	20
士昏禮	「納采」章「賓升西階，當阿，東面致命。主人阼階上北面，再拜。授于楹間，南面。」	鄭注：「授於楹間，明爲合好，其節同也。南面，並授也。」	4	40

士昏禮	「醴使者」章，「主人拂几，授校，拜送。賓以几辟，北面設于坐，左之，西階上答拜。」		4	41
士昏禮	「納吉」章，「納吉，……如納采禮。」		4	42
士昏禮	「納徵」章，「納徵，……如納吉禮。」		4	42
士昏禮	「請期」章，「請期，……如納徵禮。」		4	42
士相見禮	「士相見」章，「賓奉摯，入門左。主人再拜受。賓再拜送摯，出。」	鄭注：「受摯於庭，既拜送，則出矣。不受摯於堂，下人君也。」	7	71
士相見禮	「大夫舊臣見大夫」章，舊臣入奠摯，出時，大夫使擯者還摯，「（舊臣）再拜。受。」	鄭注：「受其摯而去之。」	7	72
士相見禮	「大夫、士、庶人見君」章，「庶人見於君，不爲容，進退走。士、大夫則奠摯，再拜稽首。君答壹拜。」	鄭注：「君答士、大夫一拜，則於庶人，不答之。庶人之摯，鶩。」 按：王引之《經義述聞》：「下，指堂下。」若然，庶人可至堂下，則鄭玄認爲士相見在庭，似可商榷。	7	73
士相見禮	「外臣見君」章，使擯者於外臣出時，還摯，「（外臣）再拜稽首。受。」		7	73
大射	「君與賓耦射」章，「大射正執弓，……左執弣，右執簫，以授公。」		18	212
大射	「君與賓耦射」章，「射臣師以巾內拂矢而授矢于公，稍屬。」		18	212
大射	「君與賓耦射」章，「公卒射，……大射正受弓。小射正以笴受決、拾，退奠于坫上，復位。」		18	212
聘禮	「授幣」章，「宰執書，告備具于君，授使者，使者受書，授上介。」	鄭注：「史展幣畢，以書還授宰。宰既告備以授使者，其受授皆北面。」	19	227

聘禮	「受命遂行」章，國君「南鄉」，使者及眾介「北面東上」，賈人「取圭，垂繅，不起而授宰。宰執圭，屈繅，自公左授使者。使者受圭，同面，垂繅以受命。既述命，同面授上介。上介受圭，屈繅，出授賈人。」	鄭注：「同面者，宰就使者，北面，並授之，既授之，而君出命矣。凡授受者，授由其右，受由其左。」	19	229
聘禮	「受命遂行」章，「受享束帛加璧，受夫人之聘璋、享玄纁束帛加琮，皆如初。」		19	229
聘禮	「郊勞」章，「勞者奉幣入，東面致命。賓北面聽命，還，少退，再拜稽首，受幣。勞者出。」	鄭注：「（勞者）東面，鄉賓」、「北面聽命，若君南面然。少退，象降拜。」 賈疏：「若然，此行尊卑禮訝受法。歸饗餼時，上北面受幣。此在庭，亦當北面訝受幣，勞者南面可知也。」	19	233
聘禮	「郊勞」章，賓儐使者，「賓用束錦儐勞者。勞者再拜稽首，受。賓再拜稽首，送幣。」	鄭注：「稽首，尊國賓也。」「受、送，拜皆北面，象階上。」按：拜雖北面，但授受的面向未明。	19	233～234
聘禮	「郊勞」章，「夫人使下大夫勞，……賓受棗，大夫二手授栗。賓之受，如初禮。」	鄭注：「右手執棗，左手執栗。」「如卿勞之儀。」按：相向授受。	20	238
聘禮	「聘享」章，賓立於廟門外西塾，賈人東面「取圭，垂繅不起而授上介。上介不襲，執圭，屈繅，授賓。」	鄭注：賈人「授圭不起，賤不與為禮也。」「上介北面受圭，進西面授賓。」 賈疏：「賓東面，故上介西面授賓。」按：相向授受。	20	243
聘禮	「聘享」章，聘時，「公側襲，受玉于中堂與東楹之間。」	鄭注：「中堂，南北之中也。入堂深，尊賓事也。東楹之間，亦以君行一，臣行二。」按：君尊賓卑之禮。	20	244
聘禮	「聘享」章，享時，賓「致命，張皮。公再拜受幣。士受皮者，自後右客。」	鄭注：「自，由也。從東方來，由客後西，居其左，受皮也。執皮者既授，亦自前西而出。」	21	249
聘禮	「聘享」章，「聘于夫人用璋，享用琮，如初禮。」	鄭注：「如公立于中庭以下。」	21	249

聘禮	「主君禮賓」章，「賓進訝受几于筵前，東面俟。」	鄭注：「未設也。今文訝為梧。」	21	250
聘禮	「主君禮賓」章，「宰夫實觶以醴，加柶于觶，面枋。」	鄭注：「酌以授君也。君不自酌，尊也。宰夫亦洗，升，實觶以醴自東箱來，不面攝，不訝授也。」	21	250
聘禮	「主君禮賓」章，賓「升，再拜稽首，受幣，當東楹，北面。退，東面俟。公壹拜，賓降也。公再拜。」	鄭注：「亦訝受而北面者，禮，主於己。己，臣也。」按：君尊賓卑之禮。	21	251
聘禮	「主君禮賓」章，「賓執左馬以出。上介受賓幣，從者訝受馬。」	鄭注：「受尊者禮，宜親之也。效馬者，并左右靮授之，餘三馬，主人牽者從出也。」	21	251
聘禮	「私覿」章，賓「振幣進授，當東楹北面。士受馬者，自前還牽者後，適其右受。」	鄭注：「不言君受，略之也。」「自，由也。適牽者之右而受之也。此亦並授者，不自前左，由便也。便其已授而去也。受馬自前，變於受皮。」按：君尊賓卑。	21	252
聘禮	「私覿」章，介私覿，奠幣於庭，擯者請受，「介禮辭，聽命，皆進，訝受其幣。」	鄭注：「此言『皆』、『訝受』者，嫌擯者一一授之。」	21	253
聘禮	「私覿」章，「上介奉幣，皮先，入門左，奠皮。公再拜。介振幣，自皮西進，北面授幣，退復位，再拜稽首送幣。」	鄭注：「進者，北行，參分庭一而東行，當君，乃復北行也。」	21	253
聘禮	「卿勞賓」章，「大夫奠鴈，再拜，上介受。」		21	255
聘禮	「歸饗餼」章，「大夫東面致命。賓降，階西，再拜稽首，拜餼亦如之。大夫辭。升，成拜，受幣堂中西，北面。」	鄭注：「趨主君命也，堂中西，中央之西。」按：大夫尊賓卑。	22	262
聘禮	「歸饗餼」章，賓儐使者「賓降堂，受老束錦，大夫止。……賓致幣。大夫對，北面當楹，再拜稽首。受幣于楹間，南面，退，東面俟。賓再拜稽首，送幣。大夫降，執左馬以出。」	鄭注：「止不降，使之餘尊。」大夫「稽首，尊君客也。」「賓北面授，尊君之使。」「出廟門，從者亦訝受之。」按：敵體。	22	262～263

聘禮	「君命下大夫贈介」章，「下大夫韋弁，用束帛致之。上介韋弁以受，如賓禮。儐之，兩馬束錦。」		22	263
聘禮	「賓問卿」章，「賓東面致命，大夫降階西，再拜稽首。賓辭，升，成拜。受幣堂中西，北面。賓降，出。」	鄭注：「於堂中央之西受幣，趨聘君之命。」按：賓尊大夫卑。	22	264
聘禮	「賓面卿」章，「賓稱面。大夫對，北面當楣再拜，受幣于楣間，南面，退，西面立。賓當楣再拜，送幣，降，出。」	鄭注：「受幣，楣間，敵也。賓亦振幣，北面授。」按：敵體。	22	264～265
聘禮	「介面卿」章，「介升，大夫再拜受。介降，拜。大夫降，辭。介升，再拜送幣。」	鄭注：「亦於楣間南面而受。」「介既送幣，降出也。大夫亦授老幣。」	22	265
聘禮	「介問下大夫」章，「問下大夫。下大夫如卿受幣之禮。其面，如賓面于卿之禮。」		22	265
聘禮	「夫人歸禮賓介」章，「大夫以束帛致之。賓如受饔之禮，儐之乘馬束錦。上介四豆四籩四壺，受之如賓禮，儐之，兩馬束錦。」		22	266
聘禮	「大夫餼賓介」章，「老牽牛以致之。賓再拜稽首，受。老退，賓再拜送。上介亦如之。」	鄭注：「老，室老，大夫之貴臣。」	22	266～267
聘禮	「還玉報享」章，「大夫升自西階，鉤楹。賓自碑內聽命，升自西階，自左，南面受圭，退負右房而立。」	鄭注：「鉤楹，由楹內將南面致命。致命不東面，以賓在下也。」「自左，南面，右大夫且並受也。必並受者，若鄉君前耳。」	23	271
聘禮	「還玉報享」章，「賓降自碑內，東面，授上介于阼階東。……賓迎大夫還璋，如初入。」	鄭注：「授於阼階東者，欲親見賈人藏之也。賓還阼階下，西面立。」	23	271
聘禮	「賓行，主國贈送」章，「公使卿贈，如覿幣。受于舍門外，如受勞禮。無儐。使下大夫贈上介，亦如之。使士		23	272

	贈眾介，如其覿幣。大夫親贈，如其面幣，無儐。贈上介亦如之。使人贈眾介，如其面幣。」			
聘禮	「使者反命」章，使者「北面。上介執璋，屈繅，立于其左。……宰自公左，受玉。受上介、致命亦如之。」	鄭注：「此主於反命，士介亦隨入並立，東上。」宰「亦於使者之東，同面並受也。不右使者，由便也。」	23	273
聘禮	「使者反命」章，使者「授上介幣，再拜稽首。公答再拜。」	鄭注：「授上介幣，當拜公言也。」	23	274
聘禮	「記：公禮賓儀物」章，「主人之庭實，則主人遂以出，賓之士訝受之。」	鄭注：「此謂餘三馬也。左馬，賓執以出矣。士，士介從者。」	24	287
公食大夫	「公以束帛侑賓」章，「賓升，再拜稽首，受幣，當東楹，北面。退，西楹西，東面立。公壹拜，賓降也，公再拜。」	鄭注：「主國君南面授之，當東楹者，欲得君行一，臣行二也。」按：公尊賓卑。	25	306
公食大夫	「公以束帛侑賓」章，賓「執庭實以出。……上介受賓幣，從者訝受皮。」	鄭注：「從者，府、史之屬。訝，迎也。今文曰梧受。」	25	306
覲禮	「王使人郊勞」章，「侯氏升聽命，降，再拜稽首，遂升受玉。使者左還而立，侯氏還璧，使者受。侯氏降，再拜稽首。」	鄭注：「左還，還南面，示將去也。」	26下	318～319
覲禮	「王使人郊勞」章，儐使者，「侯氏先升，授几。侯氏拜送几。使者設几答拜。侯氏用束帛、乘馬儐使者，使者再拜受。侯氏再拜，送幣。」		26下	319
覲禮	「王賜侯氏舍」章，「儐之，束帛乘馬。」		26下	319
覲禮	「侯氏執瑞玉，行覲禮」章，「侯氏坐取圭，升致命。王受之玉。」		26下	322
覲禮	「覲已，行三享」章，「侯氏升致命。王撫玉。侯氏降自西階，東面授宰幣，西階前再拜稽首，以馬出，授人，九馬隨之。」		27	326

覲禮	「王賜侯氏車服」章,「大史加書于服上,侯氏受。」「儐使者,諸公賜服者,束帛、四馬,儐大史亦如之。」		27	327
既夕禮	「賓賵」章,「賓東面將命,主人拜。賓坐委之,宰由主人之北,東面舉之,反位。若無器,則捂受之。」	鄭注:「坐委之,明主人哀戚,志不在受人物。反位,反主人之後位。」「謂對相授,不委地。」 賈疏:「以堂上授有並受法。以其在門外,若有器盛之,則坐委於地。若無器,則對面相授受,故云『捂受之』。捂,即迕也,對面相逢受也。」	39	462

附表 20：《儀禮》所見食前祭祀順序

篇　名	食前的祭祀順序（由左至右）						卷	頁
士昏禮	祭葅醢	祭黍稷肺	祭肺脊				5	51
公食大夫禮	祭葅醢	祭黍稷	祭三牲之肺	祭鉶	祭酒	祭梁稻（加饌） 祭庶羞之大（加饌）	25	304
士虞禮	祭葅醢	「祝命佐食墮祭」,祭黍稷肺。	祭肺脊	祭鉶			42	497
特牲饋食禮	「祝命挼祭」祭葅醢。	祭黍稷肺	祭酒	祭鉶	祭肺脊		45	531
少牢饋食禮	祭葅醢	祭黍稷肺	祭肺脊〔註4〕	祭鉶			48	570

附表 21：《儀禮》所見升階揖讓記載

說明：配合討論賓主、君臣「入門後」三揖,及「升階」三揖三讓等禮例。

篇　名	章名與經文	備　注	卷	頁
士冠禮	「迎賓及贊冠者入」章,「至于階,三讓,主人升,立于序端西面,賓西序東面。」	鄭注:「主人、賓俱升,立相鄉。」 按:三讓。	2	19

〔註4〕 據賈疏,佐食授尸肺、脊後,經文缺「尸受祭肺」四字。見《儀禮・少牢饋食禮》,賈疏,卷48,頁570。

士冠禮	「初加」章,「賓盥卒,壹揖,壹讓,升。主人升,復初位。」	鄭注:「揖讓皆壹者,降於初。」 按:一讓。	2	19
士冠禮	「孤子冠法」章,「冠之日,主人紒而迎賓,拜、揖、讓立于序端,皆如冠主。」		3	30
士昏禮	「納采」章,「至于階,三讓。主人以賓升,西面。賓升西階。」	按:三讓。	4	40
士昏禮	「醴使者」章,「主人迎賓于廟門外,揖讓如初,升。」	按:揖讓如初,則三讓。(出廟門)	4	41
士昏禮	「親迎」章,「至于階,三讓。主人升,西面。賓升,北面。」	按:三讓。	5	50
士昏禮	「不親迎者,見婦之父母之禮」章,「主人請醴,及揖、讓、入,醴以一獻之禮。」	按:出而復入,當爲三讓。	6	66
鄉飲酒禮	「速賓、迎賓、拜至」章,「至于階,三讓。主人升,賓升。」	按:三讓	8	83
鄉飲酒禮	「主人獻賓」章,「主人坐取爵。沃洗者西北面。卒洗,主人壹揖,壹讓。升。賓拜洗。」	鄭注:「俱升。」	8	83
鄉飲酒禮	「主人獻賓」章,「主人辭,賓對,復位,當西序。卒盥,揖,讓,升。賓西階上疑立。」	按:一讓。	8	83
鄉飲酒禮	「賓酢主人」章,「賓東北面,盥,坐取爵。卒洗,揖、讓如初,升。主人拜洗。賓答拜。」	按:一讓。	9	88
鄉飲酒禮	「賓酢主人」章,「降盥,如主人禮。」	按:一讓。	9	88
鄉飲酒禮	「主人酬賓」章,「卒洗,揖、讓,升。」	按:一讓。	9	88
鄉飲酒禮	「主人酬賓」章,「主人降洗,賓降辭如獻禮,升不拜洗。」	按:一讓。	9	88〜89
鄉飲酒禮	「主人獻介」章,「主人以介揖、讓、升、拜,如賓禮。」	按:一讓。	9	89

鄉飲酒禮	「主人獻介」章，「介辭洗，如賓禮，升，不拜洗。」	按：一讓。	9	89
鄉飲酒禮	「介酢主人」章，介「卒洗。主人盥。介揖，讓，升，授主人爵于兩楹之間。」	按：一讓。	9	89
鄉飲酒禮	「主人獻眾賓」章，「主人揖，升，坐取爵于西楹下，降洗，升實爵，于西階上獻眾賓。眾賓之長升、拜受者三人。主人拜送。」	按：一讓。	9	90
鄉飲酒禮	「一人舉觶」章，主人「揖，讓，升。賓厭介升，介厭眾賓升，眾賓序升，即席。」	按：一讓。	9	90
鄉飲酒禮	「坐燕」章，「說屨，揖讓如初，升，坐。」	按：一讓。	10	101
鄉飲酒禮	「尊者入之禮」章，「主人迎，揖讓，升。公升如賓禮。」	按：「如賓禮」，則三讓。	10	102
鄉射禮	「迎賓拜至」章，「及階，三讓，主人升一等，賓升。」	鄭注：「三讓而主人先升者，是主人先讓於賓。不俱升者，賓客之道，進宜難也。」按：三讓，主人先升。	11	111
鄉射禮	「主人獻賓」章，「主人卒洗，壹揖壹讓，以賓升。」	按：一讓。	11	111
鄉射禮	「主人獻賓」章，「主人卒盥，壹揖壹讓升。賓升，西階上疑立。」	按：一讓。	11	111
鄉射禮	「賓酢主人」章，「賓卒洗。揖讓如初，升。」	賈疏：「言『如初』，則亦一揖一讓也。」	11	112
鄉射禮	「賓酢主人」章，賓「盥如主人之禮。」	按：一讓。	11	112
鄉射禮	「主人酬賓」章，主人「卒洗，揖讓升。」	按：一讓。	11	112
鄉射禮	「主人酬賓」章，主人飲畢，降洗，賓「升，不拜洗。」	按：一讓。	11	112
鄉射禮	「主人獻眾賓」章，主人「降洗，升實爵，西階上獻眾賓。眾賓之長升拜受者三人。」	按：一讓。	11	113

鄉射禮	「一人舉觶」章，主人「揖讓，升。賓厭眾賓升，眾賓皆升，就席。」	按：一讓。	11	113
鄉射禮	「尊者入，獻酢之禮」章，大夫初入門「主人揖讓，以大夫升。」	按：三讓。	11	114
鄉射禮	「尊者入，獻酢之禮」章，主人獻大夫，「升，不拜洗。」	按：一讓。	11	114
鄉射禮	「尊者入，獻酢之禮」章，主人自酢於大夫，大夫「卒洗。主人盥，揖讓升。」	按：一讓。	11	114
鄉射禮	「合樂、樂賓」章，「主人揖讓以賓升；大夫及眾賓皆升就席。」	按：一讓。	11	114
鄉射禮	「坐燕」章，「主人以賓揖讓，說屨，乃升。大夫及眾賓皆說屨，升，坐。」	按：一讓。	13	144
燕禮	「主人獻賓」章，「賓升自西階，主人亦升自西階。」	按：無讓。	14	161
燕禮	「主人獻賓」章，「主人卒洗。賓揖，乃升。主人升。」	鄭注：「賓每先升，尊也。」按：無讓。	14	162
燕禮	「主人獻賓」章，主人「卒盥。賓揖，升。主人升。」	按：無讓。	14	162
燕禮	「賓酢主人」章，賓「卒洗，及階，揖，升。主人升。」	按：無讓。	14	162
燕禮	「賓酢主人」章，賓「卒盥，揖，升。」	按：無讓。	14	162
燕禮	「主人酬賓」章，主人「卒洗，揖，升。不拜洗。」	按：無讓。	14	164
燕禮	「記：國君宴請異國使臣之禮」，「若與四方之賓燕，則公迎之于大門內，揖讓，升。」	按：三讓。	15	179
大射	「主人獻賓」章，「賓升自西階，主人從之。」	按：無讓。	16	192
大射	「主人獻賓」章，「主人卒洗。賓揖升。主人升。」	鄭注：「賓每先升，尊也。」	16	192
大射	「主人獻賓」章，「卒盥，賓揖升，主人升。」	按：無讓。	16	192

大射	「賓酢主人」章，賓「卒洗，及階，揖升。主人升。」	按：無讓。	17	196
大射	「賓酢主人」章，賓「卒盥，揖升。」	按：無讓。	17	196
大射	「主人酬賓」章，主人「卒洗。賓揖升，不拜洗。」	按：無讓。	17	196
聘禮	「聘享」章，「至于階，三讓。公升二等，賓升。」	鄭注：「先賓升二等，亦欲君行一，臣行二。」按：三讓。	20	244
聘禮	「聘享」章，賓行享，「賓入門左，揖讓如初，升。」	按：「如初」，爲三讓。	21	249
聘禮	「主君禮賓」章，「公出，迎賓以入，揖讓如初。」	鄭注：「公出迎者，已之禮更端。」按：賓出廟門。「如初」，三讓。	21	250
聘禮	「私覿」章，「公揖讓如初，升。」	按：三讓。	21	252
聘禮	「歸饔餼」章，「至于階，讓，大夫先升一等。賓從升堂。」	鄭注：「讓不言三，不成三也。凡升者，主人讓于客三，敵者則客三辭，主人乃許，升，亦道賓之義也。使者尊，主人三讓則許，升矣。今使者三讓，則是主人四讓也。公雖尊亦三讓乃許，升，不可以不下主人也。」按：三讓。	22	262
聘禮	「歸饔餼」，儐使者，「入，揖讓如初。賓升一等，大夫從，升堂。」	鄭注：「賓先升，敵也。」按：三讓。	22	262
聘禮	「賓問卿」章，「至于階，讓。賓升一等，大夫從，升堂，北面聽命。」	鄭注：「古文曰三讓。」「賓先升，使者尊。」 賈疏：「不從古文者，亦是不成三，故賓先升一等，大夫升從堂，故不從三讓也。」	22	264
聘禮	「賓面卿」章，「揖讓如初。大夫升一等，賓從之。」	鄭注：「大夫先升，道賓。」按：敵體，主人先升。三讓。	22	264
聘禮	「介面卿」章，「大夫揖讓如初。介升，大夫再拜受。」	鄭注：「大夫亦先升一等。」按：尊卑，尊者先升。三讓。	22	265
聘禮	「問下大夫」章，上介「問下大夫。下大夫如卿受幣之禮。其面如賓面于卿之禮。」	按：三讓。	22	265

聘禮	「夫人歸禮賓介」章，「賓如受饗之禮。儐之……。上介，……受之如賓禮。」	按：三讓。	22	266
公食大夫禮	「賓入拜至」章，「至于階，三讓。公升二等，賓升。」	鄭注：「讓先升」、「遠下人君」。 賈疏：「亦取君行一，臣行二之義也。」按：三讓。	25	300
公食大夫禮	「爲賓設正饌」章，「公降盥。賓降，公辭。卒盥，公壹揖壹讓。公升，賓升。」	鄭注：「揖讓，皆壹，殺於初。」按：一讓。	25	303
公食大夫禮	「賓卒食」章，「賓入門左……公辭，揖讓如初，升。」	鄭注：「如初入也。」按：三讓。	25	306
覲禮	「王使人郊勞」章，「至于階，使者不讓，先升。侯氏升。」	鄭注：「不讓先升，奉王命，尊也。升者，升壇。」按：不讓。	26下	318
覲禮	「王使人郊勞」章，儐使者，「使者乃入。侯氏與之讓，升。侯氏先升。」	鄭注：「侯氏先升，賓禮統焉。」 賈疏：「行賓禮，是賓客之禮。是以賓在館爲主人，主人先升。使者爲賓，賓後升。」按：三讓。	26下	319
覲禮	「王賜侯氏車服」章，諸公「升自西階，東面。……侯氏升。」	按：亦不讓先升。	26下	327
特牲饋食禮	「主人獻賓」章，主人「卒洗，揖讓升。」	按：一讓。	45	535
有司徹	「迎尸及侑」章，「揖乃讓。主人先升自阼階，尸、侑升自西階。」	鄭注：「沒霤相揖，至階又讓。」 賈疏：「案上篇〈鄉飲酒〉之等，入門三揖，至階又讓，故知也。」按：三讓。	49	581
有司徹	「主人獻尸」章，主人降受宰几，「揖尸。主人升，尸、侑升復位。」	按：無讓。	49	582
有司徹	「主人獻尸」章，主人獻爵，「卒洗，揖，主人升，尸、侑升。」	按：無讓。	49	582
有司徹	「主人獻尸」章，主人獻爵，「卒盥。主人揖升，尸、侑升。」	按：無讓。	49	582

有司徹	「主人受尸酢」章，「卒洗。主人升，尸升自西階。」	按：無讓。	49	586
有司徹	「主人受尸酢」章，「卒盥，主人升，尸升。」	按：無讓。	49	586
有司徹	「主婦受尸酢」章，「尸易爵于篚，盥，洗爵。主人揖尸、侑。主人升，尸升自西階，侑從。」	按：無讓。	49	588～589
有司徹	「主人酬尸」，主人「卒洗，揖。尸升，侑不升。」	按：無讓。	49	589
有司徹	「主人酬尸」，主人「卒洗。主人升，尸升。」	鄭注：「降洗者，主人。」按：無讓。	49	589

附表22：《儀禮》所見用肺的情形

說明：（1）配合「凡肺有二，一為舉肺，一為祭肺」條。

（2）為了容易分辨起見，以舉肺、祭肺為分類名稱。

篇　　名	章名與經文	備　　注	卷	頁
士冠禮	「夏殷冠子之法」章，「若殺，則特豚，載合升，離肺實于鼎。」	按：舉肺。	3	29～30
士昏禮	「將親迎，預陳饌」章，「陳三鼎于寢門外，……其實特豚合升，去蹄，舉肺脊二、祭肺二。」	鄭注：「舉肺脊者，食時所先舉也。肺者，氣之主也，周人尚焉。脊者，體之正也，食時則祭之，飯必舉之，貴之也。」按：舉肺、祭肺。	4	42
士昏禮	「婦至成禮」章，壻與新婦「皆坐，皆祭。祭薦、黍、稷、肺。」「贊爾黍、授肺脊，皆食以湆醬。皆祭舉、食舉也。」	按：依文意判斷，「黍、稷、肺」的「肺」，當為祭肺。「祭舉」的「舉」其中包含舉肺、脊。	5	51
士昏禮	「婦饋舅姑」章，「婦餕姑之饌。……御贊祭豆、黍、肺、舉肺、脊，乃食。」	按：舉肺、祭肺。	5	54
鄉飲酒禮	「主人獻賓」章，賓「奠爵于薦西。興，右手取肺，卻左手執本，坐，弗繚，右絕末以祭，尚左手，嚌之。興，加于俎。坐，挩手，遂祭酒。」	賈疏：「此是舉肺。」	8	84

鄉飲酒禮	「主人獻介」章，「介升席自北方，設折俎，祭如賓禮，不嚌肺、不啐酒、不告旨。」	按：「如賓禮」，則爲舉肺。	9	89
鄉飲酒禮	「記：器具、牲羞之屬」章，「賓俎：脊、脅、肩、肺。主人俎：脊、脅、臂、肺。介俎：脊、脅、肫、胳、肺。肺皆離。皆右體，進腠。」	按：舉肺。	10	103
鄉射禮	「主人獻賓」章，賓「取肺，坐絕祭，尚左手，嚌之。興，加于俎。坐，捝手。執爵，遂祭酒。」	鄭注：「嚌，嘗也。右手在下，絕以授口嘗之。」按：舉肺。	11	112
鄉射禮	「主人獻大夫」章，「大夫升席，設折俎，祭如賓禮，不嚌肺，不啐酒，不告旨。」	按：「如賓禮」，則爲舉肺。	11	114
鄉射禮	「司馬獻獲者」章，獲者「執爵興，取肺，坐，祭，遂祭酒。」	按：祭肺。	12	133
鄉射禮	「司射獻釋獲者」章，釋獲者「左執爵，祭脯醢，興，取肺，坐，祭，遂祭酒。」	按：祭肺。	12	133
鄉射禮	「記：俎」章，「賓俎：脊、脅、肩、肺。主人俎：脊、脅、臂、肺。肺皆離。皆右體也，進腠。」	按：賓與主人皆用舉肺。	13	147
鄉射禮	「記：獲者之俎」章，「獲者之俎：折脊、脅、肺、臑……釋獲者之俎：折脊、脅、肺，皆有祭。」	鄭注：「皆，皆獲者也。祭，祭肺也。以言肺，謂刊肺不離，嫌無祭肺。」按：舉肺、祭肺。	13	150～151
燕禮	「主人獻賓」章，賓「奠爵于薦右，興，取肺，坐絕祭，嚌之，興，加于俎。坐，捝手，執爵，遂祭酒。」	按：舉肺。	14	162
燕禮	「主人獻公」章，「公祭如賓禮。膳宰贊授肺，不拜酒，立卒爵，坐，奠爵，拜。」	按：舉肺。	14	163
燕禮	「記：國君宴請異國使臣之禮」章，「賓爲苟敬，席于阼階之西，北面。有脀，不嚌肺，不啐酒。」	鄭注：「不嚌、啐，似若尊者然也。」按：「不嚌肺」，但仍爲舉肺。	15	179

大射	「主人獻賓」章，賓「奠爵于薦右，興，取肺，坐絕祭，嚌之，興，加于俎。坐，挩手，執爵，遂祭酒。」	按：舉肺。	16	193
大射	「主人獻公」章，「公祭如賓禮。庶子贊授肺，不拜酒，立卒爵。」	鄭注：「凡異者，君尊變於賓。」 賈疏：「『異者』，使庶子授肺、不拜酒、立卒爵之等，皆異於賓也。」按：舉肺。	17	196
大射	「主人獻卿」章，卿「奠爵于薦右，興，取肺，坐絕祭，不嚌肺，興，加于俎。坐，挩手，取爵，遂祭酒。」	鄭注：「陳酒肴，君之惠也。不嚌、唪，亦自貶於君。」按：舉肺。	17	198
大射	「獻獲者」章，「宰夫有司薦，庶子設折俎。……獲者左執爵，右祭薦、俎，二手祭酒。」	按：應同〈鄉射禮〉，舉肺、祭肺兼有。	18	215
大射	「獻釋獲者」章，釋獲者「左執爵，右祭脯醢，興，取肺，坐祭，遂祭酒。」	按：應同〈鄉射禮〉，舉肺、祭肺俱有。	18	216
公食大夫禮	「賓祭正饌」章，「三牲之肺不離。贊者辯取之，壹以授賓。賓興受，坐祭，挩手。」	鄭注：「肺不離者，刌之也。不言刌，刌則祭肺也。此舉肺不離而刌之，便賓祭也。祭離肺者，絕肺祭也。」「賓亦每肺興受，祭於豆祭。」	25	304
士喪禮	「陳鼎實」章，「陳一鼎于寢門外，……其實特豚，四鬄，去蹄，兩胉、脊、肺。」	按：若大斂用舉肺，則小斂應同樣也用舉肺，似具「不異於生」之禮。	36	425
士喪禮	「小斂奠」章，「乃杭載。載兩髀于兩端，兩肩亞，兩胉亞，脊、肺在於中，皆覆。」	按：舉肺。	36	427
既夕禮	「葬日，陳大斂奠」章，「陳鼎五于門外如初，其實羊左胖，髀不升，腸五、胃五，離肺，豕亦如之。」	按：舉肺。	39	463
士虞禮	「饗尸，尸九飯」章，「佐食取黍、稷、肺祭授尸。尸祭之，祭奠。祝祝，主人拜如初。」	按：祭肺。	42	497

士虞禮	「饗尸，尸九飯」章，「佐食舉肺、脊授尸，尸受，振祭嚌之，左手執之。」	鄭注：「右手將有事也。尸食之食，亦奠肺、脊于豆。」按：舉肺。	42	497
士虞禮	「主人獻祝」章，祝「奠爵，興，取肺，坐祭，嚌之，興，加于俎。」	按：據〈士虞禮〉記文所載之祝俎，知爲舉肺。	42	498
士虞禮	「記：牲殺體數、鼎俎陳設之法」章，「羹飪升，左肩、臂、臑肫、骼、脊、脅、離肺、膚祭三，取諸左膉上，肺祭一，實于上鼎。」		42	500
士虞禮	「記：牲殺體數、鼎俎陳設之法」章，「祝俎：髀、脰、脊、脅、離肺。」	鄭注：「祭以離肺，下尸。」	42	501
特牲饋食禮	「尸入九飯」章，「佐食取黍、稷、肺祭授尸。尸祭之，祭酒，啐酒，告旨。」	鄭注：「肺祭，刌肺也。」按：祭肺。	45	530～531
特牲饋食禮	「尸入九飯」章，佐食「舉肺、脊以授尸。尸受之，振祭，嚌之，左執之。乃食，食舉。」	按：舉肺。	45	531
特牲饋食禮	「尸入九飯」章，「佐食盛肵俎，俎釋三个。舉肺、脊加于肵俎。」	鄭注：「肺、脊，初在菹豆。」按：舉肺。	45	531
特牲饋食禮	「尸酢主人」章，「佐食授挼祭。主人坐，左執角，受祭，祭之。祭酒，啐酒，進聽嘏。」	按：依「記」文載，尸俎有「刌肺三」，鄭注：「爲尸、主人、主婦祭。」且主人行挼祭，則此當爲祭肺。	45	532
特牲饋食禮	「主人獻祝」章，「祝左執角，祭豆。興，取肺，坐祭，嚌之，興，加于俎。」	按：據「記」：「祝俎：髀、脡脊二骨、脅二骨、膚一、離肺一。」知爲舉肺。	45	533
特牲饋食禮	「尸酢主婦」章，「主婦適房，南面。佐食挼祭。主婦左執爵，右撫祭。祭酒，啐酒，入（按：室），卒爵，如主人儀。」	鄭注：「撫挼祭，示親祭。佐食不授而祭於地，亦儀簡也。」按：祭肺。理由同「尸酢主人」章。	45	533
特牲饋食禮	「主婦致爵於主人」章，主人「奠爵，興，取肺，坐絕祭，嚌之，興，加于俎。坐，挩手，祭酒，啐酒。」	鄭注：「絕肺祭之者，以離肺長也。〈少儀〉曰：『牛羊之肺，離而不提心』，豕亦然。挩，拭也。挩手者，爲	45	534

		絕肺染汙也。刌肺不捝手。」 按：據「記」文：「阼俎： 臂、正脊二骨、橫脊、長脅 二骨、短脅、膚一、離肺一。」 知爲舉肺。		
特牲饋食禮	「主人致爵於主婦」章，「主婦拜受爵，主人西面答拜，宗婦薦豆俎、從獻，皆如主人。」	按：據「記」文：「主婦俎：豰折，其餘如阼俎。」知爲舉肺。	45	534
特牲饋食禮	「主人獻賓」章，賓「奠爵，興，取肺，坐絕祭，嚌之，興，加于俎。坐，捝手，祭酒，卒爵，拜。」	按：據「記」文：「賓骼，長兄弟及宗人折，其餘如佐食俎。」知爲舉肺。	45	535
特牲饋食禮	「記：諸俎體之名數」章，「尸俎：右肩、臂、臑、肫、胳、正脊二骨、橫脊、長脅二骨、短脅、膚三、離肺一、刌肺三。」	鄭注「刌肺三」：「爲尸、主人、主婦祭。」	46	549～550
特牲饋食禮	「記：諸俎體之名數」章，「佐食俎：豰折、脊、脅、膚一、離肺一。」	按：舉肺。	46	550
特牲饋食禮	「記：諸俎體之名數」章，「眾賓及眾兄弟、內賓、宗婦，若有公有司、私臣，皆豰脊、膚一、離肺一。」	按：舉肺。	46	550
少牢饋食禮	「羹定，實鼎饌器」章，「司馬升羊右胖，脾不升。……舉肺一、祭肺三，實于一鼎。」	鄭注：「舉肺一，尸食所先舉也。祭肺三，爲尸、主人、主婦。」	47	560
少牢饋食禮	「羹定，實鼎饌器」章，「司士升豕右胖，脾不升。……舉肺一、祭肺三，實于一鼎。」	按：豕舉肺一、豕祭肺三，其用當與羊肺同。	47	561
少牢饋食禮	「將祭，即位設几，加勺載俎」章，尸羊俎：「佐食上利升羊，載右胖，髀不升，……舉肺一，長終肺。祭肺三，皆切。」		47	562
少牢饋食禮	「將祭，即位設几，加勺載俎」章，尸豕俎「下利升豕，其載如羊。」		47	563

少牢饋食禮	「尸十一飯是謂正祭」章，「下佐食取牢一切肺于俎，以授上佐食。上佐食兼與黍以授尸。尸受，同祭于豆祭。」	鄭注：「同，合也。合祭於俎豆之祭也。黍稷之祭爲墮祭，將食神餘，尊之而祭之。」按：祭肺。	48	570
少牢饋食禮	「尸十一飯是謂正祭」章，「上佐舉尸牢肺、正脊以授尸。……食舉。」	鄭注：「舉，牢肺、正脊也。先飲啗之以爲道。」按：舉肺。	48	570
少牢饋食禮	「尸十一飯是謂正祭」章，「上佐食受尸牢肺、正脊，加于肵。」	按：舉肺。	48	571
少牢饋食禮	「尸酢主人，命祝致嘏」章，「下佐食取牢一切肺，以授上佐食。上佐食以綏祭。主人佐執爵，右受佐食，坐祭之。又祭酒，不興，遂啐酒。」	鄭注：「綏或作挼，挼讀爲墮，將受嘏，亦尊尸餘而祭之。」按：祭肺。	48	572
少牢饋食禮	「尸酢主婦」章，「上佐食綏祭。主婦西面于主人之北，受祭，祭之。其綏祭如主人之禮。」	按：祭肺	48	573
有司徹	「儐尸之禮，主人獻尸」章，「司馬枓羊，亦司馬載。載右體，……祭肺一，載于一俎。」「羊肉湆：……嚌肺一，載于南俎。」「司士枓豕，亦司士載，亦右體，……嚌肺一，載于一俎。」	按：尸羊俎有祭肺一、羊肉湆俎舉肺一，豕俎有舉肺一。羊俎祭肺，用於主人獻尸時。羊肉湆俎舉肺，用於與主人行禮。豕俎舉肺，用於與主婦行禮。	49	583～584
有司徹	「儐尸之禮，主人獻尸」章，「侑俎：羊左肩……切肺一，載于一俎。」「侑俎：豕左肩折、……切肺一，載于一俎。」	鄭注：「豕又祭肺，不嚌肺，不備禮。」按：侑羊俎祭肺一、豕俎祭肺一。羊俎祭肺，用於與主人行禮。豕俎祭肺，用於與主婦行禮。	49	584
有司徹	「儐尸之禮，主人獻尸」章，「胙俎：羊肺一、祭肺一、載于一俎。羊肉湆：……嚌肺一，載于一俎。豕膮：……嚌肺一，載于一俎。」	按：主人羊俎舉肺一、祭肺一；羊肉湆舉肺一；豕俎舉肺一。羊俎舉肺、羊肉湆舉肺用於與尸行禮。豕俎舉肺用於與主婦行禮。	49	584
有司徹	「儐尸之禮，主人獻尸」章，「主婦俎：羊左臑……嚌羊肺一，載于一俎。」	按：主婦俎有羊舉肺一，用於尸酢主婦時。	49	584

有司徹	「儐尸之禮，主人獻尸」章，「尸興，左執爵，右取肺，坐祭之。祭酒，興，左執爵。」	鄭注：「肺，羊祭肺。」按：羊俎祭肺。	49	585
有司徹	「儐尸之禮，主人獻尸」章，「尸坐奠爵，興，取肺，坐絕祭，嚌之，興，反加于俎。」	鄭注：「絕祭，絕肺末以祭。《周禮》曰：『絕祭。』」按：羊肉湆俎舉肺。	49	585〜586
有司徹	「儐尸之禮，主人獻侑」章，「司馬橫執羊俎以升，設于豆東。……（按：侑）興，左執爵，右取肺，坐祭之。祭酒，興，左執爵。」	按：為侑設置羊俎後行禮，故當為羊俎祭肺。	49	586
有司徹	「儐尸之禮，主人受尸酢」章，「長賓設羊俎豆西，……（按：主人）興，左執爵，右取肺，坐祭之。祭酒，興。」	按：羊俎祭肺。	49	587
有司徹	「儐尸之禮，主人受尸酢」章，「司馬羞羊肉湆，……主人坐奠于左，興，受肺，坐絕祭，嚌之，興，反加于湆俎。」	按：羊肉湆俎舉肺。	49	587
有司徹	「儐尸之禮，主婦獻尸」章，「司士羞豕肴。尸坐奠爵，興，受，如羊肉湆之禮。坐，取爵興。」	按：「如羊肉湆之禮」，則尸亦用豕俎祭肺。	49	587
有司徹	「儐尸之禮，主婦獻侑」章，侑「左執爵，取糗、脩兼祭于豆祭。司士縮執豕肴以升。侑興，取肺，坐祭之。」	按：豕俎祭肺。	49	587
有司徹	「儐尸之禮，主婦致爵于主人」章，主人「其受豕肴、受豕燔亦如尸禮。」	按：豕俎舉肺。	49	585
有司徹	「儐尸之禮，主婦受尸酢」章，「司馬設羊俎于豆南，……主婦奠爵，興，取肺，坐絕祭，嚌之，興加于俎。坐，挩手。」	按：羊俎舉肺。	49	589
有司徹	「儐尸之禮，主人獻長賓」章，「司士設俎于豆北，羊骼一、腸一、胃一、切肺一、	按：長賓之俎用祭肺。	50	596

篇名	行禮者與經文	備注	卷	頁
		膚一。……（按：賓）執爵興，取肺，坐祭之。祭酒，遂飲。」		
有司徹	「不儐尸之禮，尸八飯後事」章，「若不賓尸，則祝侑亦如之。」	鄭注：「謂尸七飯時。」按：尸七飯前皆同，則尸於祭禮之初，亦用羊祭肺、羊舉肺。	50	600
有司徹	「不儐尸之禮，主人初獻」章，「尸以酢主人，亦如儐。其綏祭、其嘏，亦如儐。」	按：主人初獻與儐尸者正祭和獻同，則主人用祭肺。	50	602
有司徹	「不儐尸之禮，主婦亞獻」章，「上佐食綏祭如儐。」	按：祭肺。	50	602
有司徹	「不儐尸之禮，主婦致爵于主人」章，「佐食設俎（按：主人俎）：臂、脊、脅、肺皆牢，膚三、魚一、腊臂。」		50	603
有司徹	「不儐尸之禮，主婦致爵于主人」章，主人「奠爵，興，取牢肺，坐絕祭，嚌之，興，加于俎。坐，捝手，祭酒，執爵以興。」	按：舉肺。	50	603
有司徹	「不儐尸之禮，賓致爵主婦」章，佐食設主婦俎「羊臑、豕折、羊脊脅、祭肺一、膚一、魚一、腊臑。」主婦「奠爵，興，取肺，坐絕祭，嚌之，興，加于俎。坐，捝手，祭酒，執爵興。」	按：「祭肺」之「祭」字，唐石經所無，故阮元視爲衍字。另外，主婦行絕祭之禮，故此當爲舉肺。	50	604

附表23：《儀禮》所見婦人與丈夫行拜禮

說明：由於同一「章」記載可能二個以上的拜禮儀節，因此標明行禮者與經文內容。

篇　名	行禮者與經文	備　注	卷	頁
士冠禮	冠者見于母，「母拜受，子拜送，母又拜。」	鄭注：「婦人於丈夫，雖其子猶俠拜。」賈公彥：「婦人于丈夫皆俠拜，故舉子以見義也。」按：俠拜。	2	21

士冠禮	冠者見姑姊，「入見姑姊，如見母。」	鄭注：「如見母者，亦北面，姑與姊亦俠拜也。」按：俠拜。	2	22
士昏禮	婦見舅姑，「（婦）升自西階，進拜，奠于席。舅坐撫之，興，答拜。婦還又拜。」	鄭注：「還又拜者，還於先拜處拜。婦人與丈夫爲禮，則俠拜。」按：俠拜。	5	53
士昏禮	贊醴婦，「婦東面拜受。贊西階上北面拜送。婦又拜。」	按：俠拜。	5	54
士昏禮	贊醴婦，婦「坐祭醴，建柶，興，拜。贊答拜。婦又拜。」	按：俠拜。	5	54
士昏禮	「記」：不親迎，壻見主婦，「主婦一拜，壻答再拜，主婦又拜。」	鄭注：「必先一拜者，婦人於丈夫必俠拜。」按：俠拜。	6	65～66
特牲饋食禮	主婦亞獻，「酌，亞獻尸。尸拜受，主婦北面拜送。」	鄭注：「不俠拜，士妻儀簡耳。」	45	533
特牲饋食禮	尸酢主婦，「酢，如主人儀。」		45	533
特牲饋食禮	主婦獻祝、佐食，「獻祝，籩、燔從，如初儀。及佐食，如初。」		45	533
特牲饋食禮	主婦致爵於主人，「酌，致爵于主人。主人拜受爵。主婦拜送爵。」		45	534
特牲饋食禮	主婦自酢於主人，「醋，左執爵，拜。主人答拜。坐祭，立飲，卒爵，拜。主人答拜。」		45	534
特牲饋食禮	主人致爵於主婦，「酌，致爵于主婦。……主婦拜受爵，主人西面答拜。」		45	534
特牲饋食禮	賓致爵於主人、主婦，「酌，致于主人、主婦，燔從，皆如初。」		45	534
少牢饋食禮	正祭，主婦亞獻，「西面拜，獻尸。尸拜受。主婦，主人之北，西面拜送爵。」	鄭注：「拜而後獻者，當俠拜也。」按：俠拜。	48	573
少牢饋食禮	正祭，尸酢主婦，「主婦拜受爵，尸答拜。……卒爵拜，尸答拜。」		48	573

少牢饋食禮	正祭，主婦獻祝，「祝拜，坐受爵。主婦答拜于主人之北。」	鄭注：「不俠拜，下尸也。」	48	574
少牢饋食禮	正祭，主婦獻兩佐食，「（上）佐食北面拜，坐受爵。主婦西面答拜。……主婦獻下佐食，亦如之。」	鄭注：「不言拜於主人之北，可知也。」	48	574
有司徹	儐尸之禮，主婦亞獻尸，「西面拜，獻尸。尸拜，于筵上受。主婦西面，于主人之席北，拜送爵。」「（尸）坐卒爵，拜，主婦答拜。」	按：主婦獻尸，俠拜。	49	587
有司徹	儐尸之禮，主婦獻侑，「酌，獻侑。侑拜受爵。主婦，主人之北，西面答拜。」「（侑）坐卒爵拜，主婦答拜。」		49	588
有司徹	儐尸之禮，主婦致爵於主人，「主人筵上拜受爵，主婦北面于阼階上答拜。」「（主人）坐卒爵拜，主婦北面答拜，受爵。」		49	588
有司徹	儐尸之禮，主婦受尸酢，「主婦出于房，西面拜受爵。尸北面于侑東，答拜。」「（主婦）立卒爵，執爵拜。尸西楹西，北面答拜。」		49	588
有司徹	儐尸之禮，主人獻內賓，「（內賓）南面拜受爵，主人南面于其右答拜。」		50	597
有司徹	不儐尸之禮，主婦亞獻，「主婦其洗、獻尸，亦如儐。」「卒爵，主婦拜，祝受尸爵，尸答拜。」	按：「如儐」，則主婦俠拜。	50	602
有司徹	不儐尸之禮，尸酢主婦，「主婦，主人之北，拜受爵。尸答拜。主婦反位，又拜。」「卒爵拜，尸答拜。」	鄭注：「主婦夾爵拜，爲不賓尸降崇敬。」按：俠拜。	50	602
有司徹	不儐尸之禮，主婦獻祝，「主婦獻祝，其酌如儐。拜，坐受爵。主婦，主人之北答拜。」	按：「如儐」，則不夾拜。	50	602

				50	603
有司徹	不儐尸之禮，主婦獻二佐食，「獻二佐食，亦如儐。」			50	603
有司徹	不儐尸之禮，主婦致爵於主人，「酌，致于主人。主人拜受。主婦戶西，北面拜送爵。」「（主人）坐卒爵，拜。主婦答拜。」			50	603
有司徹	不儐尸之禮，主婦自酢於主人，「酌以醋，戶內北面拜。主人答拜。卒爵，拜。主人答拜。」			50	603

附表24：〈燕禮〉、〈大射〉所見「公受獻酒而拜」的情形

〈燕禮〉經文	卷	頁	〈大射〉經文	卷	頁
主人獻公「<u>公拜受爵</u>，主人降自西階，阼階下北面<u>拜送爵</u>。」	14	163	主人獻公「<u>公拜受爵</u>，乃奏〈肆夏〉。主人降自西階，阼階下北面拜送爵。」	17	196
二人媵爵於公「媵爵者洗象觶，升，實之，序進，坐奠于薦南，北上。降，阼階下<u>皆再拜稽首</u>，送觶。<u>公答再拜</u>。」	14	164	二人媵觶將爲賓舉旅酬「媵爵者洗象觶，升，實之，序進，坐奠于薦南，北上。降，適阼階下，<u>皆再拜稽首</u>，送觶。<u>公答拜</u>。」	17	197
再請二大夫媵觶「（筆者按：致者）洗象觶，升，實之，坐奠于薦南，降與立于洗南者二人皆再拜稽首，送觶。公答再拜。」	15	170～171	二人再媵觶「（筆者按：長致者）洗象觶，升，實之，坐奠于薦南，降，與立于洗南者二人皆再拜稽首，送觶，公答拜。」	17	198
賓媵觶於公，公爲士舉旅酬「賓降洗象觶，升，酌膳，坐奠于薦南，<u>降拜</u>。小臣辭，<u>賓升成拜</u>。<u>公答再拜</u>。」	15	176	賓舉爵爲士旅酬「賓降洗象觶，升，酌膳，坐奠于薦南，<u>降拜</u>，小臣正辭，<u>賓升成拜</u>。<u>公答拜</u>。」	18	219
燕末，無算爵、無算樂「士也，有執膳爵者，有執散爵者。執膳爵者酌以進公，公不拜，受。」	15	177	燕末盡歡「士也，有執膳爵者，有執散爵者。執膳爵者酌以進公，公不拜，受。」	18	221

後　記

　　長達數年的學習與論文撰寫，首先感謝指導教授葉國良先生不辭辛勞地教導與包容，老師往往從大處著眼指出我思考與寫作上的盲點。2013 年 1 月論文全文預審、2013 年 5 月論文正式口考，承蒙林素英、彭美玲二位先生悉心賜正，老師們親筆圈鉤、建議的論文預審本，至今留存以爲紀念。論文正式口考時，渥蒙周聰俊教授與徐福全教授多所鼓勵與建議。師恩浩蕩，謹記在心。

　　就讀博士班期間、畢業後，獲中央研究院獎助，曾到該院中國文哲研究所學習，感謝林慶彰教授、楊晉龍教授的啓發與指點，及蔣秋華教授、經學文獻研究室等諸位師長與同仁的關懷。藉此也向曾經提攜教導過我的師長們，陪伴我經歷徬徨與快樂時光的國青 402 室、文哲所 406 室的學長姐、同道們，表示由衷地感謝。謝謝臺灣中文學會四賢博士論文獎的肯定，給予我繼續堅持的勇氣。最後向始終無條件支持我的父母、外子與家人，致上最深沈的謝意。

　　2013 年畢業後，基於學思過程的累積，偶或修改論文。今適逢出版之機緣，重新調整、潤飾字句，並將整理《儀禮》全書經文的表格移至書末，以清眉目，惟原旨大致相同，舊本俱存於臺大圖書館與國家圖書館，讀者可參。編輯過程中，謝謝花木蘭文化事業有限公司許郁翎女士細心協助。